Das Fohlen

Das Fohlen

und andere Tiergeschichten

Mit Zeichnungen von Josef Hegenbarth

Röderberg-Verlag G.m.b.H.

Frankfurt am Main

Herausgegeben von Hans Marquardt

Tritt man mit einem Illustrationsauftrag an mich heran, so frage ich mich, wie ist der Stoff, den man mir präsentiert. Steckt das, was ich brauche: ein Stück Leben, darin, das bildhaft reizt? Am meisten liebe ich groteske Geschichten, witzige Tollheiten, welche die Phantasie stark anregen. Aber auch hierin durchlebe ich Schwankungen, und gesättigt davon springe ich gern auf Gegensätzliches über. Tragisch bewegte Leidenschaftlichkeiten bilden dann oft das Ausbalancierende in meiner illustrativen Tätigkeit. Gesellt sich dabei im Bild zum Menschen auch das Tier, dann um so erfreulicher für mich. Ich liebe das Tier, und sein Studium nimmt in meinem Leben einen breiten Raum ein.

Josef Hegenbarth

Inhalt

9 *Michail Scholochow* Das Fohlen

17 *Nikolaj S. Leskow* Das Tier

37 *Honoré de Balzac* Leidenschaft in der Wüste

51 *Björnsterne Björnson* Blacken

61 *Anton Tschechow* Kaschtanka

85 *Louis Pergaud* Reinekes tragisches Geschick

115 *Leo N. Tolstoi* Der Leinwandmesser

159 *Friedrich Wolf* Kiki

169 *Maxim Gorki* Sasubrina

177 *Bernhard Kellermann* Säng

185 *Konstantin Paustowski* Der letzte Teufel

193 *Alexander L. Kielland* Treu

213 *Iwan Turgenew* Mumu

239 *Pelle Molin* Ein Tanz mit dem Bären

249 *Pentti Haanpää* Der Flügellahme

257 *Gustaf af Geijerstam* Vollblut

261 Nachbemerkung

267 Verzeichnis der aufgenommenen Blätter

268 Quellennachweis und Übersetzerverzeichnis

Michail Scholochow
Das Fohlen

Mitten am hellichten Tag, neben einem mit smaragdgrünen Fliegen dichtbesäten Misthaufen, kroch es, den Kopf voran, mit vorgestreckten Vorderbeinen aus dem Mutterleib und erblickte direkt über sich das zarte, zergehende graublaue Sprengwölkchen eines Schrapnells. Ein dröhnendes Geheul warf sein nasses Körperchen unter den Bauch der Mutter; Grauen war seine erste Empfindung hier auf Erden. Ein stinkender Kartätschenhagel ging prasselnd auf das Ziegeldach des Pferdestalls nieder, besprengte leicht den Boden und zwang Trofims fuchsrote Stute, die Mutter des Fohlens, aufzuspringen und sich, kurz aufwiehernd, gleich wieder mit schwitzender Flanke neben dem schützenden Haufen auf den Boden zu werfen.

In der darauffolgenden drückenden Stille hörte man noch deutlicher die Fliegen summen; der Hahn, der des Geschützfeuers wegen nicht auf den Zaun zu fliegen wagte, schlug im Schatten der Kletterbüsche ein paarmal mit den Flügeln und begann, wenn auch unbekümmert, so doch recht leise, zu krähen. Aus der Hütte vernahm man das qualvolle Stöhnen eines verwundeten MG-Schützen. Ab und zu schrie er mit rauher, heiserer Stimme laut auf und schimpfte zwischendurch ganz mörderisch. Im Vorgarten summten die Bienen munter im seidig-purpurroten Mohn. Auf der Wiese hinter der Staniza verfeuerte ein Maschinengewehr seinen Patronengurt; bei dem lustigen Geknatter in der Pause vor dem zweiten Kanonenschuß beleckte die Fuchsstute liebevoll ihren Erstling, und dieser empfand, an das pralle Euter seiner Mutter geschmiegt, zum erstenmal die Freude des Daseins und die süße Wonne mütterlicher Liebkosung.

Als hinter der Tenne ein zweites Geschoß explodiert war, trat Trofim aus der Hütte, schlug die Tür hinter sich zu und lenkte seine Schritte zum Pferdestall. Er beschattete die Augen mit der Hand, und als er das Fohlen sah, das zuckend vor Anstrengung am Euter seiner Fuchsstute saugte, wühlte er verlegen in den Taschen, tastete mit unsicheren Fingern nach dem Tabaksbeutel, und während er die Zigarette mit Spucke zuklebte, fand er allmählich die Sprache wieder.

«Sooo. Hast also gefohlt. Hast den rechten Zeitpunkt getroffen, dagegen kann man nichts sagen.» Im letzten Satz lag bittere Kränkung.

Die Flanken des Tieres waren zottig von getrocknetem Schweiß, trockener Mist und Unkrauthalme klebten daran. Die Stute sah erbärmlich mager und dünn aus, aber in ihren Augen leuchtete trotz Müdigkeit stolze Freude, und ihre samtene Oberlippe verzog sich zu einem Lächeln. Jedenfalls schien es Trofim so. Als die Stute dann im Pferdestall stand und schnaufend den Futtersack hin und her schüttelte, lehnte sich Trofim an den Türpfosten und fragte trocken, mit einem scheelen, feindseligen Blick auf das Fohlen: «Hast du 'rumgetrieben?»

Da er keine Antwort bekam, fing er von neuem an: «Wenn's wenigstens der Hengst vom Ignat wär', so aber weiß der Teufel, wer der Vater ist. Wohin nun mit dem Fohlen?»

In der dunklen Stille des Pferdestalls knistert das Korn, durch den Türspalt dringt ein schräger Sonnenstrahl und malt einen goldenen Fleck. Das Licht fällt auf Trofims rechte Wange, sein Schnurrbart und seine Bartstoppeln schimmern rötlich, die Falten um seinen Mund werden zu tiefen dunklen Furchen. Das Fohlen steht auf seinen flaumigen dünnen Beinchen wie ein hölzernes Spielpferd.

«Soll ich's totschlagen?» Trofims vom Tabak grün angelaufener Daumen weist auf das Fohlen. Die Stute verdreht den blutunterlaufenen Augapfel, zuckt mit den Wimpern und schielt ihren Herrn spöttisch an.

In der Stube, in der der Kommandeur der Schwadron untergebracht ist, findet an diesem Abend folgendes Gespräch statt:

«Da bemerke ich, meine Stute, die schont sich, sie will nicht laufen, im Trab nicht, im Galopp schon gar nicht, die Luft bleibt ihr weg. Ich gebe nun Obacht, und was stellt sich heraus? Sie ist trächtig. Hat sich immer so in acht genommen! Der kleine Hengst, braun ist er. So war es», erzählt Trofim.

Der Kommandeur preßt in seiner Faust den mit Tee gefüllten Messingbecher wie den Degengriff vor der Attacke und schaut mit schläfrigen Augen ins Lampenlicht. Um das gelbe Flämmchen, das wie ein Glühwürmchen leuchtet, tummeln sich flockige Motten, sie fliegen zum Fenster herein und verbrennen am Lampenglas, eine nach der anderen.

«... egal. Ob braun oder schwarz – das ist einerlei. Es muß erschossen werden. Mit dem Fohlen sind wir wie Zigeuner. Was? Ich sage ja, wie Zigeuner. Schmach und Schande über die ganze Rote Armee. Ich verstehe nicht, Trofim, wie du das zulassen konntest! Stecken mitten im Bürgerkrieg, und plötzlich so was Zuchtloses! Man muß sich einfach schämen. Den Pferdewärtern strengsten Befehl: die Hengste abgesondert halten!» –

Am Morgen trat Trofim mit seinem Karabiner aus der Hütte. Die Sonne war noch nicht aufgegangen. Auf den Gräsern lag rosiger Tau. Neben der Feldküche hantierten die Köche. Oben auf der Vortreppe saß der Schwadronsführer in seinem vom ewigen Schweiß schon halbverfaulten Unterhemd. Seine Finger, seit langem an die anregende Kühle des Pistolenlaufes gewöhnt, versuchten auf ungelenke Art etwas längst Vergessenes, an die Heimat Erinnerndes aufzufrischen – sie flochten einen Schöpflöffel für Klößchen. Trofim, der gerade vorbeiging, fragte interessiert:

«Einen Schöpflöffel flechten Sie da?»

Der Schwadronsführer befestigte den Griff mit einer dünnen Rute und murmelte durch die Zähne:

«Dieses Weibsstück, die Wirtin... bittet und bettelt... flicht mir doch einen Löffel! Früher konnte ich es meisterhaft, aber heute, nein. Es geht nicht mehr.»

«Doch, es geht noch!» lobte Trofim.

Der Schwadronsführer klopfte sich die Rutenspäne von den Knien und fragte: «Gehst du das Fohlen liquidieren?»

Schweigend, mit der Hand abwinkend, ging Trofim in den Pferdestall. Mit geneigtem Kopf wartete der Schwadronsführer auf den Schuß. Es verging eine Minute, eine weitere – kein Schuß fiel. Trofim kam hinter der Ecke des Pferdestalls hervor, er schien verlegen.

«Nun, was ist?»

«Es scheint, der Schlagbolzen ist kaputt. Das Zündhütchen funktioniert nicht.»

«Ach was, gib mal den Karabiner her!»

Trofim reichte ihn zögernd dem Vorgesetzten. Der Schwadronsführer öffnete das Schloß und kniff die Augen zusammen.

«Da sind ja gar keine Patronen drin!»

«Das kann nicht sein!» ereiferte sich Trofim.

«Ich sage dir, es sind keine drin.»

«Ach ja, ich habe sie weggeschmissen... hinterm Pferdestall!»

Der Schwadronsführer legte den Karabiner hin und drehte lange den neuen Schöpflöffel zwischen den Fingern. Die frischen Weidenruten dufteten honigsüß und waren klebrig, Blütengeruch stieg in seine Nase, und es roch nach Erde, nach Arbeit, die man schon ganz vergessen hatte über dem Brand des Bürgerkrieges.

«Hör mal! Hol's der Teufel! Soll es bei seiner Mutter bleiben. Einstweilen, dann werden wir weitersehen. Ist der Krieg erst zu Ende, kann man mit ihm – nun ja ... pflügen. Aber der Schlagbolzen an deinem Karabiner ist in Ordnung.»

Einen Monat später, in der Nähe der Staniza Ust-Choperskaja, geriet Trofims Schwadron mit einer Kosakenhundertschaft ins Gefecht. Das Scharmützel begann kurz vor der Dämmerung. Es dunkelte schon, als man zum Angriff überging. Auf halbem Wege blieb Trofim verzweifelt hinter seiner Abteilung zurück. Weder die Peitsche noch der eiserne Zaum, der ihr das Maul blutig riß, konnte die Stute zum Galopp bringen. Sie warf den Kopf hoch, wieherte heiser und rührte sich nicht eher vom Fleck, als bis das Fohlen mit flauschig wehendem Schwanze sie eingeholt hatte. Trofim sprang aus dem Sattel, stieß den Säbel in die Scheide und riß mit wutverzerrtem Gesicht den Karabiner von der Schulter. Die rechte Flanke der Schwadron kam bereits mit den Weißgardisten ins Handgemenge. Neben dem steilen Abhang wogte ein Menschenhaufen wie vom Wind hin und her getrieben. Man hackte schweigend drauflos. Dumpf dröhnte die Erde unter den Hufen.

Ein Blick dorthin, und Trofim nahm kurzentschlossen den scharfumrissenen Kopf des Fohlens aufs Korn. Ob nun seine Hand in der Aufregung gezittert hatte oder ob der Schuß aus einem anderen Grunde fehlgegangen war, jedenfalls schlug das Fohlen nach dem Knall wild mit den Beinen aus, wieherte dünn, lief, mit den Hufen graue Staubwölkchen aufwirbelnd, einmal in die Runde und stand dann in einiger Entfernung abermals ruhig da. Nicht etwa eine einfache Patrone hatte Trofim auf das fuchsrote Teufelchen abgeschossen, sondern eine panzerbrechende mit rötlicher Kupferspitze, und nachdem er sich davon überzeugt hatte, daß der Nachkomme der Fuchsstute durch das panzerbrechende Geschoß, das er zufällig aus der Patronentasche herausgegriffen hatte, weder Schaden erlitten hatte noch getötet worden war, sprang er mit einem Satz auf seine Stute und ritt mit wüstem Schimpfen im leichten Trab zum Abhang, wo bärtige altgläubige Weißgardisten seinen Schwadronsführer und drei Rotarmisten bedrängten ...

Diese Nacht verbrachte die Schwadron in der Nähe einer kleinen Mulde. Man rauchte wenig. Die Pferde wurden nicht abgesattelt. Die berittene Patrouille, die vom Don zurückkehrte, berichtete, daß der Gegner an der Übersetzstelle starke Kräfte zusammengezogen habe.

Trofim lag ausgestreckt, die nackten Füße in einen Gummimantel gewickelt, und ließ im Halbschlaf die Ereignisse des vergangenen Tages an sich vorüberziehen. Er sah den Schwadronsführer den Abhang hinuntergaloppieren; einen Altgläubigen mit einem Gesicht voller Narben, der mit seinem Säbel den Kommissar bearbeitete; einen völlig zerhackten kleinen Kosaken; einen mit schwarzem Blut überströmten Sattel; das Fohlen ...

Vor Tagesanbruch kam der Schwadronsführer zu Trofim und setzte sich im Dunkeln zu ihm.

«Schläfst du, Trofim?»

«Ich döse.»

Der Schwadronsführer sagte, während er auf die verblassenden Sterne deutete:

«Mach deinem Fohlen den Garaus! Es verursacht nur Panik in der Schlacht. Schon wenn ich es sehe, beginnt mir die Hand zu zittern. Ich kann nicht draufloshauen. Und alles deshalb, weil es so an die Heimat erinnert, und das ist im Kriege nicht gut. Ein steinernes Herz wird zum Waschlappen. Übrigens ist er in der Attacke nicht zertreten worden, der Streuner, er trieb sich zwischen den Beinen herum.»

Er schwieg und lächelte verträumt, aber Trofim sah dieses Lächeln nicht.

«Weißt du, Trofim, sein Schwanz, na, ich sage dir... wie es ihn auf den Rücken legt und damit um sich schlägt, das ist ein Schwanz wie bei einem Fuchs. Prachtvoll!»

Trofim antwortete nicht. Er zog seinen Soldatenmantel über den Kopf und schlief, im feuchten Morgentau fröstelnd, ungewöhnlich schnell ein.

Gegenüber dem alten Kloster rast der Don, der sich hier eng an den Berg schmiegt, mit übermütigem Ungestüm vorwärts. An einer Biegung kräuselt sich das Wasser in spielerischen Schnörkeln, und grüne Wellenkämme laufen Sturm gegen die Kreideblöcke, die seit dem Bergsturz im Frühjahr verstreut im Fluß liegen.

Hätten die Kosaken nicht das Flußknie des Dons besetzt, wo die Strömung schwächer und der Fluß breiter und friedlicher ist, und hätten sie nicht begonnen, von dort aus das Bergvorland zu beschießen, so hätte der Schwadronsführer nie den Entschluß gefaßt, die Schwadron beim Kloster schwimmend übersetzen zu lassen.

Mittags begann der Übergang. Das Fährboot nahm einen Maschinengewehrwagen mit Bedienung und drei Pferden an Bord. Das linke Beipferd, das noch nie so viel Wasser gesehen hatte, erschrak, als sich das Boot mitten auf dem Fluß plötzlich gegen die Strömung kehrte und ein wenig auf die Seite neigte. Am Ufer, am Fuße des Berges, wo die abgesessene Schwadron die Pferde absattelte, war deutlich zu hören, wie das Beipferd unruhig schnaubte und mit den Hufen auf den Bretterboden des Bootes stampfte.

«Wird noch das Boot umwerfen!» knurrte Trofim stirnrunzelnd, und als er nach dem schweißnassen Rücken seiner Stute griff, blieb seine Hand plötzlich in der Luft hängen: Im Boot begann das Beipferd wild zu schnauben, es wich zur Deichsel des MG-Wagens zurück und bäumte sich hoch auf.

«Schieß!» brüllte der Schwadronsführer, die Peitsche zusammenbiegend, hinüber.

Trofim sah, wie sich der Richtschütze an den Hals des Beipferdes hängte und ihm die Pistole ins Ohr steckte. Der Schuß klang wie aus einer Luftbüchse für Kinder; das Mittelpferd und das rechte Beipferd drängten sich dichter aneinander. Aus Angst um das Boot drückten die Maschinengewehrschützen das getötete Pferd an den hinteren Teil des MG-Wagens. Seine Vorderbeine knickten langsam ein, sein Kopf fiel herab.

Nach etwa zehn Minuten kam der Schwadronsführer von der Landzunge geritten und lenkte als erster seinen Falben in den Fluß. Nach ihm platschte mit Gepolter die Schwadron ins Wasser. Hundertachtzig halbnackte Reiter, ebenso viele Pferde von verschiedenster Farbe. Die Sättel wurden in drei Booten hinübergebracht. Eins von ihnen steuerte Trofim, seine Stute hatte er dem Zugführer Netschepurenko anvertraut. Als die Boote die Mitte des Dons erreicht hatten, sah Trofim, wie die vorderen Pferde knietief in den

Fluß gingen, unlustig Wasser schlürften und von den Reitern halblaut angetrieben wurden. Wenig später war das Wasser, zwanzig Sashen* vom Ufer entfernt, schwarz von dichtgedrängten Pferdeköpfen; vielstimmiges Schnauben ertönte. Neben den Pferden schwammen die Rotarmisten, sie hielten sich an den Mähnen der Tiere fest, ihre Kleidungsstücke und Patronentaschen hatten sie an die Karabiner gehängt.

Trofim warf das Ruder ins Boot, richtete sich zu voller Größe auf und suchte, die Augen in der Sonne zusammenkneifend, mit gierigen Blicken im Haufen der schwimmenden Pferde den fuchsroten Kopf seiner Stute. Die Schwadron glich einem Zug wilder Gänse, der durch die Schüsse von Jägern am Himmel zerstreut worden ist: Vorneweg schwamm mit hochragendem glänzendem Rücken der Falbe des Schwadronsführers, dicht an seinem Schwanze schimmerten silbern die weißfleckigen Ohren des Pferdes, das einst dem Kommissar gehört hatte, dann kam ein dunkler Haufe hinterhergeschwommen, und ganz hinten, mit jeder Minute weiter zurückbleibend, war der Haarschopf des Zugführers Netschepurenko zu erkennen; links von ihm standen die spitzen Ohren von Trofims Stute. Trofim strengte seine Augen an und sah jetzt auch das Fohlen. Es schwamm stoßweise, bald sich hoch aus dem Wasser emporwerfend, bald wieder so tief untertauchend, daß kaum die Spitze seiner Nase zu sehen war.

Und in diesem Augenblick trug der Wind, der über den Don dahinstrich, ein hauchdünnes rufendes Wiehern an Trofims Ohr:

«I-i-i-ho-ho-ho! ...»

Der Schrei über dem Wasser tönte hell und scharf, wie die Schneide eines Säbels. Er schnitt Trofim ins Herz, und etwas Seltsames ging mit ihm vor: Fünf Jahre, seit Beginn des Krieges mit Deutschland, lag er nun schon im Kampf, hatte in dieser Zeit den Tod oft genug vor Augen gehabt und sich nichts daraus gemacht; jetzt aber erblaßte er unter seinen rötlichen Bartstoppeln und wurde aschfahl. Er ergriff das Ruder und lenkte das Boot gegen die Strömung, dorthin, wo sich mitten in einem Strudel das erschöpfte Fohlen im Kreis drehte und etwa zehn Sashen entfernt Netschepurenko vergeblich bemüht war, die Stute, die mit heiserem Wiehern zum Strudel schwamm, zur Umkehr zu zwingen. Trofims Freund Stjoschka Jefremow, der im Boot auf einem Haufen Sättel saß, rief ihm streng zu:

«Mach keinen Unsinn! Steure zum Ufer! Siehst du nicht die Kosaken, da sind sie!»

«Ich muß es erschießen!» hauchte Trofim und griff nach dem Riemen seines Karabiners.

Das Fohlen wurde durch die Strömung weit von der Stelle fortgetrieben, wo die Schwadron übersetzte. Ein kleiner Strudel ließ es leicht kreisen, überspülte es mit grünen Wellenkämmen. Trofim arbeitete krampfhaft mit

---

* Altes russisches Längenmaß, 1 Sashen = 2,3 m.

dem Ruder, ruckartig bewegte sich das Boot vorwärts. Aus einer Mulde am rechten Ufer sprangen weiße Kosaken hervor. Mit tiefem Baß begann ein schweres Maxim-Maschinengewehr zu hämmern. Schmatzend und zwitschernd schlugen die Kugeln ins Wasser. Ein weißer Offizier in zerrissenem Leinenhemd schrie etwas und fuchtelte mit der Pistole.

Das Fohlen wieherte jetzt immer seltener; immer gedämpfter und dünner wurde sein kurzer, herzzerreißender Schrei. Und dieser Schrei war bis zum kalten Entsetzen dem Schrei eines Kindes ähnlich. Netschepurenko ließ nun die Stute los und schwamm eilig zum linken Ufer. Trofim ergriff den Karabiner, zielte unterhalb des vom Wasserwirbel heruntergezogenen Köpfchens und schoß, dann riß er die Stiefel von den Füßen und stürzte sich mit einem dumpfen Laut ins Wasser.

Nach fünf Minuten war Trofim bei dem Fohlen, faßte es mit der linken Hand unter den kalt gewordenen Bauch und wendete sich, fast erstickend und krampfhaft Wasser schluckend, zum linken Ufer, wo, wie es schien, fern über dem Horizont in gebrochener Linie die Wälder schaukelten und der Ufersand gelblich schimmerte.

Der Himmel, der Wald, der Sand – alles hellgrün, geisterhaft. Eine letzte ungeheure Anstrengung – und Trofims Füße berühren den Erdboden. Mühevoll zieht er den schlüpfrigen Körper des Fohlens auf das Ufer, schluchzend scharrt er mit den Händen im Sand.

Im Walde hört man die Stimmen der herübergeschwommenen Reiter, irgendwo hinter der Landzunge dröhnt Geschützfeuer. Die Fuchsstute steht neben Trofim, schüttelt sich und beleckt ihr Fohlen. Schwankend erhebt sich Trofim, macht zwei Schritte im Sande, springt plötzlich vor und fällt zur Seite. Wie ein heißer Nadelstich durchdringt es seine Brust; noch im Fallen hört er den Schuß. Ein einsamer Schuß in den Rücken, vom rechten Ufer. Auf dem rechten Ufer öffnet der weißgardistische Offizier in dem zerrissenen Leinenhemd gleichmütig den Verschluß seines Karabiners und wirft die rauchende Patronenhülse hin; im Sande, zwei Schritte von dem Fohlen entfernt, krümmt sich Trofim, und seine harten, blau gewordenen Lippen, die seit fünf Jahren kein Kind geküßt haben, lächeln und schäumen Blut.

Nikolaj S. Leskow
Das Tier

*Auch die Tiere vernahmen das heilige Wort.
Lebensbeschreibung des heiligen Vaters Serafim*

1

Mein Vater war ein zu seiner Zeit bekannter Untersuchungsrichter. Viele wichtige Prozesse wurden ihm übertragen, und deshalb war er häufig auf Reisen und ließ die Mutter, mich und die Dienstboten allein zu Haus.

Mein Mütterchen war damals noch sehr jung, und ich war ein kleiner Knabe. Zur Zeit des Vorfalls, von dem ich jetzt berichten will, zählte ich nicht mehr als fünf Jahre.

Es war in einem sehr grimmigen Winter. Eine solche Kälte herrschte, daß die Schafe über Nacht in den Ställen erfroren und die Sperlinge und Dohlen erstarrt auf die gefrorene Erde fielen. Mein Vater befand sich zu jener Zeit in dienstlichen Angelegenheiten in Jelez und hatte nicht einmal versprechen können, daß er zum Christfest nach Hause kam. Deshalb schickte sich meine Mutter an, selbst zu ihm zu fahren, damit er an diesem wunderschönen, freudevollen Fest nicht einsam bliebe. Mich nahm die Mutter wegen der entsetzlichen Kälte nicht mit auf die weite Reise, sondern ließ mich bei ihrer Schwester, meiner Tante, zurück, die an einen Orlowsker Gutsbesitzer verheiratet war, der sich eines traurigen Ruhmes erfreute. Er war sehr reich, alt und grausam. Bosheit und Unerbittlichkeit waren die hervorstechendsten Züge seines Charakters, und er bedauerte dies keineswegs, sondern brüstete sich sogar mit diesen Eigenschaften, die seiner Meinung nach ein Ausdruck männlicher Kraft und unbeugsamer Geistesstärke waren.

Er war bestrebt, seine Kinder zu derselben Männlichkeit und Härte zu erziehen.

Alle fürchteten den Onkel, und ich fürchtete ihn am allermeisten, weil er auch in mir «Männlichkeit entwickeln» wollte und mich einmal während eines entsetzlichen Gewitters, vor dem ich dreijähriger Knirps Angst hatte, allein auf den Balkon gesperrt und die Tür verschlossen hatte, um mir durch diese Lektion die Furcht vor dem Gewitter auszutreiben.

Es ist verständlich, daß ich nur ungern und mit nicht geringer Angst im Hause eines solchen Wirtes zu Gast war, aber wie gesagt, ich war damals erst fünf Jahre alt, und meine Wünsche wurden angesichts so zwingender Umstände nicht berücksichtigt.

2

Auf dem Gut meines Onkels befand sich ein riesiges steinernes Gebäude, das einem Schloß ähnlich sah. Es war ein anspruchsvolles, aber unschönes, ja sogar abstoßendes, zweistöckiges Bauwerk mit einer runden Kuppel und einem Turm, von dem man sich grauenhafte Dinge erzählt. Dort hatte einst der wahnsinnige Vater des jetzigen Gutsbesitzers gelebt, später wurden seine Zimmer als Apotheke eingerichtet. Auch dieser Umstand flößte den Leuten Grauen ein, aber am unheimlichsten war doch, daß oben im Turm in einem leeren Bogenfenster Saiten gespannt waren, so daß das Fenster einer Äolsharfe glich. Wenn der Wind durch die Saiten dieses eigenwilligen Instrumentes strich, gab es ebenso unerwartete wie seltsame Töne von sich, die von einem leisen, tiefen Surren in ein unruhiges, disharmonisches Stöhnen und rasendes Getöse übergingen, als flöge ein ganzes Heer von Furcht gejagter Geister hindurch. Keiner im Hause liebte diese Harfe, und alle glaubten, sie habe dem schrecklichen Herrn des Gebäudes etwas zu sagen, worauf er nichts zu erwidern wage, und deshalb werde er immer unbarmherziger und grausamer. Man hatte schon häufig bemerkt, daß in jenen Nächten, in denen der Sturm wütete und die Harfe auf dem Turm so laut ertönte, daß die Klänge über den Park und die Teiche hinweg bis ins Dorf drangen, der Herr nicht schlief und am Morgen mit düsterer, strenger Miene aufstand und einen seiner grausamen Befehle erteilte, der die Herzen seiner zahlreichen Knechte erbeben ließ.

Es gehörte zu den Gewohnheiten des Hauses, daß keinem jemals eine Schuld verziehen wurde. Das war eine Regel, von der es keine Ausnahme gab, ob es sich nun um einen Menschen, um ein Tier oder um das winzigste Lebewesen handelte. Der Onkel wollte von Barmherzigkeit nichts wissen und schätzte sie nicht; denn er hielt sie für Schwäche. Unbeugsame Strenge erschien ihm höher als jegliche Nachsicht. Deshalb herrschte in diesem Hause und in all den ausgedehnten Dörfern, die dem reichen Gutsherrn gehörten, stets trostlose Niedergeschlagenheit, die von den Menschen auch auf die Tiere überging.

3

Mein seliger Onkel war ein leidenschaftlicher Liebhaber der Hetzjagd. Mit seinen Windhunden pflegte er Wölfe, Hasen und Füchse zu hetzen. In seinem Zwinger hatte er aber auch ganz besondere Hunde, die sogar Bären stellten. Man nannte sie «Blutegel», weil sie sich so in das Tier verbissen, daß es unmöglich war, sie von ihm loszureißen. Es kam vor, daß ein Bär, in den ein Blutegel seine Zähne geschlagen hatte, ihn mit einem Hieb seiner fürchterlichen Tatze tötete oder in Stücke riß, aber es kam niemals vor, daß ein Blutegel lebend von dem Tier abließ.

Heute, da man Bären nur noch auf Treibjagden oder mit dem Jagdspieß erlegt, scheint die Rasse der Blutegelhunde in Rußland völlig ausgestorben zu sein, aber zu jener Zeit, von der ich erzähle, fehlten sie in keiner großen, gut zusammengestellten Koppel. Bären waren damals in unserer Gegend auch nicht selten, und die Jagd auf sie gehörte zu den größten Vergnügen.

Gelang es einmal, ein ganzes Bärennest auszuheben, so holte man die kleinen Bären aus der Höhle und brachte sie nach Hause. Sie wurden gewöhnlich in einen großen gemauerten Stall gesperrt, in dem nur unmittelbar unter dem Dach kleine Fenster angebracht waren. Diese Fenster hatten keine Scheiben, sondern waren nur mit dicken Eisengittern versehen. Die Bärlein pflegten aufeinanderzukrabbeln, bis zu den Fenstern hinaufzuklettern und sich mit ihren griffigen Tatzen und Krallen an dem Eisen festzuklammern. Nur auf diese Weise konnten sie aus ihrem Kerker in die freie Gotteswelt hinausschauen.

Wenn man uns vor dem Mittagessen spazierenführte, gingen wir am liebsten zu diesem Stall und betrachteten die hinter dem Gitter aufgereihten drolligen Bärenschnäuzchen. Unser deutscher Hauslehrer Kolberg verstand es, ihnen ein Stück Brot, das wir zu diesem Zweck von unserem Frühstück absparten, auf der Spitze eines Stockes hinaufzureichen.

Die Bären betreute und fütterte ein junger Bursche mit Namen Ferapont. Weil es dem einfachen Volk schwerfiel, diesen Namen auszusprechen, rief man ihn Chrapon oder noch öfter Chraposchka. Ich kann mich seiner gut erinnern: Chraposchka war ein sehr geschickter, kräftiger, kühner Bursche von mittlerer Größe und zählte etwa fünfundzwanzig Jahre. Er galt für einen hübschen Burschen, hatte er doch ein zartes Gesicht, rote Wangen, schwarze Locken und große, ebenfalls schwarze, etwas vorstehende Augen. Zudem war er ungewöhnlich mutig. Seine Schwester Annuschka diente als Kindermädchen auf dem Gutshof und erzählte uns die merkwürdigsten Dinge von der Kühnheit ihres verwegenen Bruders sowie von seiner ungewöhnlichen Freundschaft mit den Bären, mit denen er winters wie sommers im Stalle schlief, wobei sie sich um ihn herum lagerten und die Köpfe wie auf ein Kissen auf ihn legten.

Vor dem Haus meines Onkels lag ein großes, rundes, von einem bemalten Gitter eingefaßtes Blumenbeet. Dahinter erhob sich ein breites Tor, und diesem Tor gegenüber hatte man inmitten des Blumenbeetes einen hohen, geraden, glattgehobelten Stamm eingegraben, den man den «Mastbaum» nannte. Auf der Spitze dieses Mastes hatte man ein kleines Gerüst oder, wie man sagte, eine «Laube» angebracht.

Von den gefangenen Bären pflegte man einen besonders «klugen» auszuwählen, der sich als verständig und zuverlässig erwiesen hatte. Dieser wurde von seinen Brüdern getrennt und durfte in der Freiheit leben, das heißt, er konnte auf dem Hof und im Park umherspazieren, vor allem aber mußte er am Pfosten vor dem Tor Wache stehen. Hier verbrachte er einen großen Teil des Tages, wobei er sich entweder unmittelbar am Mast auf Stroh legte oder bis zu der Laube hinaufkletterte und hier saß und schlief, ohne daß zudringliche Menschen oder Hunde ihn belästigen konnten.

Solch ein freies Leben wurde nicht allen Bären gewährt, sondern nur einigen, die besonders klug und zahm waren, und auch diesen nicht fürs ganze Leben, sondern nur, solange sich ihre tierischen, im Zusammenleben mit anderen Geschöpfen unbequemen Instinkte nicht regten, solange sie sich friedlich verhielten und weder Hühner noch Gänse und Kälbchen, noch einen Menschen anrührten.

Ein Bär, der die Ruhe der Gutsbewohner störte, wurde unverzüglich zum Tode verurteilt, und vor der Vollstreckung dieses Urteils konnte ihn nichts auf der Welt bewahren.

4

Es war das Amt Chraposchkas, den «verständigsten» Bären auszuwählen. Da er am meisten mit den Bären umging und als großer Kenner ihrer Wesensart galt, war es verständlich, daß man ihn mit dieser Aufgabe betraut hatte. Chrapon war auch verantwortlich, wenn er eine schlechte Auswahl traf. Doch sogleich das erste Mal hatte er für diese Rolle einen erstaunlich geeigneten, klugen Bären gewählt, der einen ungewöhnlichen Namen trug. In Rußland nennt man Bären gewöhnlich «Mischka», aber dieser hörte auf den spanischen Namen «Sganarell». Schon fünf Jahre hatte er in der Freiheit verbracht und noch keinen einzigen «Streich» verübt. Wenn man von einem Bären sagte, er «mache Streiche», so bedeutete das, daß sich bei irgendeiner Gelegenheit seine tierische Natur geregt hatte.

Dann wurde der «Taugenichts» zunächst in die «Grube» gesetzt, die man auf einem weiten Feld zwischen der Tenne und dem Wald angelegt hatte. Nach einiger Zeit ließ man ihn heraus auf das Feld (er kletterte selbst auf *einem Balken* nach oben), und dort hetzte man ihn mit «jungen Blutegeln», den halbwüchsigen jungen Bärenhunden. Waren die jungen Hunde noch nicht gewandt genug, um ihn zu stellen, und bestand die Gefahr, daß das Tier in den Wald entfloh, so warfen sich zwei der besten Jäger, die in einem Hinterhalt lauerten, mit einer auserlesenen, erfahrenen Meute auf ihn und machten der Sache ein schnelles Ende.

Waren aber die Hunde so ungeschickt, daß es dem Bären gelang, sich zur «Insel», das heißt zu dem Wald durchzuschlagen, der in das ausgedehnte Waldgebiet von Brjansk übergeht, so trat ein eigens bereitgestellter Schütze mit einem langen, schweren Kuchenreuterschen Stutzen hervor, zielte auf einer Gabelstütze und sandte dem Bären die tödliche Kugel nach.

Es war noch niemals vorgekommen, daß ein Bär all diesen Gefahren entronnen war, und der Gedanke war fürchterlich, daß dies einmal geschehen könnte: Dann hätte alle Schuldigen eine tödliche Bestrafung erwartet.

5

Die Klugheit und Zuverlässigkeit Sganarells hatten bewirkt, daß das geschilderte Vergnügen einer Bärenhinrichtung schon fünf Jahre nicht mehr stattgefunden hatte. In dieser Zeit war Sganarell gewachsen und ein großer Bär von ungewöhnlicher Stärke, Schönheit und Geschicklichkeit geworden. Er zeichnete sich durch eine runde, stumpfe Schnauze und einen ziemlich schlanken Körperbau aus, wodurch er mehr einem riesigen Pinscher oder Pudel als einem Bären glich. Sein Hinterteil war etwas schmächtig und von kurzem, glänzendem Fell überzogen, aber die Schultern waren stark entwickelt und mit langen, zottigen Haaren bedeckt. Sganarell war auch so klug wie ein Pudel und konnte einige für ein Tier seiner Art sehr bemerkenswerte Kunststücke. So konnte er sich zum Beispiel ausgezeichnet und mühelos auf den Hinterpfoten vorwärts und rückwärts bewegen, verstand die Trommel zu schlagen, mit einem langen Stock umherzumarschieren, der wie ein Gewehr hergerichtet war, schleppte gern, ja sogar mit dem größten Vergnügen den Bauern die schwersten Säcke nach der Mühle und setzte sich mit eigenartigem Schick einen hohen, spitzen Männerhut mit einer Pfauenfeder und einem Strohbüschel, das den Federbusch ersetzte, auf den Kopf.

Aber auch für Sganarell schlug die verhängnisvolle Stunde, auch über ihn behauptete die tierische Natur ihr Recht. Kurz vor meiner Ankunft im Hause des Onkels hatte der friedliche Sganarell sich plötzlich mehrere Vergehen zuschulden kommen lassen, von denen eines immer schwerer als das andere wog.

Die Reihenfolge von Sganarells Verbrechen war die gleiche wie bei all seinen Vorgängern. Als Erstlingsstück hatte er einer Gans den Flügel abgerissen, dann hatte er die Tatze auf den Rücken eines zur Mutter flüchtenden Ferkels gelegt und ihm das Rückgrat zerbrochen, und endlich hatten Sganarell ein blinder Greis und sein Führer mißfallen, er hatte sie im Schnee gewälzt und ihnen dabei Arme und Beine zerquetscht. Den Blinden und seinen Führer brachte man ins Krankenhaus, und Chrapon erhielt den Befehl, Sganarell abzuführen und in die Grube zu setzen, aus der es nur einen Ausweg gab, *zur Hinrichtung*.

Als Anna mich und meinen gleichaltrigen Vetter am Abend auskleidete, erzählte sie uns, daß sich bei der Überführung Sganarells in die Grube die rührendsten Szenen abgespielt hätten. Chrapon hatte Sganarell nicht den üblichen schmerzhaften Ring durch die Schnauze gezogen und nicht die geringste Gewalt gegen ihn angewandt, sondern nur gesagt:

«Komm mit mir, Tier.»

Der Bär war aufgestanden und mitgegangen, und es wirkte ungemein drollig, daß er seinen Hut mit dem Strohbüschel aufgesetzt und Chraposchka den ganzen Weg bis zur Grube eng umschlungen gehalten hatte, als wären sie zwei Freunde. Sie waren ja auch wirklich Freunde.

6

Chrapon hatte großes Mitleid mit Sganarell, aber er konnte ihm in keiner Weise helfen. Ich erinnere daran, daß dort, wo diese Geschichte sich zutrug, niemals jemandem ein Vergehen verziehen wurde. Da Sganarell sich kompromittiert hatte, mußte er für seine Streiche unbedingt mit einem grausamen Tode büßen.

Die Hetzjagd war als Nachmittagsvergnügen für die Gäste angesetzt worden, die sich gewöhnlich zum Weihnachtsfest im Hause meines Onkels versammelten. Die Anordnungen zu dieser Jagd wurden zur selben Zeit getroffen, da Chrapon den Befehl erhielt, den schuldigen Sganarell abzuführen und in die Grube zu sperren.

7

Den Bären in die Grube zu sperren, war eine ziemlich einfache Angelegenheit. Die Luke oder Öffnung der Grube pflegte man mit leichtem, über morsche Stangen gebreitetem Reisig zu überdecken und mit Schnee zu verschütten. Diese Tarnung war nötig, damit der Bär die ihm bereitete trügerische Falle nicht vorzeitig bemerkte. Das gehorsame Tier wurde bis zu dieser Stelle geführt und dann gezwungen, voranzugehen. Es machte einen Schritt oder zwei und stürzte unversehens in die tiefe Grube, aus der herauszukommen unmöglich war. Hier saß dann der Bär, bis die Zeit seiner Hetzjagd gekommen war. Dann ließ man einen etwa sieben Ellen langen Balken schräg in die Grube hinab, und der Bär kletterte auf diesem Balken ins Freie. Dann begann die Hetz. Witterte das scharfsinnige Tier Unheil und wollte nicht herauskommen, wurde es dazu gezwungen, indem man es mit langen Stangen stach, an deren Enden scharfe eiserne Zwingen saßen, brennendes Stroh in die Grube warf oder aus Gewehren und Pistolen mit Platzpatronen auf das Tier schoß.

Nachdem Chrapon Sganarell auf die eben beschriebene Weise abgeführt und in Arrest gesetzt hatte, war er selbst sehr niedergeschlagen und bekümmert nach Hause zurückgekehrt. Zu seinem Unglück erzählte er seiner Schwester, wie «zärtlich» das Tier zu ihm gewesen war und wie es sich, als es durch das Reisig in die Grube stürzte, dort auf den Boden gesetzt, die Vorderpfoten wie Hände gefaltet und gestöhnt hatte, als ob es weinte.

Chrapon gestand Anna, daß er im Laufschritt von der Grube hinweggeeilt war, um das klägliche Stöhnen Sganarells nicht länger zu hören; denn dieses Stöhnen war zu qualvoll und unerträglich für sein Herz.

«Gott sei Dank», fügte er hinzu, «daß nicht ich, sondern andere Menschen den Befehl haben, auf ihn zu schießen, wenn er fliehen will. Würde mir dies befohlen, dann wollte ich lieber selbst alle nur möglichen Qualen auf mich nehmen, aber auf ihn schießen würde ich um nichts in der Welt.»

Anna erzählte uns dies alles, wir erzählten es unserem Hauslehrer Kolberg, und Kolberg berichtete es meinem Onkel, den er mit irgend etwas unterhalten wollte. Jener hörte sich das Ganze an und sagte: «Ein braver Bursche, dieser Chraposchka», dann klatschte er dreimal in die Hände.

Das bedeutete, daß der Onkel seinen Kammerdiener Ustin Petrowitsch zu sehen wünschte, einen Greis, der im Jahre 1812 als französischer Gefangener zurückgeblieben war.

Ustin Petrowitsch, oder eigentlich Justin, erschien in seinem reinlichen Frack mit den silbernen Knöpfen, und der Onkel teilte ihm mit, daß er für die morgige Hetzjagd auf Sganarell als Schützen Flegont, einen berühmten Schützen, der noch nie einen Fehlschuß getan, und als zweiten Chraposchka ausersehen habe. Offenbar wollte sich der Onkel an dem schweren Kampf der widerstrebenden Gefühle des armen Burschen ergötzen. Wenn Chrapon nicht auf Sganarell schoß oder absichtlich danebenzielte, so würde ihn das natürlich teuer zu stehen kommen, Sganarell aber würde von einem zweiten Schuß Flegonts, der niemals einen Fehlschuß tat, getötet werden.

Ustin verbeugte sich und ging hinaus, um den Befehl weiterzugeben. Wir Kinder aber begriffen, daß wir Unheil angerichtet hatten und daß etwas Entsetzliches im Anzug war, von dem nur Gott allein wußte, wie es enden würde. Nach diesem Vorfall vermochten wir weder dem Weihnachtsmahl, das, da es Abend- und Mittagessen zugleich war, ziemlich spät eingenommen wurde, Geschmack abzugewinnen, noch hatten wir an dem Eintreffen der Gäste, unter denen auch einige Kinder waren, rechte Freude.

Wir hatten Mitleid mit Sganarell und Mitleid mit Ferapont und konnten nicht entscheiden, welchen von beiden wir am meisten bedauerten.

Wir beide, das heißt mein gleichaltriger Vetter und ich, warfen uns lange in unseren Bettchen umher. Erst spät schliefen wir ein, wurden von schlimmen Träumen geplagt und schrien des öfteren auf, weil uns beiden im Traum der Bär erschien. Und als die Kinderfrau uns mit dem Hinweis beruhigen wollte, wir brauchten den Bären doch nicht mehr zu fürchten, weil er jetzt in der Grube säße und morgen getötet würde, bemächtigte sich meiner eine noch größere Erregung.

Ich fragte sogar die Kinderfrau, ob ich nicht für Sganarell beten dürfe. Aber eine solche Frage überstieg das religiöse Verständnis der Alten, und sie antwortete gähnend und ein Kreuz über den Mund schlagend, daß sie das wirklich nicht wisse, weil sie niemals den Geistlichen danach gefragt habe, daß aber der Bär auch ein Geschöpf Gottes und mit Noah in der Arche gewesen sei.

Die Erwähnung der Arche Noah erweckte in mir den Gedanken, daß Gott seine grenzenlose Barmherzigkeit wohl nicht nur auf Menschen, sondern auch auf seine übrigen Geschöpfe ausdehnen könne, und voll kindlichen

Glaubens kniete ich in meinem Bettchen, barg das Gesicht in den Kissen und bat die göttliche Majestät, durch meine glühende Bitte nicht beleidigt zu sein und Sganarell zu verschonen.

9

Der Weihnachtstag war gekommen. Festlich gekleidet gingen wir mit unseren Hauslehrern und Kinderfrauen hinunter zum Tee. Im Saal war außer den zahlreichen Verwandten und Gästen auch die Geistlichkeit versammelt: der Priester, der Diakonus und zwei Küster.

Als der Onkel eintrat, stimmte der Geistliche das «Christ ist geboren» an. Dann gab es Tee, gleich darauf ein kleines Frühstück und bereits um zwei Uhr das Feiertagsmahl. Sofort nach dem Mittagessen sollte zur Jagd auf Sganarell aufgebrochen werden. Man durfte nicht länger zögern; denn zu dieser Jahreszeit wurde es zeitig finster, und in der Dunkelheit zu jagen, war unmöglich, weil dann der Bär leicht außer Sicht geraten und entfliehen konnte.

Alles vollzog sich, wie vorherbestimmt. Gleich nach Tisch führte man uns zum Umkleiden für die Jagd auf Sganarell. Man zog uns unsere Hasenpelze an und zottige Stiefel mit runden Sohlen, die aus Ziegenwolle gestrickt waren, und dann setzte man uns in die Schlitten. An der Anfahrt zu beiden Seiten des Hauses stand schon eine Menge langer, großer, dreispänniger Schlitten, die mit gestickten Teppichen bedeckt waren, und zwei Stallburschen hielten den englischen Reitfuchs meines Onkels, die «Modedame», am Zaum.

Der Onkel trat in seinem kurzen Fuchspelz und einer spitzen Mütze aus demselben Pelz aus dem Haus, und kaum saß er im Sattel, über den ein schwarzes Bärenfell mit Brust- und Schweifriemen gebreitet lag, das mit Türkisen und «Schlangenköpfen» geschmückt war, als sich der ganze riesige Zug in Bewegung setzte. Nach zehn oder fünfzehn Minuten waren wir schon am Jagdort angelangt und richteten uns in einem Halbkreis aus. Alle Schlitten wurden schräg zu dem weiten, ebenen, schneebedeckten Feld aufgestellt, das von einer Kette berittener Jäger umgeben war und in der Ferne von Wald begrenzt wurde.

Unmittelbar am Wald hatte man hinter Sträuchern Verstecke und Hinterhalte angelegt. Dort mußten sich Flegont und Chraposchka befinden.

Diese Verstecke waren nicht zu erkennen. Einige Eingeweihte machten uns jedoch auf die kaum bemerkbaren Gabeln aufmerksam, auf die gestützt die Schützen auf Sganarell zielen und schießen sollten.

Die Grube, in der der Bär saß, war ebenfalls nicht zu erkennen, und wir wandten daher unsere Aufmerksamkeit unwillkürlich den schmucken Reitern zu, über deren Schultern verschiedenartige schöne Waffen hingen: schwedische Strabusen, deutsche Morgenraths, englische Mortimer und Warschauer Kolletts.

Der Onkel hielt zu Pferde vor der Kette. Man gab ihm die Leine von zwei zusammengekoppelten bösartigen Blutegeln in die Hand und legte vor ihn auf den Bogen des Sattels ein weißes Tuch.

Die jungen Hunde, um deren praktischer Ausbildung willen der schuldbeladene Sganarell sterben sollte, waren sehr zahlreich vertreten. Alle führten sich äußerst selbstbewußt auf, zeigten heftige Ungeduld und Mangel an Ausdauer. Sie winselten, bellten und sprangen so zwischen den Pferden hin und her, daß ihre Koppeln sich verfingen. Die uniformierten Piqueurs hoch zu Roß knallten ununterbrochen mit den Hetzpeitschen, um die jungen, vor Ungeduld außer Rand und Band geratenen Hunde zum Gehorsam zu bringen. In allen brannte das Verlangen, sich auf das Tier zu stürzen, dessen Nähe die Hunde natürlich durch ihre feine, angeborene Witterung schon längst entdeckt hatten.

Die Zeit, Sganarell aus der Grube herauszulassen und ihn dem Zerfleischen preiszugeben, war gekommen.

Der Onkel winkte mit dem auf seinem Sattel liegenden weißen Tuch und rief: «Los!»

10

Aus dem Jägerhaufen, der den Hauptstab des Onkels bildete, lösten sich etwa zehn Mann und schritten querfeldein.

Nach ungefähr zweihundert Schritten blieben sie stehen und zogen unter dem Schnee einen langen, nicht allzu starken Balken hervor, den wir bis zu diesem Augenblick aus der Ferne nicht hatten sehen können.

Dies spielte sich unmittelbar an der Grube ab, in der Sganarell saß, aber auch sie war von unserem entfernten Standpunkt aus nicht zu erkennen.

Man hob den Balken auf und ließ das eine Ende sogleich in die Grube hinab. Der Balken wurde so schräg hineingelehnt, daß das Tier ohne Mühe wie auf einer Treppe aus ihm herausklettern konnte.

Das andere Ende des Balkens ruhte auf dem Rand der Grube und ragte um eine Elle über diese hinaus.

Aller Augen waren auf diese Vorbereitungen gerichtet, die den spannenden Moment immer näher brachten. Man erwartete, Sganarell werde sogleich im Freien erscheinen; aber er hatte augenscheinlich verstanden, was auf dem Spiel stand, und dachte nicht daran, herauszukommen.

Die Jäger warfen ihn mit Schneebällen und stachen ihn mit spitzen Stangen, man hörte ein Brüllen, aber das Tier kam nicht aus der Grube heraus. Mehrere blinde Schüsse wurden auf die Grube abgefeuert, Sganarell brüllte noch ärger, zeigte sich aber nicht.

Da flog im Galopp von irgendwo hinter der Kette eine einfache, von einem Pferd gezogene Mistfuhre heran, auf der ein Haufen trockenes Roggenstroh lag.

Das Pferd war groß und hager und gehörte zu denen, die nur noch das Futter von der Tenne fahren, aber trotz seines Alters und seiner Magerkeit flog es mit erhobenem Schweif und gesträubter Mähne dahin. Es war schwer zu entscheiden, ob seine jetzige Munterkeit ein Rest der früheren jugendlichen Verwegenheit war oder die Folge der Furcht und Verzweiflung, die die Nähe des Bären dem alten Pferd einflößte. Das letzte war wohl wahrscheinlicher; denn das Pferd war nicht nur mit einer eisernen Kandare aufgezäumt, sondern außerdem mit einer Leine, die in seine altersgrauen Lefzen schnitt und sie schon bis aufs Blut aufgerieben hatte. Es raste dahin und versuchte verzweifelt auszubrechen, so daß der Stallbursche ihm den Kopf mit der Leine nach oben riß und ihm mit der anderen Hand erbarmungslos eine dicke Peitsche überzog.

Aber wie dem auch sei, das Stroh wurde in drei Haufen geteilt, angezündet und gleichzeitig von drei Seiten in die Grube gestoßen. Von der Flamme blieb nur die Stelle verschont, an der der Balken lehnte.

Ein ohrenbetäubendes, rasendes Brüllen ertönte, in dem ein Stöhnen mitzuklingen schien, aber der Bär zeigte sich nicht.

Ein Gerücht gelangte bis zu unserer Kette, Sganarell sei ganz «versengt», bedecke die Augen mit den Tatzen und habe sich in einem Winkel flach auf die Erde gelegt, so daß man «ihn nicht berühren könne».

Das Arbeitspferd mit den zerschnittenen Lefzen raste im Galopp wieder nach hinten. Alle glaubten, es solle eine neue Fuhre Stroh herbeibringen. Unter den Zuschauern wurde ein vorwurfsvolles Gemurmel laut: Weshalb hatten die Jagdordner nicht früher daran gedacht, genügend Stroh aufzustapeln. Der Onkel wurde zornig und schrie etwas, das ich wegen der sich jetzt überall erhebenden Unruhe der Leute, dem sich immer mehr verstärkenden Winseln der Hunde und dem Knallen der Hetzpeitschen nicht verstand.

Aber in all dem lag doch eine gewisse Stimmung und eine eigene Harmonie. Das Arbeitspferd jagte schon wieder keuchend und nach allen Seiten ausschlagend zur Grube zurück, führte aber jetzt kein Stroh mit sich, sondern auf dem Schlitten saß Ferapont.

Der zornige Befehl des Onkels hatte darin bestanden, daß man Chraposchka in die Grube hinunterlassen sollte, damit er *selbst* seinen Freund zur Hetzjagd herausführte ...

11

Und da war Ferapont an Ort und Stelle. Er schien sehr erregt, handelte aber sicher und entschlossen. Ohne sich im geringsten dem Befehl seines Herrn zu widersetzen, nahm er vom Schlitten einen Strick, mit dem man das vor kurzem herbeigebrachte Stroh zusammengebunden, und legte das eine Ende dieses Strickes um eine Einkerbung im oberen Teil des Balkens. Das andere

Ende nahm er fest in die Hand und ließ sich, auf dem Balken stehend, in die Grube hinab ...

Das fürchterliche Gebrüll Sganarells verstummte und ging in ein dumpfes Brummen über.

Es klang, als beklage sich das Tier bei seinem Freund über die grausame Behandlung, die ihm von den Menschen zuteil wurde. Dann ließ auch das Brummen nach, und völlige Stille trat ein.

«Er umarmt und leckt Chraposchka!» rief einer der Leute, die an der Grube standen.

Von den Zuschauern, die in den Schlitten untergebracht waren, seufzten einige auf, andere runzelten die Stirn.

Vielen tat der Bär bereits leid, und von seiner Hetzjagd versprachen sie sich offensichtlich kein großes Vergnügen. Der flüchtige Eindruck wurde plötzlich durch ein neues Ereignis vertieft, das noch unerwarteter war und noch heftigere Rührung erweckte.

Wie aus der Unterwelt tauchte aus der Öffnung der Grube der Lockenkopf Chraposchkas mit der runden Jägermütze auf. Er kletterte auf dieselbe Weise ins Freie, wie er hinuntergestiegen war, das heißt, er setzte auf dem Balken einen Fuß vor den anderen und zog sich dabei an dem außen fest verknoteten Strick nach oben. Aber Ferapont kam *nicht allein* heraus: In enger Umarmung mit ihm, die große, zottige Tatze auf seine Schulter gelegt, stieg Sganarell heraus ... Der Bär war schlechter Laune und sah recht jämmerlich aus. Erschöpft und abgezehrt, wohl weniger von körperlichen Leiden als von der schweren moralischen Erschütterung, erinnerte er auffallend an König Lear. Seine blutunterlaufenen Augen funkelten in Zorn und Empörung, und Mißtrauen lag in seinem Blick. Wie Lear war auch er zerzaust, stellenweise versengt, und hier und da hafteten Strohhalme in seinem Fell. Zu alledem hatte sich Sganarell durch einen merkwürdigen Zufall wie jener unglückliche Märtyrer auch eine Art Dornenkrone bewahrt. Vielleicht aus Liebe zu Ferapont, vielleicht auch rein zufällig, hatte er die Mütze unter den Arm geklemmt, mit der Chraposchka ihn einst ausgestattet und mit der wiederum Chraposchka gegen seinen Willen Sganarell in die Grube gestoßen hatte. Der Bär hatte diese Freundesgabe aufbewahrt, und jetzt, da sein Herz in der Umarmung seines Freundes für einen Augenblick Ruhe fand, zog er, sowie er wieder auf der Erde stand, die arg zerdrückte Mütze unter dem Arm hervor und setzte sie sich auf den Scheitel.

Dieser sonderbare Einfall belustigte viele, anderen dagegen bereitete der Anblick Qual. Einige wendeten sich sogar ab, um das Tier, dessen schlimmes Ende nun so nahe bevorsteht, nicht länger sehen zu müssen.

12

Während sich dies alles zutrug, heulten die Hunde, zerrten an den Leinen und schienen jeglichen Gehorsam vergessen zu haben. Selbst die Hetzpeitsche hatte keine nachdrückliche Wirkung mehr auf sie. Als die jungen Hunde und die alten Blutegel Sganarell erblickten, erhoben sie sich auf die Hinterpfoten und heulten und keuchten, daß sie fast in ihren weißgegerbten Halsriemen erstickten. Währenddessen jagte Chraposchka schon wieder auf dem Schlitten zu seinem Versteck im Walde. Sganarell war wieder allein und zerrte ungeduldig an der Tatze, um die sich zufällig der von Chraposchka weggeworfene, an dem Balken befestigte Strick geschlungen hatte. Das Tier wollte ihn offenbar möglichst schnell entwirren oder abreißen und seinem Freund nachlaufen, aber ein Bär, und sei er noch so verständig, hat doch immer nur die Geschicklichkeit eines Bären, und so löste Sganarell nicht die Schlinge, sondern zog sie nur immer enger um seine Tatze.

Als er sah, daß die Sache nicht nach Wunsch ging, zerrte er an dem Strick, um ihn zu zerreißen, aber der Strick war fest und riß nicht, nur der Balken sprang in die Höhe und stand senkrecht in der Grube. Während sich Sganarell danach umschaute, drangen zwei Blutegel, die man in diesem Augenblick losgekoppelt hatte, auf ihn ein, und der eine schlug noch im Sprung seine scharfen Zähne in Sganarells Nacken.

Sganarell war so sehr mit dem Strick beschäftigt gewesen, daß er darauf nicht gefaßt und im ersten Augenblick über eine solche Frechheit weniger erzürnt als verwundert war. Aber nach einer halben Sekunde, als der eine Blutegel etwas locker ließ, um sich noch tiefer zu verbeißen, holte er mit der Tatze aus und schleuderte ihn mit zerfetztem Leib weit von sich fort. Die herausquellenden Eingeweide röteten den Schnee, und im selben Augenblick wurde der andere Hund durch die Hintertatze niedergeschmettert... Am fürchterlichsten und unerwartetsten war jedoch, was mit dem Balken geschah. Als Sganarell die gewaltsame Bewegung mit der Tatze vollführte, um die sich in ihn verbeißenden Blutegel abzuschütteln, riß er durch dieselbe Bewegung den fest an den Strick geknoteten Balken aus der Grube heraus, und der Balken sauste waagerecht durch die Luft. Als der Strick angespannt wurde, kreiste der Balken um Sganarell wie um seine Achse, riß mit dem einen Ende den Schnee auf und legte bei der ersten Umdrehung nicht etwa nur zwei oder drei, sondern ein ganzes Rudel herbeieilender Hunde um und zerschmetterte sie. Die einen winselten und wühlten sich mit den Pfoten aus dem Schnee heraus, die anderen blieben regungslos liegen, so wie sie hingeschleudert waren.

13

Entweder war das Tier klug genug, um zu verstehen, welch ausgezeichnete Waffe sich in seinem Besitz befand, oder der Strick schnitt schmerzhaft in seine Tatze, auf jeden Fall brüllte es auf, packte den Strick mit der Pfote und schwang den Balken so herum, daß er sich erhob, eine horizontale Linie mit der Tatze bildete, die den Strick hielt, und wie ein stark aufgezogener, riesiger Kreisel surrte. Alles, was in seinen Bereich geriet, mußte unvermeidlich in Trümmer zerschlagen werden. Wenn aber der Strick sich an irgendeiner Stelle als schadhaft erwies und riß, dann mußte der Balken in zentrifugaler Richtung davonfliegen, Gott weiß, bis zu welcher Entfernung, und bei seinem Flug unvermeidlich alles Lebendige zerschmettern, auf das er traf.

Wir alle, Menschen, Pferde und Hunde in der ganzen Linie und Kette, schwebten in furchtbarer Gefahr, und um sein Leben zu erhalten, wünschte natürlich jeder, der Strick, an dem Sganarell seine riesige Schleuder kreisen ließ, sei fest. Aber welches Ende würde dies trotz allem nehmen? Außer einigen Jägern und den beiden Schützen, die in den verborgenen Gruben am Waldrand saßen, verspürte keiner mehr Lust, auf dieses Ende zu warten. Alle Zuschauer, das heißt alle Gäste und Familienmitglieder des Onkels, die zu dieser Unterhaltung gekommen waren, fanden an dem Vorgang nicht das geringste Vergnügen mehr. Voll Entsetzen befahlen alle ihren Kutschern, so schnell wie möglich den gefährlichen Ort zu verlassen, und jagten in entsetzlicher Unordnung, sich drängend und einander überholend, dem Hause zu.

Bei der eiligen, ungeordneten Flucht gab es mehrere Zusammenstöße, mehrere Stürze, hie und da ein wenig Gelächter und überall ein großes Entsetzen. Den aus dem Schlitten Gefallenen schien es, als hätte sich der Balken von dem Strick gerissen, flöge pfeifend über ihre Köpfe hinweg und das rasende Tier jage ihnen nach.

Die Gäste, die das Haus erreichten, konnten in ihre Zimmer gehen und sich erholen, aber die wenigen, die am Jagdort geblieben waren, erlebten ein noch weitaus schrecklicheres Schauspiel.

14

Es war also unmöglich, die Hunde noch einmal auf Sganarell zu hetzen; denn mit diesem fürchterlichen Balken bewaffnet konnte er die größte Menge Hunde besiegen, ohne selbst den geringsten Schaden zu nehmen. Doch unterdessen rückte der Bär, seinen Balken schwingend und sich selbst mit ihm drehend, geradewegs nach dem Walde vor, wo ihn in dem Versteck, in dem Ferapont und der nie fehlschießende Flegont saßen, der sichere Tod erwartete.

Eine wohlgezielte Kugel konnte alles schnell und sicher beenden.

Aber ein seltsames Geschick beschützte Sganarell und wollte offenbar das Tier, in dessen Angelegenheit es sich einmal gemischt, um jeden Preis erretten.

Im gleichen Augenblick, da Sganarell sich in gleicher Höhe mit den Schneewällen befand, hinter denen die auf ihn gerichteten Mündungen der Stutzer Chraposchkas und Flegonts hervorragten, riß plötzlich der Strick, an dem der Balken kreiste und ... wie ein aus dem Bogen schnellender Pfeil flog der Balken nach der einen Seite, der Bär verlor das Gleichgewicht, fiel hin und drehte sich wie ein Kreisel nach der anderen.

Den auf dem Feld Verbliebenen bot sich plötzlich ein neues lebensvolles, schreckliches Bild: Der Balken stieß die Gabel hinter dem Schneewall Flegonts um und zertrümmerte sie völlig, dann sprang er darüber hinaus und blieb in einem entfernten Schneehaufen stecken. Auch Sganarell verlor keine Zeit. Er überschlug sich drei- oder viermal und fiel gerade hinter den Schneewall Chraposchkas ...

Sganarell erkannte seinen Freund sofort, streifte ihn mit dem heißen Atem seines Rachens, wollte ihn lecken, aber plötzlich krachte von Flegonts Seite ein Schuß, der Bär entfloh in den Wald, und Chraposchka stürzte besinnungslos nieder.

Man hob ihn auf und untersuchte ihn: Die Kugel hatte seinen Arm durchschlagen, und in der Wunde steckte ein Büschel Bärenhaare.

Flegont büßte seinen Ruf als bester Schütze nicht ein, hatte er doch in großer Hast aus dem schweren Stutzer geschossen und ohne die Gabel, worauf er zielen konnte. Außerdem war es schon dämmrig, und der Bär und Chraposchka hatten sehr eng beieinander gestanden ...

Unter solchen Umständen mußte auch dieser Schuß, der nur um ein Haar danebengegangen war, für sehr bemerkenswert gelten.

Trotz alledem *war Sganarell entkommen*. Die Verfolgung am selben Abend aufzunehmen, war unmöglich; und bis zum folgenden Morgen war in den Sinn des Mannes, dessen Wille hier allen Gesetz war, ein Lichtstrahl gefallen und hatte seine Absicht völlig geändert.

15

Der Onkel kehrte nach Abschluß der geschilderten erfolglosen Jagd nach Hause zurück. Er war noch zorniger und finsterer als gewöhnlich. Bevor er an der Freitreppe vom Pferd stieg, gab er den Befehl, sowie morgen der Tag graute, die Spur des Tieres zu suchen und es einzukreisen, so daß es auf keinen Fall entweichen konnte.

Eine ordnungsgemäß geleitete Jagd hätte natürlich zu einem ganz anderen Ergebnis führen müssen.

Dann erwartete man seine Anordnungen bezüglich des verwundeten Chraposchka. Nach der Meinung aller mußte seine Strafe schrecklich sein. Zum mindesten hatte er sich dadurch schuldig gemacht, daß er es unterließ, Sganarell sein Jagdmesser in die Brust zu stoßen, als dieser plötzlich bei ihm aufgetaucht war, und daß er ihn vielmehr völlig unverletzt aus seiner

Umarmung gelassen hatte. Außerdem bestand der starke und offenbar völlig begründete Verdacht, daß Chraposchka falsches Spiel hatte treiben wollen, daß er in der verhängnisvollen Minute seine Hände absichtlich nicht gegen seinen zottigen Freund erhoben, sondern ihn freigelassen hatte.

Die allen bekannte gegenseitige Freundschaft zwischen Chraposchka und Sganarell verlieh dieser Vermutung große Wahrscheinlichkeit. Dies war nicht nur die Ansicht der Jagdteilnehmer, sondern auch aller anderen Gäste.

Wir Kinder lauschten den Gesprächen der Erwachsenen, die sich am Abend im großen Saal versammelt hatten, wo für uns die Kerzen auf dem reichgeschmückten Christbaum angezündet wurden, und wir teilten die allgemeinen Vermutungen und die allgemeine Furcht vor der Strafe, die Ferapont erwartete.

Vorerst drang aber aus dem Vorzimmer, durch das mein Onkel von der Freitreppe in seine «Flucht» geschritten war, nur das Gerücht in den Saal, er habe in bezug auf Chraposchka keinerlei Befehl hinterlassen.

«Ist das nun ein gutes Zeichen oder nicht?» flüsterte jemand, und inmitten der allgemeinen schweren Niedergeschlagenheit drang dieses Flüstern in jedermanns Herz.

Auch Pater Alexej, der alte Dorfgeistliche mit dem Bronzekreuz aus dem Jahre 1812, vernahm es. Der Alte seufzte und sagte gleichfalls flüsternd:

«Wir wollen zu Christus beten, der heute geboren ward.»

Bei diesen Worten bekreuzigte er sich, und alle, die im Saal versammelt waren, Erwachsene und Kinder, Herren und Knechte, bekreuzigten sich mit ihm. Und das geschah zur rechten Zeit! Wir hatten die Hände noch nicht wieder sinken lassen, als die Türen sich weit öffneten und der Onkel mit einem Stock in der Hand hereintrat. Seine Lieblingswindspiele und sein Kammerdiener Justin begleiteten ihn. Der letztere trug auf einem silbernen Tablett ein weißes Tuch und eine runde Tabaksdose mit dem Bildnis Pauls des Ersten.

16

Man stellte für den Onkel einen Voltairesessel auf einen kleinen Teppich mitten ins Zimmer vor den Tannenbaum. Schweigend ließ er sich darauf nieder, und schweigend empfing er von Justin sein Tuch und seine Tabaksdose. Die beiden Hunde legten sich sogleich zu seinen Füßen nieder und streckten ihre langen Schnauzen vor.

Der Onkel trug einen blauseidenen Stepprock mit aufgenähter Plattstickerei und reichverzierten weißen Filigranspangen mit großen Türkisen. In den Händen hielt er einen dünnen, aber festen Stock aus kaukasischem Kirschholz.

Dieses Stöckchen leistete ihm jetzt gute Dienste, denn während des allgemeinen Durcheinanders, mit dem die Bärenjagd endete, hatte auch die

«Modedame» ihre Unerschrockenheit nicht bewahrt, war ausgebrochen und hatte das Bein ihres Reiters empfindlich gegen einen Baum gepreßt.

Der Onkel spürte heftige Schmerzen in diesem Bein und hinkte sogar ein wenig.

Dieser Umstand war natürlich auch nicht dazu angetan, in seinem gereizten, erzürnten Herzen das Gute zu erwecken. Zudem war es auch von Übel, daß wir alle bei seinem Erscheinen verstummten. Wie die meisten mißtrauischen Menschen konnte er dies nicht vertragen, und Pater Alexej, der ihn gut kannte, beeilte sich, die Sache, so gut es ging, wieder ins Lot zu bringen, indem er das unheildrohende Schweigen brach.

Da der Geistliche sich in der Nähe von uns Kindern befand, stellte er uns die Frage, ob wir denn den Sinn des Liedes «Christ ist geboren» verstanden hätten. Es zeigte sich, daß nicht nur wir, sondern auch die Älteren ihn nur schlecht erfaßt hatten. Der Geistliche begann uns die Worte «lobpreiset», «rühmet» und «erhebet euch» zu erläutern, und als er auf die Bedeutung des letzten Wortes zu sprechen kam, «erhob» sich auch sein Geist und sein Herz. Er sprach über die *Gabe*, die auch heute wie zu «jener Zeit» jeder Arme zur Krippe des Christkindes bringen kann, die kühner und kostbarer ist als das dargebrachte Gold, die Myrrhen und der Weihrauch der Weisen des Altertums. Diese Gabe sei unser Herz, das durch Seine Lehre geläutert sei. Der Greis sprach von der Liebe, von der Vergebung, von der Pflicht eines jeden, Freund und Feind «im Namen Christi» zu trösten... Und ich glaube, daß seinen Worten in jener Stunde die Kraft der Überzeugung innewohnte. Wir alle verstanden, an wen seine Worte gerichtet waren, wir alle lauschten mit einem ganz eigenen Gefühl, als ob wir beteten, daß seine Worte ihr Ziel erreichten, und an den Wimpern vieler von uns zitterten gute Tränen...

Plötzlich fiel etwas zu Boden... Es war der Stock des Onkels. Man hob ihn auf, aber er rührte ihn nicht an. Er saß da, ein wenig zur Seite geneigt, und seine Hand hing über die Lehne des Sessels hinab, und darin lag wie vergessen der große Türkis von der Schnalle seines Rockes. Da ließ er auch diesen fallen, aber keiner eilte, ihn aufzuheben.

Aller Augen hingen an seinem Gesicht. Etwas Seltsames ging vor sich: *Er weinte!*

Der Geistliche schob die Kinder sanft beiseite, trat an den Onkel heran und segnete ihn schweigend.

Der Onkel hob das Gesicht, ergriff die Hand des Greises, küßte sie unerwartet vor aller Augen und sagte leise:

«Danke.»

Dann blickte er auf Justin und befahl, Ferapont hereinzurufen.

Jener erschien, bleich und die Hand in der Schlinge.

«Stell dich hierher!» befahl der Onkel und wies mit der Hand auf den Teppich.

Chraposchka trat heran und fiel auf die Knie.

«Steh auf ... erheb dich!» sagte der Onkel. «Ich verzeihe dir.»

Chraposchka warf sich ihm wieder zu Füßen. Der Onkel sprach mit nervöser, erregter Stimme:

«Du hast das Tier geliebt, wie nicht jeder die Menschen liebt. Du hast mich dadurch gerührt und mich an Großmut übertroffen. Höre, was ich dir als Gnade verkünde: Ich schenke dir den Freibrief und hundert Rubel auf den Weg. Geh, wohin du willst.»

«Ich danke Euch, aber ich will nirgendwohin gehen», rief Chraposchka.

«Wie?»

«Ich will nirgendwohin gehen», wiederholte Ferapont.

«Was willst du denn?»

«Für Eure Gnade will ich Euch aus freiem Willen ehrlicher dienen als aus Furcht in der Knechtschaft.»

Die Lider des Onkels zuckten. Er drückte mit der einen Hand sein weißes Tuch vor die Augen, mit dem anderen Arm umarmte er, sich niederbeugend, Ferapont, und wir alle erhoben uns von unseren Plätzen und bedeckten ebenfalls die Augen. Ein jeder fühlte, daß sich hier der Ruhm des höchsten Gottes vollendete und daß an Stelle der finsteren Furcht der Friede in Christi Namen mit seinem Duft den Raum erfüllte.

Dies empfanden auch die Bewohner des Dorfes, wohin man Kessel mit Dünnbier gesandt hatte. Sie brannten Freudenfeuer an, waren alle voll Fröhlichkeit und sprachen im Scherz untereinander:

«Heute haben wir erlebt, daß auch das Tier in die heilige Stille gegangen ist, um Christus zu preisen.»

Sganarell wurde nicht weiter verfolgt. Ferapont bekam den versprochenen Freibrief, trat bald an die Stelle Justins und war meinem Onkel nicht nur ein treuer Diener, sondern auch ein treuer Freund bis an sein Lebensende. Er schloß dem Onkel die Augen und begrub ihn auf dem Waganskowschen Friedhof zu Moskau, wo das Grabmal bis auf den heutigen Tag unversehrt steht. Dort, zu des Onkels Füßen, ruht auch Ferapont.

Blumen legt ihnen heute keiner mehr aufs Grab, aber in den Moskauer Kellerwohnungen und Elendsvierteln leben noch heute Menschen, die sich an den weißhaarigen, hochgewachsenen Greis erinnern können, der wie durch ein Wunder in Erfahrung zu bringen wußte, wo es echten Kummer gab, und der entweder selbst zur rechten Zeit herbeieilte oder seinen guten Diener mit den etwas vorstehenden Augen mit reichen Gaben sandte.

Diese beiden guten Menschen, von denen man noch vieles erzählen könnte, waren mein Onkel und sein Ferapont, den der Greis im Scherz den «Tierbändiger» nannte.

Honoré de Balzac
Leidenschaft in der Wüste

«Ein schreckliches Schauspiel!» rief sie, als sie aus der Menagerie des Monsieur Martin kam.

Sie hatte diesem mutigen Dompteur gerade, um im Stil der Zirkusplakate zu reden, bei der «Arbeit» mit seiner Hyäne zugesehen.

«Wie kann er seine Tiere derart gezähmt haben», fuhr sie fort, «daß er ihrer Zuneigung sicher genug ist, um ...»

«Das, was Ihnen ein Problem zu sein scheint», unterbrach ich sie, «ist doch etwas ganz Natürliches!»

«Oh!» rief sie, und über ihre Lippen huschte ein ungläubiges Lächeln.

«Sie glauben also, Tiere hätten gar keine Leidenschaften?» fragte ich sie. «So lassen Sie sich überzeugen, daß wir ihnen alle Laster anerziehen können, die wir unserer Zivilisation verdanken.»

Sie betrachtete mich erstaunt.

«Aber», fuhr ich fort, «ich muß gestehen, daß mir, als ich Monsieur Martin zum erstenmal zusah, genau wie Ihnen ein Ausruf der Überraschung entfuhr. Damals stand ich neben einem ehemaligen Soldaten, dessen rechtes Bein amputiert worden war. Er war mit mir hereingekommen. Betroffen schaute ich diese Gestalt an. Es war einer dieser unerschrockenen Typen, denen das Siegel des Krieges aufgedrückt ist und die von allen napoleonischen Schlachten gezeichnet sind. Dieser alte Soldat fiel aber vor allem durch seine offene, fröhliche Miene auf, wie sie mich stets zugunsten eines Menschen einnimmt. Er gehörte zweifellos zu jenen Soldaten, die nichts überrascht, die über das im Tode verzerrte Gesicht eines Kameraden lachen können, die jenen ebenso fröhlich begraben wie ausplündern, die voller Würde den Kanonenkugeln entgegensehen, rasch Entschlüsse fassen und sich selbst mit dem Teufel verbrüdern würden.

Nachdem mein Gefährte den Besitzer der Menagerie in dem Augenblick, als dieser den Käfig verließ, sehr aufmerksam betrachtet hatte, verzog er die Lippen in spöttischer Verachtung zu jener bezeichnenden Grimasse, die sich überlegene Menschen herausnehmen, um sich von den Dummköpfen abzuheben. So lächelte er, als ich wieder und wieder den Mut Monsieur Martins rühmte, schüttelte den Kopf und sagte mit wissender Miene: ‚Kenn' ich.'

‚Wieso kennen Sie das?' fragte ich ihn. ‚Wenn Sie mir dies Geheimnis erklären wollten, wäre ich Ihnen sehr verbunden.'

Nach wenigen Augenblicken, die wir benutzt hatten, um Bekanntschaft zu schließen, gingen wir zum Essen in das erstbeste Restaurant, das sich unseren Blicken darbot. Beim Nachtisch ließ eine Flasche Champagner die

Erinnerungen dieses seltsamen Soldaten in ihrer ganzen Frische lebendig werden. Er erzählte mir seine Geschichte, und ich sah ein, daß er mit Recht gerufen hatte: ‚Kenn' ich.'»

Als wir wieder in der Wohnung meiner Begleiterin waren, bettelte sie so lange und versprach mir so viel, daß ich schließlich einwilligte, ihr das Geständnis des Soldaten aufzuschreiben.

Am nächsten Tag erhielt sie also folgende Episode aus einem Heldenlied, dem man den Titel geben könnte: «Die Franzosen in Ägypten.»

Bei der Expedition, die General Desaix nach Oberägypten unternahm, wurde ein Soldat aus der Provence, der in die Hände der Berber gefallen war, von diesem arabischen Stamm in die Wüsten jenseits der Nil-Fälle verschleppt. Die Berber wollten zwischen sich und der französischen Armee genügend Abstand schaffen, um nicht mehr beunruhigt zu werden, legten daher in einem Gewaltmarsch viele Meilen zurück und rasteten erst bei Nacht. Sie kampierten an einem unter Palmen versteckten Brunnen, wo sie vor kurzer Zeit einige Vorräte vergraben hatten. Da sie nicht annahmen, daß ihr Gefangener auf Fluchtgedanken kommen könnte, fesselten sie ihm nur die Hände und legten sich alle zur Ruhe nieder, nachdem sie ein paar Datteln gegessen und ihren Pferden Gerste gegeben hatten.

Als der mutige Provenzale sah, daß seine Feinde außerstande waren, ihn zu bewachen, packte er mit den Zähnen einen Türkensäbel, hielt die Klinge zwischen seinen Knien fest, schnitt die Seile durch, die ihn am Gebrauch seiner Hände hinderten, und war frei. Sofort ergriff er einen Karabiner und einen Dolch, versorgte sich mit einem Vorrat an getrockneten Datteln, einem Säckchen Gerste, Pulver und Kugeln. Er schnallte einen Säbel um, schwang sich auf ein Pferd, gab ihm die Sporen und schlug die Richtung ein, in der er die französische Armee vermutete. Vor lauter Ungeduld, ein Feldlager der Franzosen wiederzusehen, hetzte er das schon ermüdete Pferd so sehr, daß das arme Tier mit blutenden Flanken krepierte. Inmitten der Wüste blieb der Franzose allein.

Als er einige Zeit mit dem ganzen Mut eines entsprungenen Sträflings durch die Sandmassen gewandert war, mußte er in seinem Lauf innehalten, denn der Tag ging zur Neige. Obwohl der Himmel, wie immer in den Nächten des Orients, wunderbar anzusehen war, fühlte er nicht mehr die Kraft in sich, seinen Weg fortzusetzen. Glücklicherweise hatte er eine Anhöhe erreichen können, auf der etliche Palmen emporragten. Die Palmenwedel, die er schon von fern sah, hatten in ihm die süßesten Hoffnungen erweckt. Seine Müdigkeit war so groß, daß er sich auf einem Granitblock niederlegte, den die Natur in einer ihrer Launen wie ein Feldbett geformt hatte. Er schlief ein, ohne irgendeine Vorsichtsmaßnahme zu seinem Schutz während des Schlafes zu ergreifen. Er hatte sein Leben aufgegeben.

Sein letzter Gedanke war ein Gedanke der Reue. Schon bedauerte er, die Berber verlassen zu haben. Ihr Nomadenleben erschien ihm nun in den rosigsten Farben, seitdem er hilflos und fern von ihnen war.

Die Sonne, die ihre erbarmungslosen Strahlen senkrecht auf den Granit sandte und eine unerträgliche Hitze erzeugte, weckte ihn auf. Der Provenzale hatte sich so ungeschickt unter die Palmen gelegt, daß der Schatten ihrer majestätischen grünen Wipfel gerade nicht auf ihn fallen konnte. Er betrachtete diese einsamen Bäume und erschrak. Sie erinnerten ihn an die schlanken, von langen Blättern gekrönten Schäfte, die die sarazenischen Säulen im Dom von Arles kennzeichnen. Als er aber um sich blickte, nachdem er die Palmen gezählt hatte, befiel ihn die schrecklichste Verzweiflung. Vor ihm lag ein grenzenloser Ozean. Die schwärzlichen Sandmassen der Wüste dehnten sich nach allen Richtungen, so weit das Auge reichte, und glänzten wie eine von Lichtstrahlen getroffene stählerne Klinge. Er wußte nicht, ob er ein Eismeer oder lauter spiegelglatte Seen vor sich hatte. Von Sandwogen emporgetragen, wirbelte feuriger Dunst über der bewegten Erde. Der Himmel zeigte einen orientalischen Glanz von so trostloser Reinheit, daß er für die Phantasie nichts mehr zu wünschen übrigließ. Himmel und Erde leuchteten glutrot. Das majestätische Schweigen hatte etwas Wildes, Erschreckendes. Das Unendliche, die ungeheure Weite preßten die Seele zusammen: kein Wölkchen am Himmel, kein Lufthauch, kein unvermutetes Ereignis inmitten des wellig bewegten Sandes. Wie bei schönem Wetter auf See endete der Horizont schließlich in einem Lichtstreif, so fein wie die Schneide eines Säbels. Der Provenzale umarmte den Stamm einer Palme, als wäre es der Körper eines Freundes. Im Schutze des schmalen, geraden Schattens, den der Baum auf den Granit zeichnete, fing er schließlich an zu weinen, setzte sich hin und verharrte unbeweglich, während er tieftraurig die unversöhnliche Szene betrachtete, die sich seinen Blicken bot. Er rief laut, als wolle er die Einsamkeit versuchen. Seine Stimme verlor sich in den Vertiefungen der Hügel und erzeugte in der Ferne einen schwachen Ton, der kein Echo weckte. Das Echo war in seinem Herzen.

Der Provenzale war zweiundzwanzig Jahre alt. Er lud seinen Karabiner...

‚Dazu ist immer noch Zeit!' sagte er sich und legte die erlösende Waffe auf den Boden.

Der Soldat betrachtete bald die schwärzliche Weite, bald den blauen Himmel; er träumte von Frankreich. Er fühlte voll Wonne die Kühle der kleinen Wasserläufe von Paris, erinnerte sich an die Städte, durch die er gereist war, an die Gesichter seiner Kameraden und die geringsten Umstände in seinem Leben. Schließlich spiegelte ihm seine südländische Phantasie im Flimmern der Hitze, die über dem ausgebreiteten Tuch der Wüste lag, die kleinen Steine seiner geliebten Provence vor. Aus Angst vor den Gefahren dieser grausamen Fata Morgana stieg er an der Seite des Hügels hinab, die derjenigen, auf der er am Vorabend hinaufgekommen war, gegenüberlag. Groß war seine Freude, als er eine Art Grotte entdeckte, die in den gewaltigen Granitbrocken, dem Fundament des Hügels, einen natürlichen Einschnitt bildete. Die Reste einer Matte verrieten, daß dieser Zufluchtsort einmal bewohnt war. Ein paar Schritte weiter bemerkte er fruchtbeladene Dattelpalmen. Da erwachte in seinem Herzen von neuem der Instinkt, der uns ans Leben fesselt. Er hoffte, so lange leben zu können, bis einige Berber vorbeikämen; oder vielleicht würde er bald Kanonendonner hören! Denn zu dieser Zeit zog Napoleon durch Ägypten. Von diesem Gedanken neu belebt, schlug der Franzose ein paar von den reifen Früchten ab, unter deren Last sich die Dattelpalmen bogen, und während er diese unverhoffte Delikatesse genoß, sagte er sich, daß der Bewohner die Palmen gepflegt haben mußte: Das köstliche, erfrischende Fruchtfleisch der Datteln verriet tatsächlich die pflegende Hand seines Vorgängers. Plötzlich verwandelte sich die dumpfe Verzweiflung des Provenzalen in überschäumende Freude. Er kletterte wieder auf den Hügel und war im weiteren Tagesverlauf damit beschäftigt, eine der unfruchtbaren Palmen, die ihm am Abend vorher als Dach gedient hatten, zu fällen. Unklar kam ihm plötzlich der Gedanke an Wüstentiere, und in der Annahme, daß sie zum Trinken an die Quelle kommen könnten, die im Sand unter den Felsblöcken hervorsprudelte, beschloß er, durch eine Barriere am Eingang seiner Einsiedelei einen Schutz gegen ihre unerwünschten Besuche zu bauen. Trotz seines Eifers, trotz der Kräfte, die ihm die Angst, im Schlafe zerrissen zu werden, verlieh, war es ihm an diesem einen Tag nicht möglich, die Palme zu zerhacken; aber es gelang ihm, sie zu fällen. Als dieser Wüstenkönig gegen Abend stürzte, hallte der Lärm des Falles in der Ferne wider, und es antwortete ein von der Einsamkeit hervorgebrachtes Stöhnen. Der Soldat schrak zusammen, als habe er eine unheilverkündende Stimme gehört. Aber so, wie ein Erbe nicht lange den Tod eines Verwandten betrauert, beraubte er den schönen Baum der langen grünen Wedel, seiner poetischen Zierde, und verwendete sie zum Ausbessern der Matte, auf der er sich niederlegen wollte. Durch Hitze und Arbeit ermüdet, schlief er unter dem rötlichen Gewölbe der feuchten Grotte ein.

Mitten in der Nacht wurde sein Schlaf durch ein sonderbares Geräusch gestört. Er richtete sich auf, und in dem tiefen Schweigen konnte er den wechselnden Rhythmus von Atemzügen unterscheiden, deren wilde Energie keinem menschlichen Wesen eigen sein konnte. Entsetzliche Angst, durch Dunkelheit, Stille und Traumphantasien noch gesteigert, ließ ihn erstarren. Kaum fühlte er, wie sich seine Haare schmerzhaft sträubten, als er bei genügender Anpassung seiner Augen im Dunkel zwei schwach leuchtende gelbe Lichter bemerkte. Zuerst glaubte er, diese Lichter seien ein Reflex in

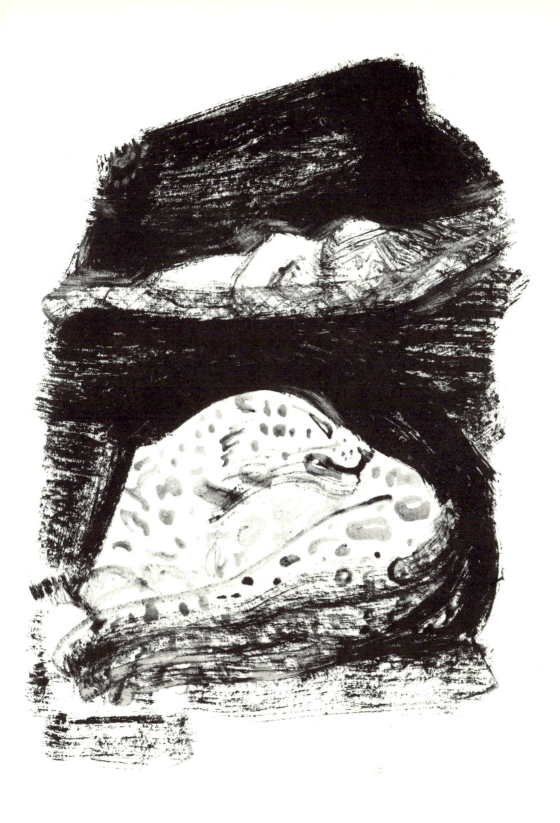

seinen eigenen Pupillen, doch bald konnte er allmählich beim Schein der Nacht die Dinge in der Grotte unterscheiden, und er bemerkte ein gewaltiges Tier, das in zwei Schritt Entfernung von ihm ruhte. War es ein Löwe, ein Tiger oder ein Krokodil? Der Provenzale war nicht gebildet genug, um zu wissen, in welche Gattung er seinen Feind einordnen sollte, und sein Schrecken wurde desto größer, je fürchterlicher seine Vorstellungen in seiner Unwissenheit wurden. Er ertrug die grausame Folter, die Launen dieser Atemzüge zu hören und in sich aufzunehmen, ohne daß ihm etwas davon entging und ohne daß er es wagte, die geringste Bewegung auszuführen. Ein ebenso starker Geruch wie der, der von Füchsen ausgeht, aber penetranter und schwerer, erfüllte die Grotte, und als er dem Provenzalen in die Nase stieg, war sein Schrecken auf dem Höhepunkt, denn jetzt konnte er die Existenz des schrecklichen Gefährten, dessen königliche Höhle ihm als Lager diente, nicht mehr anzweifeln. Bald erhellte der Widerschein des Mondes, der sich dem Horizont zuneigte, die Höhle und ließ das gefleckte Fell eines Panthers unmerklich aufleuchten. Dieser «ägyptische Löwe» schlief zusammengerollt wie ein großer Hund, friedlicher Besitzer einer prächtigen Hütte neben einer Haustür. Seine Augen, die nur einen Moment offen waren, schlossen sich wieder. Sein Kopf war dem Franzosen zugewandt. Tausenderlei verworrene Gedanken gingen dem Gefangenen des Panthers durch den Sinn. Zuerst wollte er ihn mit einem Gewehrschuß töten, aber er merkte, daß die Entfernung zum Zielen nicht ausreiche und die Kugel über das Tier hinweggegangen wäre. Wenn es nun wach wurde? ... Diese Vorstellung ließ ihn erstarren. Er hörte sein Herz in der Stille schlagen und verfluchte den durch das wilde Kreisen des Blutes hervorgerufenen allzu heftigen Pulsschlag, weil er fürchtete, den Schlummer zu stören, der ihm Zeit ließ, einen rettenden Ausweg zu suchen. Zweimal legte er die Hand an seinen Säbel in der Absicht, seinem Feind den Kopf abzuhauen, doch er sah, wie schwer es sein würde, das dichte, harte Fell zu durchdringen, und verzichtete auf dieses kühne Vorhaben.

‚Wenn ich ihn verfehlte? Das wäre mein sicherer Tod‘, dachte er.

Er zog die Chancen eines Kampfes vor und beschloß, auf den Tag zu warten, der bald darauf anbrach. Jetzt konnte der Franzose den Panther betrachten: seine Schnauze war blutbefleckt.

‚Er hat gut gefressen‘, dachte er, ohne sich Gedanken darüber zu machen, ob das Mahl aus Menschenfleisch bestanden hatte. ‚Da hat er beim Aufwachen wenigstens keinen Hunger.‘

Es war ein Weibchen. Am Bauch und an den Schenkeln leuchtete das Weiß des Pelzes. Mehrere kleine, samtartige Flecke bildeten hübsche Armbänder um die Tatzen. Der muskulöse Schweif war ebenfalls weiß, endete aber in schwarzen Ringen. Die Felloberseite – mattgolden, aber sehr glatt und weich – trug die charakteristische Fleckfärbung in Rosettenform, durch die man den Panther von anderen Wildkatzen unterscheiden kann. Diese ruhige und doch furchterregende Höhlenwirtin schnarchte in einer ebenso anmutigen Stellung wie eine auf einem Sofakissen ruhende Katze. Die blutigen, nervösen und gutbewaffneten Pranken lagen nach vorn ausgestreckt unter ihrem Kopf, von dem spärliche, gerade Schnurrhaare ausgingen, die Silberfäden ähnelten. Wenn dieses Tier so in einem Käfig zur Schau gestellt worden wäre, hätte der Provenzale bestimmt seine Grazie und die lebhaften Farbkontraste bewundert, die seinem Haarkleid einen majestätischen Glanz verliehen, aber in diesem Moment war sein Auge getrübt durch den unheilvollen Anblick. Die Anwesenheit des Panthers, der zwar schlief, rief in ihm die gleiche Wirkung hervor, die die magnetischen Augen der Schlange auf die Nachtigall ausüben, wie es im Volksmund heißt. Der Mut des Soldaten war schließlich vor dieser Gefahr wie weggeblasen, während er angesichts bleispeiender Kanonenschlünde bestimmt gewachsen wäre. In seinem Herzen brach sich aber ein kühner Gedanke Bahn, der den kalten Schweiß auf seiner Stirn versiegen ließ. Wie alle vom Unglück zum Äußersten getriebenen Menschen, die schließlich den Tod herausfordern und seinen Schlägen gefaßt entgegensehen, betrachtete er dieses Abenteuer, ohne es recht zu begreifen, als Tragödie und beschloß, seine Rolle darin ehrenvoll bis zu Ende zu spielen.

,Vorgestern hätten mich vielleicht die Araber getötet!' sagte er sich.

Da er sich ohnehin als toten Mann betrachtete, wartete er geduldig und doch mit neugieriger Unruhe auf das Erwachen seiner Feindin. Bei Sonnenaufgang öffnete die Pantherkatze plötzlich die Augen, dann dehnte sie kraftvoll ihre Tatzen, als wolle sie sie wieder gelenkig machen und die Verkrampfungen lockern. Schließlich gähnte sie und zeigte dabei ihr schreckenerregendes Gebiß und ihre gespaltene Zunge, die so hart wie ein Reibeisen war.

,Wie eine kleine Mätresse', dachte der Franzose, als er sah, wie sie sich streckte, sich geschmeidig und kokett bewegte.

Sie leckte das Blut ab, das ihre Pfoten und die Schnauze färbte, und krault sich wiederholt mit anmutiger Geste den Kopf.

,Gut! ... Mach ein bißchen Toilette', sagte der Franzose vor sich hin, der seine Fröhlichkeit wiedergefunden hatte, seit er neuen Mut schöpfte. ,Wir wollen uns einen guten Morgen wünschen.'

Er ergriff den kurzen kleinen Dolch, den er den Berbern abgenommen hatte.

Da wandte das Pantherweibchen den Kopf dem Franzosen zu und sah ihn unbeweglich an, ohne sich vorwärts zu bewegen. Der starre Blick und die unerträgliche Klarheit seiner metallischen Augen ließen den Provenzalen erzittern, vor allem, als das Tier jetzt auf ihn zuging. Aber er sah es zärtlich an, richtete seinen Blick fest auf dessen Augen, als wolle er es hypnotisieren, und ließ es herankommen. Dann strich er dem Pantherweibchen so sanft, so liebevoll, als liebkoste er die hübscheste Frau, vom Kopf bis zum Schweif über den ganzen Körper und fühlte dabei, wie die geschmeidige Wirbelsäule vibrierte, die den gelben Rücken der Pantherkatze halbierte. Das Tier hob voller Behagen den Schweif, sein Blick wurde sanft, und als ihm der Franzose zum dritten Male diese eigennützige Zärtlichkeit erwies, ließ es dasselbe Schnurren hören, mit dem unsere Hauskatzen ihr Behagen kundtun. Doch dieses Schnurren kam aus einer so starken, tiefen Kehle, daß es in der Grotte wie die letzten Orgeltöne in einer Kirche widerhallte. Als der Provenzale die Bedeutung seiner Liebkosungen verstand, verdoppelte er sie, so daß die majestätische Kurtisane davon ganz betäubt und in höchstes Staunen versetzt wurde. Jetzt glaubte er, sicher zu sein, daß er die Wildheit seiner launischen Gefährtin, deren Hunger am Vorabend durch so glückliche Umstände gestillt worden war, besiegt hatte, stand auf und wollte sich aus der Grotte entfernen. Die Pantherkatze ließ ihn weggehen, aber als er den Hügel hinabgestiegen war, machte sie einen Satz, der in seiner Leichtigkeit an die von Ast zu Ast hüpfenden Sperlinge erinnerte, rieb sich an den Beinen des Soldaten und krümmte den Buckel nach Katzenart. Dann sah sie ihren Gast an, und der Glanz ihres Auges war sanfter geworden. Sie stieß jenen wilden Schrei aus, den die Naturforscher mit dem Kreischen einer Säge vergleichen.

‚Sie ist anspruchsvoll', rief der Franzose lächelnd.

Er versuchte, mit ihren Ohren zu spielen, sie am Bauch zu streicheln und ihren Kopf mit den Fingernägeln kräftig zu kraulen, und als er merkte, welchen Erfolg er damit hatte, kitzelte er ihr den Schädel mit der Spitze seines Dolches und lauerte dabei auf den Zeitpunkt, wann er sie niederstechen könnte, doch die Stabilität ihrer Knochen ließ ihn befürchten, daß ihm sein Vorhaben mißlingen könnte. Die Wüstenkönigin nahm die Bemühungen ihres Sklaven günstig auf, hob den Kopf, reckte den Hals und zeigte ihre Wonne durch ihre gelöste Haltung. Der Franzose dachte plötzlich, daß er dieser wilden Prinzessin den Dolch in die Kehle stechen müßte, wenn er sie mit einem Stoß töten wollte. Er hob die Klinge, als sich die sichtlich beruhigte Pantherkatze anmutig zu seinen Füßen niederlegte und ihm von Zeit zu Zeit Blicke zuwarf, in denen sich jetzt trotz angeborener Härte leichtes Wohlwollen zeigte. Der arme Provenzale aß seine Datteln und lehnte sich dabei an eine Palme, aber er ließ seinen forschenden Blick zwischen der Wüste, in der er nach seinen Befreiern Ausschau hielt, und der schrecklichen Gefährtin, deren ungewisse Friedfertigkeit er argwöhnisch bewachte, hin und her gehen. Die Pantherkatze schaute auf die Stelle, wohin die Dattelkerne fielen, die er ausspuckte, und ihre Augen drückten bei jedem neuen Kern unglaubliches Mißtrauen aus. Mit kaufmännischer Vorsicht prüfte sie den Franzosen, doch die Prüfung fiel günstig für ihn aus, denn

als er seine spärliche Mahlzeit beendet hatte, leckte sie ihm die Schuhe und entfernte mit ihrer harten, kräftigen Zunge wunderbar den in den Falten des Leders festsitzenden Schmutz.

‚Aber wenn sie wieder Hunger bekommt?' dachte der Provenzale.

Trotz des Schauders, den ihm dieser Gedanke verursachte, begann der Soldat, neugierig die Proportionen der Pantherkatze abzuschätzen. Gewiß stellte sie eines der schönsten Exemplare ihrer Art dar, denn sie war drei Fuß hoch und vier Fuß lang, den Schweif nicht eingerechnet. Diese mächtige Waffe, rund wie ein Knüttel, war drei Fuß lang. Der Kopf, in seinen Ausmaßen dem einer Löwin ähnlich, zeichnete sich durch einen selten feinen Ausdruck aus; wohl herrschte die kalte Grausamkeit der Tiger vor, aber es bestand auch eine geringe Ähnlichkeit mit der Miene einer extravaganten Frau. Die Gestalt dieser einsamen Königin schließlich machte in diesem Moment beinahe einen fröhlichen Eindruck, der an den trunkenen Nero erinnerte: Sie hatte ihren Durst nach Blut gestillt und wollte nun spielen. Der Soldat versuchte hin und her zu gehen; die Pantherkatze ließ ihn gewähren und verfolgte ihn nur mit den Augen. Dabei glich sie weniger einem treuen Hund als einer dicken Angorakatze, die durch alles, selbst durch die Bewegungen ihres Herrn, beunruhigt wird. Als er sich umwandte, bemerkte er bei der Quelle die Überreste seines Pferdes. Das Pantherweibchen hatte den Kadaver bis dorthin gezerrt. Etwa zwei Drittel waren schon aufgefressen. Dieser Anblick beruhigte den Franzosen. Jetzt konnte er sich leicht die Abwesenheit der Pantherkatze und ihre Zurückhaltung ihm gegenüber, während er schlief, erklären. Durch diesen ersten glücklichen Umstand erkühnte er sich, die Zukunft herauszufordern, und die unsinnige Hoffnung, den ganzen Tag lang mit der Pantherkatze in Frieden auszukommen, wuchs in ihm. Dabei wollte er aber kein Mittel unversucht lassen, sie zu zähmen und ihre Gunst zu erringen. Er kam wieder zu ihr und sah voller Glück, daß sie fast unmerklich mit dem Schweif wedelte. Da ließ er sich furchtlos neben ihr nieder, und sie begannen, miteinander zu spielen: Er ergriff ihre Tatzen, ihre Schnauze, zwirbelte ihre Ohren, wälzte sie auf den Rücken und kraulte ihr kräftig die warmen, seidenweichen Flanken. Sie ließ es geschehen, und als der Soldat versuchte, das Fell ihrer Pranken zu glätten, zog sie sorgfältig die wie Damaszener Klingen gekrümmten Krallen ein. Der Franzose, der immer eine Hand am Dolch hatte, trug sich noch mit dem Gedanken, ihn in den Bauch des allzu vertrauensvollen Pantherweibchens zu stoßen, aber er fürchtete, daß es ihn noch im Todeskampf erwürgen könnte. Und außerdem befahl ihm eine innere Stimme, eine friedfertige Kreatur zu schonen.

Es war ihm, als habe er in der grenzenlosen Wüste eine Freundin gefunden. Unwillkürlich dachte er an seine erste Geliebte, die er ironisch «Mignonne» genannt hatte, weil sie so schrecklich eifersüchtig war, daß er, solange ihre

Leidenschaft anhielt, das Messer fürchten mußte, mit dem sie ihn dauernd bedroht hatte. Diese Erinnerung an seine Jünglingszeit gab ihm den Gedanken ein, die junge Pantherkatze, deren Beweglichkeit, Grazie und Schmiegsamkeit er jetzt ruhiger bewunderte, auf diesen Namen abzurichten.

Gegen Abend hatte er sich mit seiner gefährlichen Lage so weit abgefunden, daß er ihre Qualen beinahe liebte. Endlich hatte sich seine Gefährtin auch daran gewöhnt, ihn anzusehen, wenn er mit Fistelstimme ‚Mignonne!' rief. Bei Sonnenuntergang ließ Mignonne ein paarmal einen tiefen, melancholischen Schrei hören.

‚Sie ist gut erzogen', dachte der fröhliche Soldat, ‚sie betet sogar!'

Aber dieser spöttische Gedanke kam ihm erst, als er die hingegebene Haltung seiner Kameradin bemerkte.

‚Na, geh schon, meine kleine Blonde, ich lass' dich zuerst ins Bett gehen', sagte er zu ihr und setzte seine Hoffnung auf die Schnelligkeit seiner Beine, um sich aus dem Staub zu machen, sobald sie eingeschlafen wäre. In der Nacht wollte er sich eine andere Bleibe suchen.

Der Soldat erwartete voller Ungeduld den Zeitpunkt seiner Flucht, und als er gekommen war, lief er eilig in Richtung des Nils davon, aber kaum hatte er eine Viertelmeile in den Sanddünen zurückgelegt, als er hörte, daß ihm die Pantherkatze in großen Sprüngen folgte. Sie stieß zeitweise dieses an eine Säge erinnernde Kreischen aus, das noch erschreckender klang als das dumpfe Geräusch ihrer Sprünge.

‚Aha', sagte er sich, ‚sie empfindet Freundschaft für mich. Dieses junge Pantherweibchen hat vielleicht noch nie jemanden getroffen, und ich kann mir schmeicheln, seine erste Liebe zu besitzen!'

In diesem Moment geriet der Franzose in den von den Reisenden so gefürchteten Flugsand, aus dem man mit eigener Kraft unmöglich freikommt. Als er fühlte, wie er immer tiefer versank, stieß er einen Hilferuf aus: Die Pantherkatze packte ihn mit den Zähnen am Kragen, ließ sich mit einem kräftigen Schwung zurückschnellen und zog ihn wie durch Zauberei aus dem Sandschlund.

‚Ach, Mignonne', rief er und liebkoste sie stürmisch, ‚wir sind jetzt auf Leben und Tod aneinander gebunden... Aber mach keine Dummheiten!'

Und er kehrte um.

Von da an war die Wüste nicht mehr einsam. Es gab in ihr ein Wesen, mit dem der Franzose sprechen konnte und dessen Wildheit sich für ihn in Sanftmut verwandelt hatte, ohne daß er sich die Gründe für diese Freundschaft erklären konnte. So mächtig auch der Wunsch des Soldaten war, aufzubleiben und Wache zu halten; er schlief doch ein. Als er erwachte, sah er Mignonne nicht mehr. Er erkletterte den Hügel und entdeckte sie weit in der Ferne. Nach Art jener Tiere, die infolge der außerordentlichen Beweglichkeit ihrer Wirbelsäule nicht schnell laufen können, kam sie in weiten Sprüngen heran. Mignonne hatte blutige Lefzen. Sie empfing die notwendigen Zärtlichkeiten von ihrem Gefährten und bezeugte sogar durch mehrfaches tiefes Schnurren, wie glücklich sie darüber war. Ihre wollüstig blickenden Augen richteten sich noch sanfter als am Abend vorher auf den Provenzalen, der mit ihr wie mit einem Haustier sprach:

‚Nun, nun, Mademoiselle ... Sie sind doch ein anständiges Mädchen, nicht wahr? ... Sieh mal an! Wir wollen umschmeichelt werden! Schämen Sie sich nicht? ... Haben Sie einen Berber gefressen? – Sehr gut! Das sind auch nur Tiere wie Sie! ... Aber rühren Sie wenigstens keine Franzosen an. Da wäre es aus zwischen uns.'

Sie spielte mit ihm wie ein junger Hund mit seinem Herrn, ließ sich wälzen, patschen und streicheln, und manchmal streckte sie die Tatze nach ihm aus und stupste ihn mit bittender Gebärde an.

So vergingen einige Tage. In dieser Gesellschaft konnte der Provenzale auch die erhabene Schönheit der Wüste bewundern. Seitdem er Stunden der Furcht und der Ruhe kannte, Nahrung und ein Wesen fand, an das er dachte, war seine Seele von Widersprüchen erregt. Das Leben war voller Gegensätze. Die Einsamkeit entschleierte ihm alle ihre Geheimnisse, betörte ihn mit ihren Reizen. Er entdeckte im Auf- und Untergang der Sonne Schauspiele, die der Welt unbekannt waren. Manchmal konnte er plötzlich zusammenfahren, wenn er über sich das leise Pfeifen der Schwingen eines Vogels hörte – eines seltenen Gastes –, oder wenn er sah, wie die Wolken, diese ewig wechselnden und vielfarbigen Wanderer, ineinanderflossen. In der Nacht betrachtete er die Wirkung des Mondlichtes auf den Ozean aus Sand, in dem der Samum Wogen, Wellen und schnelle Veränderungen hervorrief. Er lebte im Rhythmus des orientalischen Tages und bewunderte die erhabene Pracht des Lichtes. Oftmals sah er voll Wonne der Nacht entgegen, wenn er das erregende Schauspiel eines Orkans in der Ebene genossen hatte, wo der aufgewirbelte Sand trockene rote Nebel, tödliche Schwaden, bildete, denn in der Nacht fiel die wohltuende Kühle der Sterne hernieder. Dann vernahm er Sphärenklänge. Die Einsamkeit lehrte ihn aber auch, sich im Reich der Träume zu ergehen. Ganze Stunden verbrachte er damit, sich an Nichtigkeiten zu erinnern, sein verflossenes Leben mit der Gegenwart zu vergleichen. Schließlich ergriff ihn eine tiefe Leidenschaft zu seiner Pantherkatze, denn er brauchte einfach die Zuneigung eines Lebewesens. Sei es, daß sein starker, zielgerichteter Wille den Charakter seiner Gefährtin verändert hatte, sei es, daß sie wegen der Kämpfe, die sich damals in der Wüste abspielten, Nahrung im Überfluß fand – sie schonte jedenfalls das Leben des Franzosen, der ihr schließlich nicht mehr mißtraute, als er sie so zahm sah. Er schlief meistens, aber er mußte auch wie eine Spinne im Netz wachen, damit ihm nicht der Augenblick seiner Befreiung entging, wenn ein Mensch in die vom Horizont umgrenzte Sphäre käme. Er hatte sein Hemd geopfert, machte eine Fahne daraus und hißte sie oben an einer Palme, der er die Blätter abgeschlagen hatte. Von der Notwendigkeit beraten, fand er schließlich ein Mittel, daß die Fahne entfaltet blieb, indem er sie mit kleinen Stöckchen versteifte; denn der Wind hätte sie vielleicht gerade in dem Moment nicht gestrafft, wenn der ersehnte Reisende in die Wüste geblickt hätte...

Verließ ihn in langen Stunden die Hoffnung, so vergnügte er sich mit der Pantherkatze. Er hatte inzwischen die verschiedenen Nuancen ihrer Stimme, den Ausdruck ihrer Augen zu deuten gelernt, er hatte all die launischen Flecken, die das Gold ihres Haarkleides zierten, genau studiert. Mignonne grollte nicht einmal mehr, wenn er das Büschel Haare, womit ihr gefürchteter Schweif endete, in die Hand nahm, um die schwarzweißen Ringe, diesen anmutigen Schmuck, zu zählen, der schon von weitem wie Edelgestein in der Sonne schimmerte. Mit Vergnügen betrachtete er ihre feinen, weichen Konturen, das Weiß des Bauches, die anmutige Kopfhaltung. Aber besonders gern sah er sie übermütig herumtollen; die Geschmeidigkeit und Jugend in ihren Bewegungen überraschten ihn immer wieder. Er bewunderte ihre Biegsamkeit, wenn sie sprang, kroch, am Boden dahinglitt, sich versteckte, sich festklammerte, sich herumwälzte, sich duckte und plötzlich emporschnellte. Ihr Schwung mochte noch so groß, ein Granitblock noch so glatt sein, sie blieb bei dem Ruf ‚Mignonne!' wie angewurzelt sitzen.

Eines Tages schwebte bei leuchtendem Sonnenschein ein gewaltiger Vogel in den Lüften. Der Provenzale verließ sein Pantherweibchen, um den neuen Gast anzusehen, aber nach kurzer Wartezeit grollte die verlassene Sultanin dumpf.

‚Bei Gott, ich glaube fast, sie ist eifersüchtig!' rief er und sah, daß ihre Augen wieder einen harten Ausdruck angenommen hatten. ‚Die Seele Virginies muß sich in diesen Körper geschlichen haben, das ist gewiß!'

Der Adler verschwand in den Lüften, während der Soldat das runde Hinterteil der Pantherkatze bewunderte. In den Linien ihres Körpers lag so viel Grazie und Jugend! Sie hatte die Schönheit einer jungen Frau. Das blonde Pelzkleid ging in feinen Schattierungen in das matte Weiß der Schenkel über. Im verschwenderischen Sonnenlicht leuchteten das lebendige Gold und die braunen Flecken auf und wurden unbeschreiblich reizvoll. Der Provenzale und das Pantherweibchen sahen sich verständnisinnig an. Die Kokette erbebte, wenn sie fühlte, wie die Fingernägel ihres Freundes ihr den Schädel krautlen, ihre Augen glänzten blitzartig auf, dann schloß sie sie wieder fest.

‚Sie hat eine Seele!' sagte er, als er die Ruhe dieser Königin der Sanddünen, die genau wie sie golden, weiß, einsam und brennend war, zu ergründen suchte... – –

«Nun gut», sagte meine Freundin zu mir, «ich habe Ihr Plädoyer zugunsten der Tiere gelesen, aber welches Ende nahm es mit den beiden Wesen, die so gut zueinander paßten?»

«Ach, es endete so, wie alle großen Leidenschaften enden: mit einem Mißverständnis. Jeder glaubt an Verrat, aus Stolz spricht man sich nicht aus, und man verfeindet sich aus Starrsinn.»

«Manchmal in den schönsten Augenblicken», sagte sie. «Ein Blick, eine Äußerung genügen ... Nun, erzählen Sie die Geschichte zu Ende.»

«Das ist schrecklich schwer, aber Sie werden das, was mir der alte Haudegen schon anvertraut hatte, dann besser verstehen. Als er den letzten Tropfen des Champagners aus der Flasche goß, rief er:

‚Ich weiß nicht, womit ich ihr weh getan hatte, aber sie warf sich plötzlich herum, als sei sie wütend, und ritzte mich mit ihren spitzen Zähnen – natürlich nur schwach – am Schenkel. Ich stieß ihr in dem Glauben, sie wollte mich zerreißen, meinen Dolch in die Kehle. Sie krümmte sich, stieß einen Schrei aus, der mein Herz erstarren ließ, und ich sah, wie sie mich im Todeskampf ohne Zorn anschaute. Ich hätte sie um alles in der Welt, um mein Kreuz der Ehrenlegion, das ich damals noch nicht besaß, dem Leben wiedergeben wollen! Es war, als hätte ich einen Menschen ermordet. Und die Soldaten, die meine Fahne gesehen hatten und mir zu Hilfe kamen, fanden mich in Tränen aufgelöst ...'

‚Nun, Monsieur', fuhr der Soldat nach kurzer Pause fort, ‚ich habe seitdem Kriege in Deutschland, Spanien, Rußland und Frankreich mitgemacht, ich bin sehr viel herumgekommen, aber ich habe nie mehr etwas Ähnliches wie in der Wüste gesehen ... Wie schön ist so ein Erlebnis!'

‚Was fühlten Sie dabei?' fragte ich ihn.

‚Oh, junger Mann, darüber spricht man nicht. Übrigens sehne ich mich nicht immer nach meinem Palmenwäldchen und meiner Pantherkatze zurück ... Darüber müßte ich eigentlich traurig sein. Denn sehen Sie, in der Wüste hat man alles und zugleich auch nichts ...'

‚Aber dann erklären Sie mir doch ...'

‚Nun', erwiderte er und winkte ungeduldig ab, ‚dort ist Gott ohne den Menschen!'»

Björnstjerne Björnson
Blacken

Björgan war früher Pfarrhof der Gemeinde Kvikne in Dovrekjäden. Das Gehöft liegt hoch oben, vollkommen für sich allein; als kleiner Knabe stand ich im Wohnzimmer auf dem Tische und sah sehnsüchtig zu den Kindern unten im Tal hinab, die im Winter auf Schneeschuhen den Fluß entlangliefen oder im Sommer auf dem Rasen spielten. Björgan lag so hoch, daß Getreide dort nicht mehr wuchs, weshalb das Gehöft jetzt auch an einen Schweizer verkauft und ein Pfarrhof im Tale angekauft wurde, wo es doch wenigstens etwas ebener ist.

Schmerzlich früh kam der Winter nach Björgan! Ein Acker, den der Vater in einem warmen und frühen Frühling versuchsweise bestellt hatte, lag eines Morgens unter Schnee verhüllt da. Statt eines Platzregens konnte ein Schneesturm das gemähte Gras ereilen; und wenn nun erst der Winter zunahm! Die Kälte wurde so groß, daß ich die Klinke der Haustür nicht mehr anzufassen wagte, weil mir die Finger bei bei Berührung des Eisens schmerzten. Mein Vater, der an der Küste des Randsfjords geboren, also abgehärtet war, mußte nach den entlegeneren Teilen seines Kirchspiels doch oft mit einer Gesichtsmaske fahren. Es knarrte und knirschte auf den Wegen, sobald jemand gegangen kam, und kamen mehrere, so entstand ein ohrenzerreißender Lärm. Der Schnee reichte oft bis zum zweiten Stockwerk des schwerfälligen Hauses, kleinere Nebengebäude schneiten ganz ein, Hügel, Gebüsche und Hecken verschwanden unter der Schneedecke völlig, ein unermeßliches Schneemeer dehnte sich aus, in dem bei jedem Sturme, welcher hier Höhlungen riß, dort Schneewehen zusammentrieb, die Gipfel hoher Birken wie Schaumkämme wogten.

Ich stand auf dem Tische und sah, wie Schneeschuhläufer von uns aus ins Tal abfuhren, sah, wie die Lappländer aus den Bergwäldern mit ihren Rentierschlitten die steilen Schneehänge hinabsausten und dann wieder zu uns heraufjagten. Ihre Schlitten schwankten hin und her, und ich werde nie vergessen, wie aus jedem, sobald der Zug endlich auf dem Hofe hielt, ein Pelzbündel herauskroch und sich als ein kleines, geschäftiges und lustiges Menschenkind entpuppte, das Rentierfleisch verkaufte.

Die Bewohner des Kviknetales sollen sich in späteren Zeiten zu einem intelligenten und kräftigen Volksstamm entwickelt haben, allein zu jener Zeit war die Pfarrei Kvikne eine der verrufensten im ganzen Lande. Nicht allzulange vorher hatte ein Pfarrer Pistolen mit in die Kirche nehmen müssen; ein anderer fand bei der Heimkehr aus der Kirche all sein Hausgerät zertrümmert und zerschlagen von Männern mit geschwärzten Gesichtern, die in das Pfarrhaus eingedrungen waren und seine Frau, welche allein zu

Hause war, fast zu Tode erschreckt hatten. Der letzte Pfarrer war von dort fortgezogen und hatte sich entschieden geweigert, zurückzukehren. Lange Jahre war die Gemeinde ohne Pfarrer geblieben, bis Vater – vielleicht gerade deshalb – die Pfarrei erhielt, denn ihm traute man zu, daß er imstande wäre, ein Boot gegen Sturm und Strom in Richtung zu halten.

Ich entsinne mich noch ganz deutlich, wie ich eines Sonnabendmorgens eben dabei war, die Treppe der Amtsstube, die nach dem Scheuern einen wahren Eisspiegel bildete, auf allen vieren hinaufzukriechen. Ich war noch nicht viele Stufen emporgekommen, als mich plötzlich ein aus der Amtsstube heraustönendes Krachen und Gepolter voller Angst wieder hinabjagte. Denn dort oben hatte es der Haupthahn und Athlet des Kirchspiels übernommen, dem widerspenstigen Pfarrer die dortige Volkssitte beizubringen, fand aber zu seiner Überraschung, daß ihm der Pfarrer erst seine eigene beibringen wollte. Er kam so zur Tür heraus, daß er die ganze Treppe hinabrollte, unten seine verschiedenen Glieder zusammensuchte und in vier Sprüngen die Haustür erreichte. Die Leute in Kvikne meinten, nicht der Reichstag, sondern der Pfarrer mache die Gesetze, und so wollten sie ihm die Durchführung des Schulgesetzes verwehren; sie boten meinem Vater Trotz und versammelten sich zahlreich bei der Tagung des Schulvorstandes, um seine Verhandlungen zu verhindern. Trotz der inständigen Bitten meiner Mutter begab er sich zu der Sitzung, und als ihm niemand bei der Einteilung der Schulbezirke und ähnlichen Angelegenheiten beizustehen wagte, tat er es, unter dem drohenden Murren der Menge, nach bestem Wissen selbst; aber als er mit dem Protokoll unterm Arm hinausging, wichen sie auseinander, und niemand tastete ihn an. Man denke sich den Jubel meiner Mutter, als sie ihn, ruhig wie immer, angefahren kommen sah.

In diesen Verhältnissen und Umgebungen wurde Blacken geboren. Seine Mutter war eine große Stute aus dem Gudbrandsdal, die Freude aller, die sie sahen; sein Vater war ein rechter Wildfang, ein echter schwarzer Fjordhengst, der irgendwo, als man sorglos mit der Stute vorüberzog, wiehernd aus dem Walde hervorbrach, über Hecken und Gräben setzte und mit dem Recht der Liebe nahm, was sein war. Schon früh wurde von Blacken gesagt: Er wird das stärkste Pferd werden, das je ein Mensch hier im Norden gesehen hat, und sowenig ich auch Geschichten von Kämpfen und Schlägereien liebte, so betrachtete ich das Fohlen doch wie einen reichbegabten Kameraden. Er war übrigens keineswegs gegen mich immer artig, ich trage noch eine von seinem Hufe herrührende Narbe über dem rechten Auge; aber trotzdem begleitete ich getreulich die Stute und das Fohlen, schlief mit ihnen auf der Erde und kugelte mich zwischen den Beinen der Stute herum, wenn sie weidete. Aber einmal war ich zu weit mitgegangen. Der Tag war warm gewesen, ich war in einer offenstehenden Waldscheuer, in der wir wohl alle drei Schutz gesucht hatten, eingeschlafen;

die Stute und das Fohlen waren weitergegangen, ich blieb liegen. Es war schon spät geworden, als die Leute, welche mich vergebens gerufen und gesucht hatten, mit der Nachricht heimkehrten, daß ich nirgends zu finden sei. Man denke sich den Schrecken meiner Eltern – alle mußten hinaus, mich zu suchen, Felder und Wälder wurden rufend durchquert, Bäche und Abgründe untersucht, bis endlich jemand ein Kind im Innern der Scheune weinen hörte und mich im Heu entdeckte. Ich war so voller Angst, daß ich lange nicht reden konnte, denn ein großes Tier war gekommen und hatte mich mit feurigen Augen angeblickt. Ob ich das nur geträumt oder wirklich erlebt habe, vermag ich nicht mit Bestimmtheit zu sagen, aber gewiß ist, daß ich noch vor einigen Jahren erwachte, weil ich dieses Tier über mir stehen sah.

Blacken und ich, wir bekamen bald Kameraden; erst einen kleinen Hund, der mich Zucker stehlen lehrte, dann eine Katze, die eines Tages unerwartet in der Küche erschien. Ich hatte vorher nie eine Katze gesehen; totenblaß stürzte ich ins Zimmer und schrie, eine große Ratte sei aus dem Keller gekommen. Im nächsten Frühjahr wurden unser noch mehr, denn da kam noch ein kleines Ferkel hinzu – und wenn Blacken seine Mutter zur Arbeit begleitete, hielten doch wir zusammen: der Hund, die Katze, das Ferkel und ich. Wir vertrieben uns die Zeit ziemlich gut, namentlich damit, daß wir zusammen schliefen. Ich gab diesen Kameraden ja alles, was ich selbst gern hatte; so brachte ich dem Ferkel einen silbernen Löffel hinaus, damit es anständiger essen sollte; und es machte auch den Versuch – das heißt: den silbernen Löffel zu fressen. Wenn ich meine Eltern zu den Leuten unten im Tal begleitete, mußte auch der Hund, die Katze und das Ferkel mit. Die beiden ersten kamen mit uns in die Fähre, die uns über den Fluß setzen sollte. Das Ferkel grunzte erst etwas und schwamm hinterher. Wir wurden dann jedes nach seiner Weise bewirtet, und des Abends zogen wir wieder in derselben Ordnung heim.

Aber bald sollte ich diese Kameraden verlieren und nur Blacken behalten, denn mein Vater erhielt die Pfarrei Naesset im Romsdal. Es war ein denkwürdiger Tag, als wir fortzogen: wir Kinder und ein Kindermädchen in einem kleinen Haus, das auf einen langen Schlitten gesetzt war, so daß uns weder Wind noch Schnee erreichen konnten, und mein Vater und meine Mutter in einem breiten Schlitten voran. Rings um uns her viele Menschen, die uns wieder und immer wieder Lebewohl sagen wollten.

Ich kann nicht sagen, daß mir sonderlich traurig zumute war, denn ich zählte erst sechs Jahre und wußte, daß in Drontheim für mich ein Hut und Rock und Hosen gekauft waren, die ich bei unserer Ankunft in dem neuen Pfarrorte anziehen durfte. Und dort, in unserer neuen Heimat, sollte ich zum ersten Male die See sehen! Und dann war ja auch Blacken mit!

Hier auf dem Naesseter Pfarrhof, einem der schönsten Gehöfte im Lande, welches stattlich zwischen zwei Fjorden daliegt, mit grünen Felsen über sich,

mit der Aussicht auf Wasserfälle und herrschaftliche Güter auf dem gegenüberliegenden Ufer, auf wogende Getreidefelder und reges Leben tief unten im Tale, und von dem aus man den ganzen Fjord entlang Landzunge an Landzunge, jede mit einem Gehöft, sich weit in die See erstrecken sieht; hier auf dem Naesseter Pfarrhof, wo ich des Abends stehen und im Spiel der Sonnenstrahlen über Felsen und Fjorde blicken konnte, bis mir Tränen kamen, als ob ich etwas Böses getan hätte; wo ich auf meinen Schneeschuhen unten in dem einen oder andern Tale plötzlich stehenbleiben konnte, wie verzaubert von einer Schönheit, von einer Sehnsucht, die ich mir nicht klarzumachen vermochte, die aber so groß war, daß ich auf dem Gipfel der höchsten Freude die höchste Mutlosigkeit und Trauer fühlte – hier auf dem Naesseter Pfarrhof wuchsen meine Eindrücke, aber einen der lebhaftesten erhielt ich von Blacken, denn hier wuchs auch er, wurde ein Held und vollbrachte Heldentaten.

Er hatte nicht viel über Mittelhöhe, war aber vergleichsweise sehr lang und von einer wahrhaft lächerlichen Breite. Von Farbe war er falb, mehr gelb als weiß, mit schwarzer, ungewöhnlich üppiger Mähne; er wurde ein schwerfälliges, gutmütiges Tier – zum täglichen Gebrauch stets bereit. Die Arbeit, an die er gewöhnt war, tat er ruhig und geduldig wie ein Ochse, aber gründlich und ordentlich. Er verrichtete mehr als die halbe Pferdearbeit bei der Landwirtschaft, beim Holzfahren und so weiter auf diesem schwer zu bearbeitenden Gute, und er schleppte auch mehr als die Hälfte des Materials zu dem großen neuen Wohnhaus und zu dem vielen, was mein Vater sonst noch bauen ließ, von einer sehr fern gelegenen, wüsten Trift herbei. Wo zwei Pferde es nicht schaffen konnten, da wurde Blacken angespannt, und wenn das Geschirr nur hielt, dann kam es heraus. Er blickte sich gern nach den Knechten um, während sie ihm eine doppelte und dreifache Ladung aufluden; er sagte gerade nichts dazu, allein man mußte ihn doch erst drei-, viermal bitten zu gehen, ehe er ging, und auch dann machte er erst einige Probezüge – aber darauf legte er sich mit aller Kraft ins Geschirr! Er ging ganz gemächlich, Schritt für Schritt; bisweilen kam ein neuer Knecht, der Blacken eine schnellere Gangart beibringen wollte, aber es endete immer damit, daß sich der Knecht an die des Pferdes gewöhnen mußte. Die Peitsche wurde nie angewandt, denn man gewann den gewaltigen Arbeiter bald so lieb, daß alles in Güte ging. Je berühmter er in der Gegend wurde, desto größere Ehre brachte es ja, mit ihm zu fahren.

Blacken war bald ohne Vergleich des Kirchspiels größtes Wunder. Es begann wie überall, wo etwas Großes auftritt, mit gräßlichem Lärm, nämlich damit, daß Blacken, wenn er auf der Trift und im Gebirge unter den übrigen Pferden des Kirchspiels weidete, sämtliche Stuten für sich allein haben wollte. Er schlug die Nebenbuhler, die sich etwas einbildeten, dermaßen zuschanden, daß die Bauern sie unter groben Flüchen und Entschädigungen verlangend auf den Pfarrhof geschleppt brachten. Allmählich gaben sie sich zufrieden, da sie recht gut einsahen, daß sie dabei trotzdem nicht zu kurz kamen, denn Blackens Nachkommen gereichten ihm zum Ruhme. Gleichwohl schmerzte es sie doch lange, daß seine Überlegenheit so unerhört und so unbestreitbar war. Unser Nachbar, der Leutnant, konnte sich, als Krieger, gar nicht hineinfinden; er trieb zwei starke Gudbrandsdaler auf, herrliche Pferde – und die sollten Blacken Respekt beibringen. Es wurde für und gegen gewettet. Mit welcher Spannung sah man dem Ausgang des ersten Zusammentreffens im Frühjahr auf den Weideplätzen im Gebirge entgegen! Ich vergesse deshalb nie den schönen Pfingstabend, an dem ich draußen stand und dem Birkhahn zuhörte, der an der Berghalde mit lautem Rufe die Hennen lockte, als ein Mädchen angesprungen kam und berichtete, daß die beiden Pferde des Leutnants dort bei den Schleifsteinen ständen und sich dicht aneinanderschmiegten. Alle hin – und siehe, die beiden schönen Tiere standen da und zitterten, aus Wunde an Wunde blutend! Sie waren unter Blackens gewaltigen Hufen und Zähnen gewesen. Die Furcht hatte ihnen die Kraft verliehen, über die hohe Umzäunung des Pfarrhofes zu setzen, denn sie hatten nicht gewagt haltzumachen, ehe sie an ein Haus kamen. Den Tag darauf ertönte Blackens Lob unter der von der Kirche sich sammelnden Gemeinde und wurde dort über «Berg und See» verbreitet.

Blacken hatte den Schmerz, daß einer seiner Söhne, ein kräftiger brauner Hengst, nach einigen Jahren die Herrschaft mit ihm teilen wollte. Aber er ertappte ihn mitten in seinem ersten Aufruhrversuch, und als der freche Sohn nicht die Flucht ergreifen wollte, sondern ein herausforderndes Kampfgeschrei erhob, da richtete sich der erprobte Held empor, auf den Hinterbeinen gingen sie aufeinander los, legten sich die Vorderfüße um die Hälse und begannen den Ringkampf, denn auf diese Weise findet stets der Zweikampf der Hengste statt. Zuerst bog sich der junge Taugenichts wie ein Fiedelbogen, gleich aber lag er niedergeschmettert auf dem Boden und erhielt seine väterlichen Prügel. Ich stand dabei und sah es mit an.

In den nächsten Sommern hauste ein Bär in der Gegend, der uns und anderen viele Kühe und Schafe raubte. Alle Augenblicke hörten wir den Hirtenjungen schreien und den Schäferhund anschlagen; dann wurde die Sturmglocke gezogen, die Arbeiter kamen gelaufen, und mit Flinten, Äxten und Eisenstangen ging es zu den Almen hinauf. Gewöhnlich kamen sie jedoch zu spät; entweder hatte der Hund bereits den Bären verjagt, oder ein Stück Vieh war zerrissen, ehe die Hilfe erschien. Die Pferde konnten sich besser in acht nehmen, allein es geschah doch bisweilen, daß er ein Pferd tötete, entweder dadurch, daß er es in einen Sumpf lockte, wo das Pferd einsank und leicht sein Opfer wurde, oder dadurch, daß er es jagte, bis es von irgendeiner Felswand hinabstürzte. Namentlich in einem Sommer verursachte er großen Schaden, fast keine Woche verging, ohne daß sich der

Bär an den Weideplätzen zeigte; die Pferde kamen oft plötzlich bis zu den Ställen hinab, stets in größter Angst und Aufregung, denn jedesmal wurden sie von dem Bären gejagt. Allein Blacken und die Stute mit ihrem Fohlen, die er scharfen Hufes bewachte, kamen nie. Schließlich wußten wir gar nicht, wie es ihnen ergangen war; schon seit mehreren Tagen hatte der Hirt die Schelle der Stute nicht mehr klingen hören. Als jedoch ein länger anhaltendes Unwetter kam – währenddessen sich die Pferde sonst dem Hause näherten, ja sich sogar oft an das Gattertor stellten, das zum Stalle führte – und die drei Pferde noch immer nicht angekommen waren, wurde ein großer Trupp Knechte nach dem Walde hinaufgeschickt, um Nachsuche zu halten. Sie richteten ihr Augenmerk vor allem auf die Sumpfgegenden, falls der Bär das kampflustige Pferd dorthin gelockt, es auf diese Weise besiegt und dann vielleicht das Fohlen und die Stute, welche ihr Fohlen natürlich verteidigen würde, geraubt haben sollte. Sie suchten und suchten, ohne etwas Verdächtiges wahrzunehmen; Bärenspuren waren überall zu sehen, aber kein Merkmal eines Kampfes mit Pferden. Wie die Knechte so herumlaufen und darüber sprechen und sich der besten Pferdeweide im ganzen Walde nähern, wird einer von ihnen darauf aufmerksam, daß sich gerade in der Nähe eines Sumpfes Spuren eines Fohlens und der Mutterstute finden: Die Tiere waren unaufhörlich auf demselben Platze, also in großer Angst, umhergegangen, und dies war vor kurzem geschehen, ganz gewiß erst am selben Tag. Bei näherer Untersuchung des Moorbodens fanden sie ganz deutlich, daß er an vielen Stellen infolge eines heftigen Kampfes zertreten war. Die Knechte fingen an besorgt zu werden, aber sie wollten doch erst genauer nachsehen. Am Rande des Sumpfes entdeckten sie Spuren von den Hinterfüßen des Bären wie des Hengstes; sie hatten sich also beide sofort auf die Hinterbeine gestellt, der Bär hatte sich, um den Hengst zu verlocken, rückwärts in den Sumpf zurückgezogen, und dieser war ihm gefolgt – die breiten Tatzen des Bären vermag der Sumpfboden zu tragen, zumal ein Bär nicht so schwer wie ein Pferd ist, welches einsinkt und festsitzt. Allein diesmal hatte sich der Bär verrechnet, denn Blacken war zwar eingesunken, aber mit der Riesenkraft seiner Lenden hatte er die Beine wieder aus dem Schlamm gezogen, während die scharfbeschlagenen Vorderfüße zuschlugen und die scharfen Zähne bissen – und bald sah man nicht mehr die Spuren der Hinterfüße des Bären, dafür aber einen getreuen Abdruck seines Pelzes, und immer wieder und wieder einen, und so den ganzen Sumpf entlang. Er war niedergeworfen worden, hatte sich nicht wieder aufzurichten vermocht und hatte sich nun, um sich gegen die Schläge und Bisse des wütenden Pferdes zu schützen, weiter und weiter gewälzt, und das konnten sie bis auf den festen Boden verfolgen. Angeregt und begeistert von dem, was ihnen der Anblick des Kampfplatzes so deutlich verkündete, hörte das Ohr der Knechte nun schärfer und sah ihr Auge noch gespannter um sich, und bald konnten sie in der jetzt nach dem Regenwetter sonnenhellen und zitternden Luft die Schelle der Stute aus dem Laubwald am Fuße der Berghalde vernehmen. Sie eilten hin, trafen aber auf Blacken, der ihnen mit feuersprühenden Augen näher zu kommen verbot. Er war nicht wiederzuerkennen. Mit hoch erhobenem Kopfe und wallender Mähne trabte er in weiten Kreisen um die Stute und das Fohlen herum, und erst nach vielen guten Worten und mit Hilfe von Salz gelang es, ihm wieder die Erinnerung zu bringen, daß bekannte Leute zu ihm kamen.

Diese Heldentat Blackens, die einzig in ihrer Art dastand, verbreitete um seinen Namen einen solchen Glanz, daß er vom «Pfarrerblacken» zum «Bärenblacken» befördert wurde. Einmal nach dem andern, Jahr für Jahr, hatte er seinen Strauß mit dem Bären, und jedesmal war er noch lange nachher nicht zu bändigen. Einmal hatte er eine Wunde von den Klauen des Bären davongetragen. Ein alter erfahrener Held des Bärengeschlechts hatte den Hengst dicht unter den Augen gepackt und ihm einen fürchterlichen Riß beigebracht, als er seinen Kopf gewaltsam losriß. Einen so alten Hengst scharfbeschlagen auf die Trift zu lassen, war eigentlich gefährlich, allein die Pferde kannten ihn und flohen, und wenn auch eines oder das andere noch dumm genug war, standzuhalten und seine Schläge hinzunehmen, so hatte man doch mit Blacken seines weitberühmten Namens wegen Nachsicht. Ein Pferd, welches den Bären zu Boden schlug, durfte wohl tun, was es wollte.

Wie bewundert er war, konnte man am besten merken, wenn wir, was selten geschah, gezwungen waren, mit ihm zur Kirche zu fahren. Sollte die ganze Familie nebst Hausjungfer und Hauslehrer mit, so mußte Blacken drei oder vier von uns in einem alten Gig fahren, in dem man «nicht bloß zum Vergnügen» saß. Weil keins der üblichen feineren Sielengeschirre groß genug war für ihn, so mußte er in seinem schwerfälligen Arbeitsgeschirr dahertraben, und da ihm die dicke, widerhaarige Mähne bis in die Augen hing, sah er eben nicht nach Kirchgang aus. Sein Wagen mußte der letzte in der Reihe sein, denn teils wollte er nicht laufen, sondern nur langsam wie vor dem Arbeitswagen gehen, teils wollte er mit den Kirchgängern in alle Waldwege einbiegen, an die er gewöhnt war. War er jedoch der hinterste in der Reihe, so folgte er, wenn auch in seiner Weise: Wenn die anderen Pferde liefen, sprang Blacken wie ein Bär, und so kamen die, welche im Gig saßen, stoßweise oder wie bei hohem Seegang vorwärts, einmal sogar mit wirklicher Seekrankheit. Bei der Kirche dagegen: vollkommene Veränderung! Dort waren nämlich viele andere Pferde, und er erhob sofort den Kopf und stieß einen herausfordernden Kampfruf aus. Dieser wurde von allen Seiten beantwortet, und nun wollte er mit dem Gig auf seine Gegner los, wurde aber gehalten, ausgespannt und angebunden. Für ihn wurde ein ganz besonderer Strick mitgenommen, und er wurde an einen Platz dicht unter dem Felsenhang gebracht, von den anderen Pferden so fern wie

möglich. Allein er wollte zu ihnen, zerrte an seinem Strick, erhob sich auf die Hinterbeine, schüttelte die Mähne und wieherte in das Tal hinab. Um ihn waren mehr Menschen versammelt als in der Kirche. Wenn er einen Augenblick ruhig war, streichelten sie ihn und maßen seine Brust, seinen Hals, seine Lenden, griffen wohl auch nach seinem Maule, um sein Gebiß zu betrachten; sobald aber eines der anderen Pferde wieherte, riß er sich von ihnen los, richtete sich auf den Hinterbeinen in die Höhe und gab wiehernd seine Antwort – allen kam es so vor, als hätten sie noch nie etwas so Herrliches gesehen. Ich meinesteils bin nie wieder auf etwas so stolz gewesen wie damals auf Blacken, wenn ich unter den Bauern stand und die begeisterten Lobsprüche mit anhörte.

Und hier auf der Höhe seiner Siegeslaufbahn will ich ihn verlassen. Ich kam in die Welt hinaus und fand andere Ziele für meine Bewunderung und andere Helden, ihnen nachzustreben.

Anton Tschechow
Kaschtanka

Schlechtes Benehmen

Ein junger fuchsroter Hund, eine Kreuzung von Dackel und Bauernköter, dessen Schnauze der eines Fuchses sehr ähnlich war, lief auf dem Trottoir hin und her und schaute sich unruhig nach allen Seiten um. Von Zeit zu Zeit blieb er stehen, zog winselnd bald die eine erfrorene Pfote, bald die andere empor und versuchte sich Rechenschaft darüber abzulegen, wie es geschehen konnte, daß er sich verirrt hatte!

Er erinnerte sich sehr gut daran, wie er den Tag verbracht hatte und wie er schließlich auf dieses unbekannte Trottoir geraten war.

Der Tag hatte damit begonnen, daß sein Herr, der Tischler Luka Aleksandrytsch, die Mütze aufsetzte, irgendeinen hölzernen Gegenstand, der in ein rotes Tuch gewickelt war, unter den Arm nahm und ihm zurief:

«Kaschtanka, komm!»

Als sie ihren Namen rufen hörte, kroch diese Kreuzung von Dackel und Bauernköter unter der Hobelbank, wo sie auf Hobelspänen geschlafen hatte, hervor, reckte ihre Glieder und lief hinter ihrem Herrn her. Die Kunden von Luka Aleksandrytsch wohnten alle sehr weit entfernt, so daß der Tischler, bevor er sie alle aufgesucht hatte, mehrere Male in ein Wirtshaus gehen und sich stärken mußte. Kaschtanka erinnerte sich weiter, daß sie sich unterwegs höchst unanständig aufgeführt habe. Aus Freude darüber, daß man sie auf den Spaziergang mitgenommen hatte, sprang sie hin und her, fiel mit Gebell die Pferdebahnwagen an, lief in fremde Höfe hinein und jagte hinter andern Hunden her. Der Tischler verlor sie mehr als einmal aus den Augen, blieb dann stehen und schrie sie ärgerlich an. Einmal packte er sogar mit einem Ausdruck von Wut im Gesicht ihr Fuchsohr, schüttelte es und sagte mit Nachdruck:

«Krepieren sollst du Aas!»

Als er bei allen Kunden gewesen war, stattete Luka Aleksandrytsch erst seiner Schwester einen kurzen Besuch ab, trank bei ihr Tee und nahm einen Imbiß; von der Schwester ging er zu einem bekannten Buchbinder, vom Buchbinder in ein Wirtshaus, vom Wirtshaus zum Gevatter und zu anderen. Mit einem Wort, als Kaschtanka auf das unbekannte Trottoir geraten war, dämmerte es bereits, und der Tischler war betrunken wie ein Schuster. Er fuchtelte mit den Armen um sich und murmelte, tief aufseufzend:

«In Sünden hat mich meine Mutter geboren! Ach, die Sünden, die Sünden! Jetzt gehen wir unseres Weges dahin und schauen die Laternen an, aber wenn wir sterben, werden wir im höllischen Feuer brennen müssen.»

Oder aber er verfiel in einen gutmütigen Ton, rief Kaschtanka zu sich heran und sagte zu ihr: «Du, Kaschtanka, bist in meinen Augen ein Insekt und weiter nichts. Im Vergleich zu einem Menschen bist du genausoviel wie ein Zimmermann im Vergleich zum Tischler...»

Während er so mit ihr redete, erklang plötzlich Musik. Kaschtanka sah sich um und entdeckte, daß auf der Straße ein Regiment Soldaten gerade auf sie zukam. Da sie Musik, die ihr auf die Nerven ging, nicht ertrug, lief sie hin und her und fing an zu heulen. Zu ihrem großen Erstaunen erschrak aber der Tischler nicht, fing auch nicht an zu winseln und zu heulen, sondern lachte über das ganze Gesicht, stellte sich in Positur und legte alle fünf Finger salutierend an die Mütze. Als sie sah, daß ihr Herr nicht protestierte, begann Kaschtanka noch lauter zu heulen und stürzte, außer sich vor Angst, über die Straße auf das andere Trottoir hinüber.

Als sie wieder zu sich kam, spielte die Musik nicht mehr, und das Regiment war nicht mehr da. Sie lief wieder über die Straße zu der Stelle hin, wo sie ihren Herrn gelassen hatte, aber, o weh, der Tischler war nicht mehr da. Kaschtanka lief nach vorn, lief wieder zurück, jagte noch einmal über die Straße hinüber, aber der Tischler war wie in die Erde versunken... Kaschtanka fing an, das Trottoir zu beschnuppern in der Hoffnung, dem Geruch nach die Spuren ihres Herrn zu entdecken, aber kurz vorher war ein Taugenichts in neuen Gummigaloschen vorübergegangen, und nun mischten sich alle feinen Gerüche mit scharfem Kautschukgestank, so daß man nichts feststellen konnte.

Kaschtanka lief hin und her und konnte ihren Herrn nicht finden, und mittlerweile wurde es dunkel. Auf beiden Straßenseiten wurden die Laternen angezündet, und in den Fenstern der Häuser blitzten Lichter auf. Großer flaumiger Schnee fiel und färbte das Straßenpflaster weiß, die Pferderücken, die Mützen der Droschkenkutscher, und je dunkler die Luft wurde, um so weißer wurden die Gegenstände. Unaufhörlich gingen unbekannte «Kunden» an Kaschtanka vorüber, verdeckten ihr das Gesichtsfeld und stießen sie mit den Füßen (Kaschtanka teilte die Menschheit in zwei ganz ungleiche Teile, in Meister und in Kunden ein. Zwischen ihnen bestand ein wesentlicher Unterschied: die ersteren hatten das Recht, sie zu schlagen, den andern aber durfte sie selbst an die Beine fahren). Die Kunden eilten alle irgendwohin und schenkten ihr keine Aufmerksamkeit.

Als es vollends dunkel geworden war, überfiel Kaschtanka Verzweiflung und Entsetzen. Sie kauerte sich an einer Hauseinfahrt hin und begann kläglich zu winseln. Die Wanderung während des ganzen Tages mit Luka Aleksandrytsch hatte sie stark ermüdet, Ohren und Pfoten waren durchfroren, und außerdem war sie entsetzlich hungrig. Während des ganzen Tages bekam sie nur zweimal etwas zu kauen: Sie hatte bei einem Buchbinder ein wenig Kleister geschmeckt und in einem der Wirtshäuser am

Ladentisch eine Wursthaut gefunden – das war alles. Wäre sie ein Mensch gewesen, so hätte sie wahrscheinlich gedacht:

‚Nein, so kann ich unmöglich weiterleben! Ich muß mich erschießen!'

Der geheimnisvolle Unbekannte

Aber Kaschtanka dachte über nichts nach und winselte nur. Als der weiche, flaumige Schnee ihr Rücken und Kopf ganz bedeckt hatte und sie vor Mattigkeit in einen schweren Halbschlaf versunken war, knackte plötzlich die Einfahrtstüre, quietschte und versetzte ihr einen Stoß in die Seite. Sie sprang auf. Aus der geöffneten Tür kam ein Mensch, der zur Gruppe der «Kunden» gehörte. Da Kaschtanka aufwinselte und ihm unter die Füße geriet, konnte dieser nicht umhin, sie zu bemerken. Er bückte sich zu ihr nieder und fragte:

«Hündchen, wo kommst du denn her? Hab' ich dich gestoßen? Ach, du armes, armes ... Nun, sei nicht bös, sei nicht bös ... entschuldige schon ...»

Kaschtanka blickte den Unbekannten durch die Schneeflocken, die ihre Augenwimpern verklebten, an und sah vor sich ein kurzes und dickes Männchen mit glattrasiertem, pausbäckigem Gesicht, im Zylinderhut und in einem Pelz, der aufgeknöpft war.

«Was winselst du denn?» fuhr er fort und strich ihr mit dem Finger den Schnee vom Rücken. «Wo ist Herrchen? Du hast dich wohl verlaufen? Ach, du armes Hündchen! Was werden wir nun machen?»

Kaschtanka, die in der Stimme des Unbekannten einen warmen, herzlichen Ton erhascht hatte, leckte ihm die Hand und fing noch kläglicher zu winseln an.

«Du bist ein gutes, drolliges Tierchen!» sagte der Unbekannte. «Ganz wie ein Fuchs! Nun, was ist da zu machen? Komm nur mit! Vielleicht taugst du zu etwas ... Nun, komm!»

Er schnalzte mit den Lippen und machte Kaschtanka mit der Hand ein Zeichen, das nur eines bedeuten konnte: «Gehn wir!» Kaschtanka ging mit.

Nach einer halben Stunde saß Kaschtanka bereits in einem großen hellen Zimmer auf dem Fußboden und schaute, den Kopf auf die Seite geneigt, sehnsüchtig und neugierig dem Fremden zu, der am Tisch saß und seine Mahlzeit verzehrte. Er aß und warf ihr ab und zu einen Bissen hin ... Zuerst gab er ihr Brot und eine grüne Käserinde, dann ein Stückchen Fleisch, einen halben Piroshok, einige Hühnerknochen; und sie fraß heißhungrig all das so schnell auf, daß sie gar nicht dazu kam, den verschiedenartigen Geschmack zu unterscheiden. Und je mehr sie fraß, um so stärker machte sich der Hunger bemerkbar.

«Deine Herrschaft scheint dich aber schlecht zu füttern», sagte der Unbekannte, als er sah, mit welch wilder Gier sie unzerkaut die Bissen verschlang. «Und wie mager du bist! Nur Haut und Knochen ...»

Kaschtanka fraß viel, fraß sich aber nicht satt und war nur wie berauscht vom Essen. Nach dem Mahle legte sie sich mitten im Zimmer hin, streckte die Pfoten aus und begann, da sie im ganzen Körper eine angenehme Mattigkeit verspürte, mit dem Schwanz zu wedeln. Während ihr neuer Herr, der es sich in seinem Lehnstuhl bequem gemacht hatte, eine Zigarre rauchte, wedelte sie immerfort mit dem Schwanz und suchte die Frage zu entscheiden: Wo ist es besser, bei dem Unbekannten oder beim Tischler? Die Wohnungseinrichtung bei dem Fremden ist arm und häßlich; außer Lehnstühlen, einem Sofa, einer Lampe und Teppichen hat er nichts, und das Zimmer kommt einem leer vor; beim Tischler aber ist die ganze Wohnung mit Sachen angefüllt: Er hat einen Tisch, eine Hobelbank, einen Haufen Hobelspäne, Schlichthobel, Stemmeisen, Sägen, einen Käfig mit einem Zeisig, einen Spülichteimer... Beim Fremden riecht es nach gar nichts, in der Wohnung des Tischlers aber steht immer ein wahrer Dunst, und es riecht wunderbar nach Leim, Lack und Hobelspänen. Dafür hat der Unbekannte einen sehr wichtigen Vorzug – er gibt viel zu fressen, und man muß ihm alle Gerechtigkeit widerfahren lassen, als Kaschtanka vor dem Tisch saß und ihn sehnsüchtig anblickte, gab er ihr nicht einen einzigen Schlag, stampfte auch nicht mit dem Fuß auf und schrie nicht ein einziges Mal: «Geh fort, du verdammtes Biest!»

Als der neue Herr seine Zigarre geraucht hatte, ging er hinaus, kehrte aber nach einem Augenblick zurück, eine kleine Matratze in der Hand.

«He, du, Hund, komm mal her!» sagte er und legte die Matratze in den Winkel neben das Sofa. «Leg dich da hin und schlaf!»

Dann löschte er die Lampe aus und ging fort. Kaschtanka legte sich auf die Matratze und schloß die Augen; von der Straße her erklang Hundegebell, und Kaschtanka wollte darauf antworten, aber plötzlich und ganz unerwartet überfiel sie die Sehnsucht: Sie mußte an Luka Aleksandrytsch denken, sein Söhnchen Fedjuschka, an das gemütliche Plätzchen unter der Hobelbank... Sie dachte auch daran, wie an den langen Winterabenden, wenn der Tischler hobelte oder die Zeitung laut vorlas, Fedjuschka mit ihr zu spielen pflegte... Er zog sie an den Hinterpfoten unter der Hobelbank hervor und machte mit ihr solche Kunststückchen, daß es ihr ganz grün vor den Augen wurde und ihr alle Gelenke weh taten. Er ließ sie auf den Hinterfüßen gehen, ließ sie eine Glocke vorstellen, das heißt Fedjuschka zog sie heftig am Schwanz, so daß sie winselte und heulte, er gab ihr Schnupftabak zu riechen... Besonders quälend war folgendes Kunststück: Fedjuschka band ein Stück Fleisch an einen Faden und ließ es Kaschtanka nehmen; wenn sie es aber verschluckte, zog es Fedjuschka unter lautem Gelächter wieder aus ihrem Magen heraus. Und je lebhafter diese Erinnerungen wurden, um so lauter und sehnsüchtiger winselte Kaschtanka.

Bald aber trugen Ermüdung und Wärme den Sieg über den Kummer davon ... Kaschtanka schlief ein. Im Traume sah sie Hunde an sich vorbeilaufen; unter anderm lief der alte struppige Pudel mit dem starkranken Auge und den Haarbüscheln an der Nase vorbei, den sie heute auf der Straße gesehen hatte. Fedjuschka, ein Stemmeisen in der Hand, jagte hinter dem Pudel her, wurde dann plötzlich selbst mit einem struppigen Fell bedeckt, fing lustig zu bellen an und stand auf einmal neben Kaschtanka. Kaschtanka und er beschnupperten einander gutmütig die Nasen und liefen auf die Straße hinaus ...

Eine neue, sehr angenehme Bekanntschaft
Als Kaschtanka erwachte, war es schon hell, und von der Straße drang Lärm herein, wie man ihn nur am Tage zu hören bekommt. Im Zimmer befand sich keine Seele. Kaschtanka streckte sich, gähnte und ging mürrisch und übellaunig im Zimmer umher. Sie beschnupperte die Zimmerecken und die Möbel, schaute in den Flur und fand nichts Interessantes. Außer der Tür, die in den Flur ging, gab es noch eine andere. Nach kurzer Überlegung kratzte Kaschtanka mit beiden Pfoten an dieser Tür, öffnete sie und ging in das anstoßende Zimmer. Mit einer Wolldecke zugedeckt, schlief hier im Bett ein «Kunde», in dem Kaschtanka den Fremden von gestern erkannte.

«Rrrr», begann sie zu knurren, doch bei der Erinnerung an das gestrige Mahl wedelte sie mit dem Schwanz und fing an zu schnuppern.

Sie beschnupperte Kleidung und Stiefel des Unbekannten und fand, daß sie stark nach Pferden röchen. Aus dem Schlafzimmer führte eine ebenfalls geschlossene Tür irgendwohin. Kaschtanka kratzte an dieser Tür, drückte mit der Brust an sie, öffnete die Tür und bemerkte alsbald einen seltsamen, sehr verdächtigen Geruch. Auf eine unangenehme Begegnung gefaßt, knurrend und sich immerfort umblickend, trat Kaschtanka in eine kleine Stube mit schmutzigen Tapeten, wich aber erschrocken zurück. Sie erblickte etwas Unerwartetes und Furchtbares. Hals und Kopf zur Erde senkend, die Flügel spreizend und zischend fuhr ein grauer Gänserich auf sie los. Etwas abseits vom Gänserich lag auf einer kleinen Matratze ein weißer Kater; als der Kaschtanka zu Gesicht bekam, fuhr er empor, machte einen Buckel, erhob den Schwanz, sträubte das Haar und begann ebenfalls zu zischen. Der Hund erschrak ernstlich, da er aber seine Furcht verbergen wollte, fing er laut zu bellen an und stürzte sich auf den Kater. Der Kater krümmte seinen Rücken noch mehr, begann zu fauchen und versetzte Kaschtanka mit der Pfote einen Schlag auf den Kopf. Kaschtanka wich zurück, legte sich auf alle vier Pfoten hin und brach, die Schnauze dem Kater zugewandt, in ein lautes, winselndes Gebell aus. In diesem Augenblick trat der Gänserich von hinten heran und versetzte ihr mit dem Schnabel einen schmerzhaften Hieb in den Rücken. Kaschtanka sprang auf und warf sich auf den Gänserich ...

«Was ist denn hier los?» ließ sich eine laute, ärgerliche Stimme vernehmen, und im Schlafrock, mit einer Zigarre im Munde, kam der Unbekannte ins Zimmer.

«Was bedeutet das? An den Platz!»

Er ging auf den Kater zu, knipste ihn auf den Buckel und sagte:

«Fjodor Timofeitsch, was bedeutet das? Ihr habt eine Schlägerei begonnen? Ach, du alte Kanaille! Leg dich hin!»

Und zum Gänserich gewendet, rief er:

«Iwan Iwanytsch, auf deinen Platz!»

Der Kater legte sich gehorsam auf seine Matratze nieder und schloß die Augen. Nach dem Ausdruck seiner Schnauze und seines Schnurrbartes war er selbst damit unzufrieden, daß er sich ereifert und in eine Schlägerei eingelassen hatte. Kaschtanka winselte gekränkt, der Gänserich streckte seinen Hals aus und begann rasch, hitzig und eindringlich, aber ganz unverständlich, irgend etwas zu erzählen.

«Gut, gut!» sagte gähnend der Herr. «Ihr müßt friedlich und freundschaftlich leben.» Er streichelte Kaschtanka und fuhr fort: «Du aber, Füchslein, hab keine Furcht. Das ist ein gutes Publikum, das dir nichts tun wird. Aber halt, wie werden wir dich nennen? Ohne Namen geht es nicht, Freundchen!»

Der Unbekannte dachte etwas nach und sagte:

«Da hab' ich's ... Du wirst – Tante heißen ... Verstehst du? Tante!»

Und das Wort «Tante» einige Male wiederholend, ging er hinaus. Kaschtanka setzte sich und begann zu beobachten. Der Kater saß unbeweglich auf der Matratze und tat so, als ob er schliefe. Der Gänserich trippelte mit vorgestrecktem Hals auf ein und derselben Stelle und fuhr fort, irgend etwas rasch und hitzig zu erzählen. Anscheinend war es ein sehr kluger Gänserich; nach jeder langen Tirade trat er jedesmal verwundert etwas zurück und sah über seine Rede ganz entzückt aus. Kaschtanka hörte ihm eine Weile zu und antwortete ihm mit «rrrr...», dann machte sie sich daran, die Winkel zu durchschnüffeln. In einem Winkel stand ein kleiner Trog, in dem sie eingeweichte Erbsen und aufgeweichte Brotrinden vorfand. Sie probierte die Erbsen – sie schmeckten nicht, sie probierte die Rinden – und begann zu fressen. Der Gänserich war gar nicht beleidigt, daß ein fremder Hund sein Futter verspeiste, im Gegenteil, er begann noch hitziger zu reden und trat, um sein Vertrauen zu zeigen, selber an den Trog heran und fraß ein paar Erbsen.

Erstaunliche Wunder

Nach einer Weile trat der Fremde wieder ein und brachte ein seltsames Ding mit, das Ähnlichkeit mit einem Tor und dem Buchstaben Pi hatte. An der Querstange dieses hölzernen, grob gezimmerten Pi hing eine Glocke, und

eine Pistole war angebunden; von der Glockenzunge und dem Pistolenhahn hingen Schnürchen herab. Der Unbekannte stellte das Pi in die Mitte des Zimmers, band längere Zeit etwas auf und wieder zu, sah dann den Gänserich an und sagte:

«Iwan Iwanytsch, ich bitte!»

Der Gänserich kam zu ihm und blieb in erwartungsvoller Pose stehen.

«Nun», sagte der Fremde, «fangen wir ganz von vorn an. Vor allem verneige dich und mache eine Reverenz! Schnell!»

Iwan Iwanytsch streckte den Hals vor, nickte nach allen Seiten und machte einen Kratzfuß.

«So, braves Tier ... Jetzt stirb!»

Iwan Iwanytsch legte sich auf den Rücken und streckte die Beine in die Luft. Nachdem er noch einige ähnliche leichtere Kunststücke gemacht hatte, griff sich der Unbekannte plötzlich an den Kopf, drückte auf seinem Gesicht Entsetzen aus und rief:

«Zu Hilfe! Feuer! Wir brennen!»

Iwan Iwanytsch lief zu dem Pi, nahm eine Schnur in den Mund und begann die Glocke zu läuten.

Der Fremde war sehr zufrieden. Er streichelte dem Gänserich den Hals und sagte:

«Brav, Iwan Iwanytsch! Jetzt stelle dir vor, daß du ein Juwelier bist und mit Gold und Brillanten handelst. Stelle dir jetzt vor, du kommst in deinen Laden und entdeckst dort Diebe. Wie würdest du in diesem Falle handeln?»

Der Gänserich nahm die andere Schnur in den Schnabel und zog daran, worauf ein betäubender Schuß fiel. Kaschtanka hatte schon das Glockenläuten sehr gefallen, der Schuß aber entzückte sie so, daß sie um das Pi herumzulaufen und zu bellen begann.

«Tante, auf den Platz!» rief ihr der Fremde zu. «Willst du ruhig sein!»

Iwan Iwanytschs Arbeit war mit dem Schuß noch nicht zu Ende. Eine ganze Stunde lang jagte der Fremde ihn an der Kordel im Kreise herum und knallte mit der Peitsche; dabei mußte der Gänserich über eine Barriere und durch einen Reifen springen, Männchen machen, das heißt sich auf den Schwanz setzen und die Füße bewegen. Kaschtanka konnte ihre Augen von Iwan Iwanytsch gar nicht losreißen, heulte vor Entzücken und lief mehrmals mit lautem Gebell hinter ihm drein. Nachdem der Fremde den Gänserich und sich selbst ermüdet hatte, wischte er sich den Schweiß von der Stirn und rief:

«Marja, bring jetzt Chawronja Iwanowna her!»

Nach einem Augenblick hörte man ein Grunzen, Kaschtanka begann zu knurren, nahm eine sehr tapfere Haltung an und ging für alle Fälle etwas näher zum Fremden hin. Die Tür ging auf, eine alte Frau sah ins Zimmer, sagte etwas und ließ ein schwarzes häßliches Schwein ins Zimmer. Ohne sich um Kaschtankas Knurren zu bekümmern, hob das Schwein seinen Rüssel in die Höhe und begann fröhlich zu grunzen. Augenscheinlich war es sehr erfreut darüber, daß es seinen Herrn, den Kater und Iwan Iwanytsch sah. Als es an den Kater heranging, ihn leicht mit dem Rüsselchen unter den Bauch stieß und dann über irgend etwas mit dem Gänserich zu sprechen begann, lag in seinen Bewegungen, in seiner Stimme und im Wippen des Schwänzchens viel Gutmütigkeit. Kaschtanka begriff sofort, daß es zwecklos sei, solche Subjekte anzuknurren und anzubellen.

Der Herr räumte das Holzgestell fort und rief:

«Fjodor Timofeitsch, bitte!»

Der Kater erhob sich, reckte sich träge und ging widerwillig, als täte er jemandem damit einen großen Gefallen, zum Schwein.

«Nun, beginnen wir mit der ‹Ägyptischen Pyramide›», begann der Herr.

Er erklärte längere Zeit etwas, dann kommandierte er: «Eins – zwei – drei!» Beim Worte «drei» begann Iwan Iwanytsch mit den Flügeln zu schlagen und schwang sich auf den Rücken des Schweins. Nachdem er, mit Flügeln und Hals balancierend, auf dem borstigen Rücken das Gleichgewicht gewonnen hatte, kletterte Fjodor Timofeitsch langsam und träge mit unverkennbarer Mißachtung und mit einer Miene, als ob er seine Kunst verachte und gar nicht schätze, auf den Rücken des Schweines und dann unlustig auf den Gänserich, wo er sich auf die Hinterpfoten stellte. So kam das zustande, was der Fremde die «Ägyptische Pyramide» nannte. Kaschtanka quietschte vor Entzücken auf, aber in diesem Augenblick gähnte der alte Kater, verlor das Gleichgewicht und fiel vom Gänserich herunter. Iwan Iwanytsch kam ins Schwanken und fiel ebenfalls. Der Fremde begann zu schreien, mit den Armen herumzufuchteln und wiederum etwas zu erklären. Nachdem er sich eine ganze Stunde mit der Pyramide abgemüht hatte, machte sich der unermüdliche Herr daran, Iwan Iwanytsch das Reiten auf dem Kater zu lehren, dann begann er dem Kater das Rauchen beizubringen und anderes mehr.

Der Unterricht endete damit, daß der Fremde sich den Schweiß von der Stirn wischte und hinausging. Fjodor Timofeitsch schnaufte verächtlich, legte sich auf seine Matratze und schloß seine Augen, Iwan Iwanytsch ging an seinen Trog, und das Schwein wurde von der Alten wieder weggebracht.

Dank der Menge neuer Eindrücke verging der Tag für Kaschtanka, ehe sie sich's versah.

Abends aber wurde sie mit ihrem Matratzchen in der kleinen Stube mit den schmutzigen Tapeten untergebracht und übernachtete in Gesellschaft von Fjodor Timofeitsch und des Gänserichs.

Talent! Talent!

Ein Monat war vergangen.

Kaschtanka hatte sich bereits daran gewöhnt, daß sie jeden Abend ein schmackhaftes Mahl erhielt und Tante genannt wurde. Sie hatte sich auch an den Fremden gewöhnt und an ihre neuen Hausgenossen. Das Leben floß angenehm dahin.

Alle Tage begannen auf die gleiche Weise. Gewöhnlich wachte Iwan Iwanytsch am frühesten auf, kam sofort zu Tante oder zum Kater heran, reckte seinen Hals aus und begann etwas eifrig und überzeugend, aber in alter Weise unverständlich zu erzählen. Manchmal reckte er seinen Kopf in die Höhe und hielt lange Monologe. In den ersten Tagen der Bekanntschaft dachte Kaschtanka, daß er darum so viel spreche, weil er sehr klug sei, aber es dauerte nicht lange, und sie verlor jeden Respekt vor ihm; wenn er mit seinen langen Reden zu ihr kam, wedelte sie nicht mehr mit dem Schwanz, sondern behandelte ihn als lästigen Schwätzer, der niemanden schlafen läßt, und antwortete ihm ohne viel Umstände mit «rrrr...»

Fjodor Timofeitsch war von anderer Art. Wenn er aufgewacht war, gab er keinen Laut von sich, regte sich nicht und öffnete nicht einmal die Augen. Am liebsten wäre er gar nicht aufgewacht, denn, es war unverkennbar, er hatte am Dasein kein Gefallen mehr. Nichts erregte sein Interesse, allem gegenüber verhielt er sich müde und geringschätzig, alles verachtete er, und sogar wenn er sein schmackhaftes Mittagessen verzehrte, schnaufte er verächtlich.

Sobald Kaschtanka erwacht war, begann sie durch alle Zimmer zu wandern und in jedem Winkel zu schnüffeln. Nur sie und der Kater durften in der ganzen Wohnung herumgehen; der Gänserich hatte nicht das Recht, die Schwelle der kleinen Stube mit den schmutzigen Tapeten zu über-

schreiten, Chawronja Iwanowna aber lebte irgendwo in einem Schuppen auf dem Hof und erschien nur während der Unterrichtsstunden.

Der Hausherr wachte spät auf und machte sich, nachdem er Tee getrunken hatte, sofort an seine Kunststücke heran. Jeden Tag brachte er das Holzgestell, die Peitsche und die Reifen in die Stube, und tagtäglich wurden fast ein und dieselben Kunststücke vollführt. Der Unterricht dauerte drei bis vier Stunden, so daß Fjodor Timofeitsch manchmal vor Ermüdung wie ein Betrunkener taumelte. Iwan Iwanytsch öffnete dann seinen Schnabel und atmete schwer, der Herr aber wurde rot im Gesicht und konnte sich gar nicht genug den Schweiß von der Stirn wischen.

Der Unterricht und das Mittagessen machten die Tage sehr interessant, die Abende dagegen waren recht langweilig. Meistens fuhr der Herr des Abends irgendwohin fort und nahm Gänserich und Kater mit. Tante blieb allein, legte sich auf die Matratze und ergab sich der Melancholie. Irgendwie unbemerkt beschlich sie die Traurigkeit, sie breitete sich allmählich immer mehr und mehr aus, wie die Dunkelheit im Zimmer. Es fing damit an, daß Kaschtanka jede Lust zu bellen, zu fressen, durch die Zimmer zu laufen, ja sogar etwas zu sehen verging; dann erstanden in ihrer Einbildung zwei undeutliche Gestalten – sie wußte nicht, ob es Hunde oder Menschen waren – mit sympathischen, freundlichen, doch unverständlichen Gesichtern; bei ihrem Erscheinen wedelte Tante mit dem Schwanz, und es schien ihr, als hätte sie sie irgendwo einstmals gesehen und geliebt... Und im Einschlafen fühlte sie jedesmal, daß von diesen Gestalten ein Geruch von Leim, Hobelspänen und Lack ausging.

Als sie sich schon völlig an ihr neues Leben gewöhnt hatte und aus einem mageren, knochigen Köter ein satter und wohlgepflegter Hund geworden war, streichelte sie einstmals vor dem Unterricht ihr Herr und sagte:

«Jetzt ist's für uns an der Zeit, Tante, an die Arbeit zu gehen. Jetzt hast du genug gefaulenzt. Ich will aus dir eine Künstlerin machen... Willst du Künstlerin werden?»

Und er fing an, ihr allerhand Kunststücke beizubringen. In der ersten Stunde lernte sie auf den Hinterpfoten stehen und gehen, was ihr schrecklich gefiel. In der zweiten Stunde mußte sie auf den Hinterfüßen springen und nach Zucker schnappen, den ihr Lehrer hoch über sie hielt. In den folgenden Stunden tanzte sie, lief an der Kordel, heulte nach Musik, läutete und schoß, und nach einem Monat konnte sie bereits erfolgreich in der «Ägyptischen Pyramide» Fjodor Timofeitsch vertreten. Sie lernte sehr gern und war selbst mit ihren Fortschritten zufrieden; das Laufen an der Kordel mit heraushängender Zunge, das Springen durch den Reifen und das Reiten auf dem alten Fjodor Timofeitsch bereiteten ihr das größte Vergnügen. Jedes gelungene Kunststück begleitete sie mit lautem, begeistertem Bellen, und der Lehrer wunderte sich gleichfalls, geriet auch in Entzücken und rieb sich die Hände.

«Ein Talent! Ein Talent!» sagte er. «Ein unzweifelhaftes Talent! Du wirst entschieden Erfolg haben!»

Und Tante gewöhnte sich so an das Wort «Talent», daß sie jedesmal, wenn ihr Herr es aussprach, aufsprang und sich umsah, wie wenn es ihr Rufname wäre.

Eine unruhige Nacht

Kaschtanka hatte einen Hundetraum: Der Hausknecht jagte mit einem Besen hinter ihr her, und vor Angst erwachte sie.

Im Stübchen war es still, dunkel und sehr schwül. Die Flöhe bissen. Tante hatte früher niemals die Dunkelheit gefürchtet, jetzt aber wurde es ihr irgendwie unheimlich zumute, und sie hatte Lust zu bellen. Im Nebenraum seufzte der Herr laut einmal auf, dann grunzte nach einer kleinen Weile in seinem Schuppen das Schwein, und wiederum war alles still. Wenn man ans Essen denkt, wird es einem leichter ums Herz, und Tante dachte darüber nach, wie sie heute Fjodor Timofeitsch ein Hühnerbeinchen wegstibitzt und es dann im Salon zwischen Schrank und Wand, wo es sehr viel Spinngewebe und Staub gab, versteckt hatte. Es könnte jetzt nichts schaden, hinzugehen und nachzusehen, ob dies Beinchen noch da ist oder nicht. Es wäre ja möglich, daß der Herr es gefunden und aufgegessen hat. Aber vor Tagesanbruch durfte man aus der Stube nicht herausgehen – so war einmal die Hausordnung. Kaschtanka schloß die Augen, um so rasch wie möglich einzuschlafen, weil sie aus Erfahrung wußte, daß der Morgen um so rascher kam, je rascher man einschlief. Plötzlich aber ertönte nicht weit von ihr ein sonderbarer Schrei, der sie zusammenfahren und aufspringen ließ. Es war Iwan Iwanytsch, der so schrie, und sein Schrei war nicht der sonstige, schwatzhafte und überzeugende, sondern wild, durchdringend und unnatürlich, wie das Knarren eines sich öffnenden Tores. Da sie in der Dunkelheit nichts sehen und begreifen konnte, fühlte Kaschtanka einen noch heftigeren Schreck und knurrte: «Rrrrr...»

Es verging so viel Zeit, als man braucht, um einen guten Knochen abzunagen; der Schrei wiederholte sich nicht. Tante beruhigte sich allmählich und begann zu schlummern. Sie träumte von zwei großen schwarzen Hunden mit Büscheln vorjährigen Haares an Schenkeln und Seiten; sie fraßen gierig aus einem großen Bottich Küchenabfälle, denen weißer Dampf und ein appetitanregender Geruch entströmte; bisweilen sahen sie sich nach Kaschtanka um, fletschten die Zähne und knurrten: «Dir geben wir nichts!» Aber aus dem Hause kam ein Bauer im Pelz herausgelaufen und verjagte sie mit der Peitsche; da ging Kaschtanka an den Bottich heran und begann zu fressen; sobald aber der Bauer hinter dem Tor verschwunden war, stürzten die beiden schwarzen Hunde heulend über sie her, und plötzlich ertönte wiederum der durchdringende Schrei:

«K-che! K-che!» schrie Iwan Iwanytsch.

Kaschtanka erwachte, sprang auf und brach, ohne die Matratze zu verlassen, in ein heulendes Gebell aus. Ihr schien es, daß nicht Iwan Iwanytsch schrie, sondern jemand anderes, jemand Fremdes. Und wiederum grunzte aus irgendeinem Grunde im Schuppen das Schwein.

Doch da hörte man das Schlurfen von Pantoffeln, und in die Stube trat der Herr im Schlafrock mit einer Kerze. Das flackernde Licht begann an den schmutzigen Tapeten und der Zimmerdecke zu hüpfen und vertrieb die Dunkelheit. Kaschtanka sah, daß in der Stube niemand Fremdes anwesend war. Iwan Iwanytsch saß auf dem Fußboden und schlief nicht. Seine Flügel waren ausgebreitet, und sein Schnabel stand offen, und überhaupt sah er aus, als ob er sehr ermüdet sei und trinken wolle.

Der alte Fjodor Timofeitsch schlief auch nicht. Gewiß hatte auch ihn der Schrei geweckt.

«Iwan Iwanytsch, was hast du?» fragte der Herr den Gänserich. «Was schreist du? Bist du krank?»

Der Gänserich schwieg. Der Herr befühlte seinen Hals, streichelte seinen Rücken und sagte:

«Du bist ein putziger Kerl! Schläfst selbst nicht und läßt andere nicht schlafen.»

Als der Herr hinausgegangen war und das Licht mitgenommen hatte, trat wieder Dunkelheit ein. Kaschtanka war voller Angst. Der Gänserich schrie nicht mehr, aber Kaschtanka schien es so, daß jemand Fremdes in der Dunkelheit dastand. Am schrecklichsten war, daß man diesen Fremden nicht beißen konnte, weil er unsichtbar war und keine Gestalt hatte. Und Kaschtanka dachte – weiß Gott warum –, daß sich in dieser Nacht unbedingt etwas sehr Schlimmes ereignen müsse. Fjodor Timofeitsch war auch unruhig. Kaschtanka hörte, wie er sich auf seinem Matratzchen herumbewegte, gähnte und den Kopf schüttelte.

Irgendwo auf der Straße begann man an ein Tor zu klopfen, und im Schuppen grunzte das Schwein. Kaschtanka begann leise zu wimmern, streckte die Vorderpfoten von sich und legte den Kopf darauf. Im Pochen am Tore, im Grunzen des aus irgendeinem Grunde nicht schlafenden Schweines, in der Dunkelheit und der Stille schien ihr etwas ebenso Trauriges und Schreckliches zu liegen wie in dem Schreien von Iwan Iwanytsch. Alles war aufgeregt und unruhig, aber warum? Wer war der Fremde, den man nicht sehen konnte? Auf einmal, für einen Augenblick, blitzten zwei düstere grüne Funken auf: Zum ersten Male während der ganzen Zeit ihrer Bekanntschaft näherte sich ihr Fjodor Timofeitsch. Was wollte er? Kaschtanka leckte ihm die Pfote und fing, ohne zu fragen, warum er gekommen sei, leise und in verschiedenen Stimmen zu heulen an.

«K-che!» schrie Iwan Iwanytsch. «K-che! K-che!»

Die Tür öffnete sich wieder, und herein kam der Herr, eine Kerze in der Hand. Der Gänserich saß in der früheren Haltung da, mit aufgesperrtem Schnabel und ausgebreiteten Flügeln. Seine Augen waren geschlossen.

«Iwan Iwanytsch!» rief der Herr.

Der Gänserich rührte sich nicht. Der Herr setzte sich auf der Diele vor ihm hin, blickte ihn einen Augenblick schweigend an und sagte:

«Iwan Iwanytsch! Was ist denn los? Du willst mir doch nicht sterben? Ach, jetzt fällt es mir ein, fällt es mir ein!» rief er plötzlich aus und griff sich an den Kopf. «Ich weiß jetzt, woher das kommt! Das kommt daher, weil dich heute das Pferd getreten hat! Mein Gott, mein Gott!»

Kaschtanka begriff nicht, was ihr Herr sagte, erkannte aber an seinem Gesicht, daß auch er etwas Schreckliches erwartete. Sie wandte ihre Schnauze dem dunklen Fenster zu, durch das, wie ihr schien, jemand Fremdes hereinschaute, und heulte auf.

«Er stirbt, Tante!» sagte der Herr und schlug die Hände zusammen. «Ja, ja, er stirbt. In eure Stube ist der Tod gekommen. Was sollen wir nun tun?»

Bleich und aufgeregt, seufzend und kopfschüttelnd kehrte der Herr in sein Schlafzimmer zurück. Kaschtanka war es unheimlich, in der Dunkelheit allein zu bleiben, und sie ging ihm nach. Der Herr setzte sich auf das Bett und wiederholte einige Male: «Mein Gott, was soll ich tun?»

Kaschtanka ging um seine Beine herum, konnte nicht begreifen, warum sie so traurig sei und weswegen sich alle so beunruhigten, und verfolgte in dem Bemühen, das alles zu begreifen, jede seiner Bewegungen. Fjodor Timofeitsch, der selten sein Matratzchen zu verlassen pflegte, kam auch in das Schlafzimmer des Herrn und begann sich an seinen Beinen zu reiben. Er schüttelte immerzu den Kopf, als wollte er daraus die schweren Gedanken verscheuchen, und sah argwöhnisch unter das Bett.

Der Herr nahm ein Tellerchen, goß aus der Waschkanne Wasser hinein und ging wieder zum Gänserich.

«Trink, Iwan Iwanytsch!» sagte er zärtlich und stellte das Tellerchen vor ihn hin. «Trink, du liebes Kerlchen!»

Aber Iwan Iwanytsch rührte sich nicht und öffnete die Augen nicht. Der Herr bog den Kopf zum Tellerchen und tauchte den Schnabel ins Wasser, aber der Gänserich trank nicht, spreizte seine Flügel noch weiter auseinander, und der Kopf blieb auf dem Tellerchen liegen.

«Nein, da hilft nichts mehr!» seufzte der Herr. «Alles ist aus. Iwan Iwanytsch ist tot!»

Und über seine Wangen flossen langsam glänzende Tröpfchen herab, wie man sie an Fenstern während des Regens sehen kann. Kaschtanka und Fjodor Timofeitsch, die nicht begriffen, was geschehen war, drängten sich an ihren Herrn und schauten voll Entsetzen den Gänserich an.

«Armer Iwan Iwanytsch!» sagte der Herr und seufzte traurig. «Und ich träumte davon, dich im Frühjahr aufs Land mitzunehmen und mit dir auf der grünen Wiese spazierenzugehen. Liebes Tierchen, mein guter Kamerad, nun bist du tot! Wie werde ich jetzt ohne dich auskommen.»

Kaschtanka kam es so vor, als ob auch mit ihr dasselbe geschehen würde, daß auch sie – ohne ersichtlichen Grund – die Augen schließen, die Pfoten von sich strecken und den Mund aufreißen würde und daß alle sie entsetzt ansehen würden. Ähnliche Gedanken gingen offenbar auch Fjodor Timofeitsch durch den Kopf. Noch nie war der alte Kater so mürrisch und finster gewesen wie jetzt.

Es begann zu dämmern, und der Fremde, der Kaschtanka so sehr erschreckt hatte, war aus dem Stübchen verschwunden. Nachdem es ganz hell geworden war, kam der Hausknecht, nahm den Gänserich bei den Füßen

und trug ihn irgendwohin hinaus. Eine kleine Weile danach erschien die Alte und nahm das Tröglein weg. Kaschtanka ging in den Salon und schaute hinter den Schrank: Der Herr hatte das Hühnerknöchlein nicht aufgegessen, es lag an seinem alten Platz in Staub und Spinngewebe. Aber Kaschtanka war sehr verzagt und betrübt und wollte weinen. Sie roch nicht einmal an dem Knöchlein und schlüpfte unter den Diwan, setzte sich dort hin und fing an, leise und mit dünnem Stimmchen zu heulen:

«Sku-sku-sku ...»

Das verunglückte Debüt

Eines schönen Abends kam der Herr ins Stübchen mit den schmutzigen Tapeten hinein und sagte, die Hände reibend:

«Nun, meine Liebe ...»

Er wollte noch etwas sagen, tat es aber nicht und ging hinaus. Kaschtanka, die während der Unterrichtsstunden Gesicht und Tonfall ihres Herren studiert hatte, erriet, daß er aufgeregt, besorgt und anscheinend ärgerlich war. Nach einer kleinen Weile kam er zurück und sagte:

«Heute nehme ich Kaschtanka und Fjodor Timofeitsch mit. In der ‚Ägyptischen Pyramide' wirst du, Tante, heute den verstorbenen Iwan Iwanytsch ersetzen. Weiß der Teufel! Nichts ist fertig, nichts recht einstudiert, es gab zu wenig Repetitionen! Wir werden uns blamieren und durchfallen!»

Dann ging er wieder hinaus und kam gleich darauf in Pelz und Zylinder zurück. Er trat an den Kater heran, ergriff ihn bei den Vorderpfoten, hob ihn hoch und verbarg ihn an seiner Brust unter dem Pelz, wobei Fjodor Timofeitsch ganz gleichgültig schien, sich nicht einmal die Mühe gab, die Augen zu öffnen. Ihm war augenscheinlich alles vollkommen gleichgültig: ob er lag oder an den Beinen in die Höhe gehoben wurde, ob er auf der Matratze oder an der Brust des Herrn unter dem Pelze lag ...

«Tante, komm!» sagte der Herr.

Nichts ahnend und mit dem Schwanz wedelnd, folgte Kaschtanka ihm nach. Einen Augenblick später saß sie bereits im Schlitten zu Füßen ihres Herrn und hörte, wie er, vor Kälte und Erregung schauernd, immer wieder murmelte:

«Wir werden uns blamieren und durchfallen!»

Der Schlitten hielt vor einem großen, sonderbaren Hause, das einer umgestülpten Suppenschüssel ähnlich war. Die langgestreckte, mit drei Glastüren versehene Anfahrt dieses Hauses war von einem Dutzend hell brennender Laternen erleuchtet. Die Türen öffneten sich geräuschvoll und verschlangen wie große Mäuler die Menschen, die vor der Anfahrt hin und her wogten. Menschen gab es dort viel, häufig kamen auch Pferde zur Anfahrt gelaufen, doch Hunde waren nicht zu sehen.

Der Herr nahm Kaschtanka auf den Arm und schob sie unter den Pelz auf seine Brust, wo sich auch Fjodor Timofeitsch befand. Hier war es dunkel und beklemmend, aber warm. Einen Augenblick blitzten zwei düstere grüne Funken auf, das geschah, als der Kater, durch die kalten, rauhen Pfoten seiner Nachbarin aufgestört, die Augen öffnete. Kaschtanka leckte ihm ein Ohr, und da sie sich möglichst bequem hinsetzen wollte, rückte sie unruhig hin und her, drückte den Kater mit den kalten Pfoten unter sich und steckte zufällig ihren Kopf aus dem Pelz heraus, knurrte aber sofort einmal ärgerlich und schlüpfte wieder unter den Pelz. Ihr schien es, als habe sie ein ungeheuer großes, schlecht beleuchtetes Zimmer, das voller Ungetüme war, erblickt; hinter den Bretterverschlägen und Gittern, die sich zu beiden Seiten des Zimmers hinzogen, schauten schreckliche Fratzen hervor: Pferdegesichter, gehörnte, langohrige Gesichter und ein dicker, ungeheurer Kopf mit einem Schwanz statt der Nase und mit zwei langen, abgenagten Knochen, die aus dem Maule hervorragten.

Der Kater fing unter Kaschtankas Pfoten zu miauen an, doch gerade da wurde der Pelz zurückgeschlagen, der Herr sagte «hopp!», und beide, Fjodor Timofeitsch und Kaschtanka, sprangen auf den Boden. Sie waren in einem kleinen Raum mit grauen Bretterwänden; dort gab es außer einem Tischchen mit Spiegel, einem Hocker und in den Ecken aufgehängten alten Kleidern keine andern Gegenstände, und statt einer Lampe oder Kerze leuchtete ein helles, fächerförmiges Flämmchen, das an einem in der Wand befestigten Röhrchen brannte. Fjodor Timofeitsch leckte sich seinen von Kaschtanka zerknüllten Pelz, kroch unter den Hocker und legte sich dort hin. Der Herr, der immer noch aufgeregt war und sich die Hände rieb, begann sich zu entkleiden. Er zog sich so aus, wie er es gewöhnlich zu Hause zu tun pflegte, wenn er sich unter die Wolldecke legen wollte, das heißt, er legte bis auf die Wäsche alles ab, setzte sich dann auf den Hocker, sah in den Spiegel und begann dann, sonderbare Dinge mit sich zu treiben. Zuerst setzte er sich eine Perücke mit Scheitel und zwei hörnerähnlichen Haarbüscheln auf den Kopf, dann beschmierte er sein Gesicht dick mit etwas Weißem und malte auf die weiße Farbe noch Augenbrauen, einen Schnurrbart und rote Tupfen ins Gesicht.

Damit aber war sein schnurriges Beginnen noch nicht beendet. Nachdem er sich Gesicht und Hals so beschmiert hatte, begann er sich in ein ganz ungewöhnliches, mit nichts zu vergleichendes Kostüm zu kleiden, wie es Tante noch nie in den Häusern oder auf der Straße gesehen hatte. Man stelle sich ganz weite Beinkleider vor aus großblumigen Kattun, wie er in kleinbürgerlichen Häusern für Vorhänge und zum Möbelbezug gebraucht wird, Beinkleider, die bis zu den Achselhöhlen hinaufgingen; ein Bein bestand aus braunem Kattun, das andere aus hellgelbem. Nachdem der Herr in diese Hosen hineingeschlüpft war, zog er noch eine Baumwolljacke mit großem gezacktem Kragen und einem goldenen Stern auf dem Rücken, verschiedenfarbige Strümpfe und graue Schuhe an.

Kaschtanka fing es vor den Augen und in der Seele zu flimmern an. Diese weißgesichtige, schwerfällige Gestalt roch wohl nach ihrem Herrn, ihre Stimme war auch die bekannte des Herrn, aber es gab auch Augenblicke, wo Kaschtanka Zweifel ankamen, und dann verspürte sie große Lust, von dieser bunten Gestalt wegzulaufen und sie anzubellen. Der neue Ort, das fächerähnliche Flämmchen, der Geruch, die Verwandlung, die mit ihrem Herrn vor sich gegangen war – alles das erfüllte sie mit unbestimmter Angst und dem Vorgefühl, daß sie unbedingt irgend etwas Fürchterlichem begegnen würde, wie etwa jener dicken Fratze mit dem Schwanz an Stelle der Nase. Zu alledem spielte noch irgendwo entfernt hinter der Wand die verhaßte Musik, auch drang zeitweilig ein rätselhaftes Gebrüll zu ihr herüber. Nur eines beruhigte sie – die Kaltblütigkeit von Fjodor Timofeitsch. Er schlummerte seelenruhig unter dem Hocker und öffnete nicht einmal die Augen, wenn der Hocker weitergeschoben wurde.

Ein Mensch im Frack und weißer Weste guckte in das Zimmer hinein und sagte:

«Gleich tritt Miß Arabella auf. Nach ihr kommen Sie.»

Der Herr erwiderte nichts. Er zog unter dem Tisch ein kleines Köfferchen hervor, setzte sich und begann zu warten. An seinen Lippen und Händen konnte man erkennen, daß er aufgeregt war, und Tante hörte, wie sein Atem bebte.

«Mister George, bitte!» rief jemand hinter der Tür.

Der Herr stand auf, bekreuzte sich dreimal, holte dann unter dem Hocker den Kater hervor und steckte ihn in den Koffer.

«Komm, Tante!» sagte er leise.

Tante, die nichts von allem begriff, näherte sich seiner Hand; der Herr küßte sie auf den Kopf und legte sie neben Fjodor Timofeitsch in den Koffer. Darauf trat Dunkelheit ein ... Tante trat auf dem Kater herum, kratzte an den Wänden des Koffers und konnte vor Entsetzen nicht einen Laut von sich geben, der Koffer aber schaukelte hin und her, wie von Wellen getragen, und zitterte ...

«Da bin ich ja!» rief laut der Herr. «Da bin ich ja!»

Tante fühlte, daß nach diesem Schrei der Koffer auf etwas Hartes aufschlug und zu schwanken aufhörte. Man hörte ein lautes, tiefes Brüllen: Auf jemanden schlug man ein, und dieser Jemand – wahrscheinlich die Fratze mit dem Schwanz an Stelle der Nase – brüllte und lachte so laut, daß die Schlösser am Koffer erzitterten. Als Antwort auf dieses Gebrüll ertönte ein durchdringendes, quietschendes Gelächter des Herrn, wie man ihn zu Hause niemals lachen hörte.

«Ha!» rief er und bemühte sich, das Brüllen zu überschreien. «Hochver-

ehrtes Publikum! Ich komme direkt vom Bahnhof! Meine Großmutter ist krepiert und hat mir eine Erbschaft hinterlassen! Im Koffer ist etwas sehr Schweres – augenscheinlich Gold ... Ha, passen Sie auf, es ist eine Million! Sofort will ich öffnen und nachsehn!»

Am Koffer knackte das Schloß. Grelles Licht schlug Tante in die Augen; sie sprang aus dem Koffer heraus, und von dem Gebrüll betäubt, lief sie in größter Geschwindigkeit um ihren Herrn herum und bellte laut.

«Ha!» rief der Herr. «Onkelchen Fjodor Timofeitsch! Teures Tantchen! Ihr geliebten Anverwandten, daß euch der Teufel hole!»

Er fiel mit dem Bauch in den Sand, ergriff den Kater und Tante und umarmte sie einmal um das andere. Während er sie drückte und umarmte, schaute sich Tante flüchtig diese Welt an, in die sie das Schicksal verschlagen hatte, und von ihrer Großartigkeit überrascht, erstarrte sie für einen Augenblick vor Verwunderung und Entzücken, dann entriß sie sich den Umarmungen des Herrn und drehte sich, von der Wucht des Eindruckes ganz benommen, wie ein Kreisel an ein und derselben Stelle herum. Die neue Welt war groß und voll von grellem Licht; wohin man auch sah, überall, vom Fußboden bis zur Decke, sah man nur Gesichter, Gesichter, Gesichter, und sonst nichts.

«Tantchen, bitte, setzen Sie sich!» rief der Herr.

Tante erinnerte sich daran, was das bedeutete, sprang auf den Stuhl und setzte sich. Sie schaute den Herrn an. Seine Augen blickten ernst und freundlich wie immer, das Gesicht aber, besonders Mund und Zähne, waren durch ein breites, unbewegliches Lachen entstellt. Er lachte schallend, sprang umher, zuckte die Achseln und tat so, als ob ihn die Gegenwart von Tausenden von Menschen hoch erfreue. Tante glaubte an diese seine Lustigkeit, fühlte plötzlich mit ihrem ganzen Leibe, daß diese Tausende von Gesichtern sie anblickten, und sie hob ihre Fuchsschnauze empor und fing freudig zu bellen an.

«Sie, Tantchen, bleiben sitzen», sagte der Herr zu ihr, «mittlerweile will ich mit Onkelchen den Kamárinski tanzen.»

Fjodor Timofeitsch, in Erwartung des Augenblicks, in dem man ihn zwingen würde, Dummheiten zu machen, stand da und blickte gleichmütig nach allen Seiten. Er tanzte schläfrig, nachlässig, mürrisch, und an seinen Bewegungen, seinem Schwanz und seinem Schnurrbart konnte man sehen, daß er die Menge und das grelle Licht und den Herrn und sich selbst tief verachtete ... Nachdem er seine Portion abgetanzt hatte, gähnte er und setzte sich.

«Nun, liebes Tantchen», sagte der Herr, «zuerst will ich mit Ihnen etwas singen, dann wollen wir tanzen. Gut?»

Er nahm aus der Tasche eine Pfeife heraus und blies darauf. Tante, die Musik nicht ertrug, rückte unruhig auf dem Stuhl hin und her und begann zu heulen. Von allen Seiten war Brüllen und Beifall zu hören. Der Herr verbeugte sich und fuhr, als alles wieder still geworden war, zu spielen fort. Während er eine sehr hohe Note blies, hörte man oben inmitten des Publikums ein lautes «Ach!».

«Papa!» rief eine Kinderstimme. «Das ist doch Kaschtanka!»

«Ja, das ist Kaschtanka!» antwortete bestätigend ein etwas angeheiterter, zitternder Tenor. «Kaschtanka! Fedjuschka, Gott strafe mich, das ist Kaschtanka!»

Auf der Galerie stieß jemand einen Pfiff aus, und zwei Stimmen, eine kindliche und eine männliche, riefen laut:

«Kaschtanka! Kaschtanka!»

Tante fuhr zusammen und sah dorthin, wo man rief. Zwei Gesichter, eines behaart und lächelnd, das andere voll und rund, rotbackig und erschrocken, fielen ihr in die Augen, so wie vordem das grelle Licht. Eine Erinnerung überkam sie, sie fiel vom Stuhl, zappelte im Sand, dann sprang sie auf und stürzte mit fröhlichem Gewinsel auf die Gesichter zu. Ein ohrenbetäubendes Gebrüll erscholl, von Pfiffen und dem durchdringendem Ruf einer Kinderstimme durchdrungen:

«Kaschtanka! Kaschtanka!»

Tante sprang über die Barriere, dann über die Schulter irgendeines Menschen und befand sich plötzlich in einer Loge; um den nächsten Rang zu erreichen, mußte man über eine hohe Wand springen. Tante sprang, sprang aber nicht hoch genug und purzelte an der Wand herunter. Darauf ging sie von Hand zu Hand, leckte Hände und Gesichter irgendwelcher Leute, kam immer höher und höher und gelangte endlich auf die Galerie...

Nach einer halben Stunde ging Kaschtanka auf der Straße den Leuten nach, die nach Kleister und Lack rochen. Luka Aleksandrytsch taumelte und trachtete, durch Erfahrung belehrt, instinktiv danach, sich vom Straßengraben möglichst entfernt zu halten.

«Im Pfuhle meiner Sünden gehe ich umher», murmelte er. «Und du, Kaschtanka – bist ein Mißverständnis. Im Vergleich zum Menschen bist du soviel wie ein Zimmermann im Vergleich zum Tischler.»

Neben ihm ging Fedjuschka, die Mütze des Vaters auf dem Kopf, Kaschtanka blickte die Rücken der beiden an, und es war ihr, als ob sie schon lange hinter ihnen dreingehe und sich freue, daß ihr Leben auch nicht einen Augenblick lang unterbrochen war.

Sie erinnerte sich wohl an ihr Stübchen mit den schmutzigen Tapeten, an den Gänserich, Fjodor Timofeitsch, die schmackhaften Mahlzeiten, den Unterricht, den Zirkus – aber all dies erschien ihr jetzt nur als ein langer, wirrer, schwerer Traum...

Louis Pergaud
Reinekes tragisches Geschick

1

Es war ein Frühlingsabend, ein milder Märzabend, der sich in nichts von anderen unterschied, ein Abend mit Vollmond und starkem Wind, der möglicherweise Frost brachte und die zögernden Knospen in ihrem gummiweichen Kerker zurückhielt.

Für Reineke war es nicht ein Abend wie die anderen.

Schon ließ die Dämmerung, die ihre dunklen Schleier über das Land breitete, die Gipfel höher, die Täler tiefer erscheinen, schon kamen die Tiere des Waldes aus ihrem Bau. Er aber, Reineke, scheinbar unberührt von dem geheimnisvollen Leben, das sich in diesem traulichen Dunkel regte, geborgen in dem Loche des Felsens von Moraies, in das er sich, vom Hunde des Wilderers Lisée in die Enge getrieben, am Morgen geflüchtet hatte, er, Reineke, dachte keineswegs daran, sich in dieses Treiben zu mischen, wie er es allabendlich tat.

Es war jedoch nicht das Vorgefühl einer nutzlosen Streife durch das Buschwerk im nahen Schlag; denn Reineke weiß sehr wohl, daß an Abenden mit Vollmond und starkem Wind die furchtsamen Hasen, von der Mondhelle getäuscht und vom Knacken der Äste geängstigt, ihr Lager erst sehr spät in der Nacht verlassen. Es war auch nicht das Rascheln der vom Winde bewegten Zweige; denn der alte Waldbewohner mit dem geübten Ohr vermag die Geräusche des Menschen recht gut von denen des Waldes zu unterscheiden. Auch mit Ermüdung konnte dieses lange Träumen, diese seltsame Untätigkeit nicht erklärt werden; denn schon den ganzen Tag über hatte er still gelegen, anfangs wie ein Leichnam hingestreckt in starker Ermattung, wie sie auf die tollen Hetzjagden, denen er ausgesetzt war, folgte, später ganz zusammengerollt, die schlanke schwarze Schnauze zum Schutze vor einer lästigen oder störenden Berührung auf seine Hinterläufe gelegt.

Jetzt ruhte er auf allen vieren, die Augen halbgeschlossen, die Lauscher hochgerichtet, in einer starren, heraldischen Stellung und ließ unter dem Druck einer triebhaften, geheimnisvollen und allmächtigen Logik in seinem Gehirn Empfindungen und Bilder ineinandergreifen, die genügten, um ihn, ohne daß eine greifbare Schranke ihn zurückhielt, hinter dem Felsen festzubannen, durch dessen Spalt er eingedrungen war.

Die Höhle von Moraies war nicht Reinekes gewohnte Behausung. Sie war gleichsam der Wehrturm, in den sich der Belagerte schließlich zurückzieht, letzte Zuflucht bei äußerster Gefahr.

Noch in der Frühe dieses Tages war er in einem Brombeergestrüpp eingeschlafen, am selben Ort, wo er einem in den Bau zurückkehrenden

Hasen mit einem meisterlichen Biß das Rückgrat gebrochen und das Fleisch darauf mit Genuß verzehrt hatte. Dort schlummerte er, als ihn die Schelle von Miraut, Lisées Hund, erbarmungslos aus dem Halbschlaf riß, in den ihn die angenehme Wärme der Frühlingssonne und die Behaglichkeit befriedigten Appetits versenkt hatten.

Unter allen Hunden des Bezirkes, die, einer nach dem anderen, ihn im Schutze des Morgengrauens und des herbstlichen Taues gejagt hatten, kannte Reineke keinen erbitterteren Feind als Miraut. Durch teuere und harte Erfahrungen gewitzt, wußte er, daß dem anderen gegenüber alle List umsonst war. Sobald das Tönen seines Gebells oder das Klingeln der Schelle sein Herannahen verriet, machte er sich schnurstracks, so schnell ihn seine kraftvollen Läufe trugen, davon, und um Lisée irrezuführen, schlug er fernab, entgegen dem Instinkt aller Füchse und entgegen seinen sonstigen Gewohnheiten, einen gewaltigen Bogen, lief die Wege nach Hasenart, sauste schließlich, nach Moraies zurückgekehrt, den Geröllhang herab bis zu seinem Loch, überzeugt, daß seine Läufe dem Feinde nicht genügend Witterung hinterlassen hatten, um zu ihm vorzudringen.

Es war dies sein jüngster Trick, von dem er sich bislang durch keinen unangenehmen Vorfall hatte abbringen lassen, und auch an diesem Tage war er ihm wie gewöhnlich geglückt. Dennoch war Reineke keineswegs ruhig, denn es war ihm, als sähe er, keine zehn Sprünge vom Pfad entfernt, hinter dem Stamm einer Buche verborgen, die Gestalt des Wilderers Lisée, Mirauts Herrn.

Reineke kannte ihn gut. Aber diesmal war er nicht beim Krachen des Schusses, der jedesmal die Begegnung der beiden Feinde ankündigte, aufgefahren; er hatte nicht den schnellen und schneidenden Wind der Bleikugeln um seine Ohren pfeifen hören, dieser Bleikugeln, die sogar in den Winterpelz Wunden schlagen, die brennender und tiefer sind als die der großen Schlehdornsträucher. Reineke wußte nicht, woran er war, und aus dieser Unsicherheit war die unbestimmte Unruhe gekommen, der schützende Instinkt, der ihn in der Höhle, am Rande der geahnten Gefahr festhielt, ehe diese zur schmerzlichen Gewißheit werden konnte.

Tief drinnen im Felsen versteckt, hatte er verdächtige Geräusche wahrgenommen, die freilich nur von den durch seine Läufe in Bewegung gesetzten, rollenden Kieseln herrühren konnten. Aber ein seltsames Gestell, das er noch niemals zuvor bemerkt hatte, schien gegen diese einfache Erklärung zu sprechen.

Reineke witterte eine Falle. Er war Lisées Gefangener.

2

Reineke schien starr und teilnahmslos wie eine Sphinx. Aber über das Fell seiner Vorderläufe liefen leichte Schauer, die Spitzen der Lauscher zitterten bei den stärkeren Geräuschen der Nacht, und beim kurzen Aufleuchten der Augen weitete sich die längliche Pupille unter dem halbgesenkten Vorhang der Lider. Alles war in ihm bis zum äußersten gespannt.

Die ganze Nacht hielt das tiefe Sinnen des alten Gauners an. Übrigens zwang ihn nichts, von hier fortzugehen. Sein an häufige und lange Hungerkuren gewöhnter Magen, der gerade am Morgen durch die Mahlzeit, deren Kosten der Hase getragen hatte, vollgestopft worden war, verleitete ihn geradezu, den selbstgewählten Zufluchtsort, der ihn so oft in den gefährlichen Stunden seines Lebens geschützt hatte, nicht zu verlassen.

Wenn auch die Nacht ihm eher verbündet zu sein schien, war er doch zu mißtrauisch, um den hinterhältigen Beistand ihres Schweigens und Dunkels in Anspruch zu nehmen. Er wartete lieber den nächsten Morgen ab, in der leisen Ahnung, daß er die Wendung bringen mußte, die seinen Verdacht bestätigte oder seine Hoffnungen bekräftigte. Dann würde er sich entscheiden, was er tun solle.

Stunde folgte auf Stunde. Das Mondlicht wurde glänzender und zeichnete auf dem schwarzen Himmel die noch schwärzeren Umrisse der Äste ab, an deren Enden die schwellenden Knospen der unsichtbaren Zweigspitzen gleichsam leichte Nebelschleier über den Wald legten. Lange Reihen von in gleiche Richtung gelegten Zweigen, die die Holzfäller nach dem Steigen der Säfte geschnitten hatte, breiteten weithin sterbende Schößlinge über den Boden. Die Amseln, die noch in der Abenddämmerung an Munterkeit miteinander gewetteifert und ihre harmonischen Gesänge in alle Himmelsrichtungen geschmettert hatten, schwiegen schon lange. Nur der trommelnde Wind rollte geduldig und ohne Unterlaß durch die Äste, hier und da durch das Klagen des Käuzchens und den Schrei der Eule untermalt, indes aus der zeugungshungrigen Erde ein unbestimmter, feiner und scharfer Geruch aufstieg, der alle Walddüfte im Keime zu enthalten schien.

Als der Morgen anbrach, erschien der Mann, und ihm voraus sprang Miraut. Reineke hörte vor der Höhle das Schnüffeln des ihn witternden Hundes und den kräftigen Fluch des Wilderers, der an der wohlbekannten Geduld und Ausdauer des Fuchses die Wertminderung des Silberpelzes abschätzte, den er seinem endlich gefangenen Opfer vom Leibe zu ziehen gedachte.

Reineke indessen fuhr sich mit seiner roten Zunge über die kecke Spitzbubenschnauze, war froh, der unmittelbaren Gefahr entronnen zu sein, und sann auf Mittel und Wege, sich seinem Feinde zu entziehen.

Nur zwei Möglichkeiten gab es. Entweder er mußte fliehen, oder aber er mußte, dem Hunger trotzend, die Geduld des Kerkermeisters erschöpfen, so daß dieser vielleicht an eine wirkliche Flucht glauben und die Falle wegnehmen würde. Die zweite Taktik war eine Lösung für den Notfall, und so gab Reineke zunächst der ersten den Vorzug.

Da die Falle ihm den Ausgang verwehrte, untersuchte er gewissenhaft mit Pfote und Schnauze die Wände seines Gefängnisses. Die Prüfung war kurz: hinten Fels, oben Fels, rechts und links Fels; jeder Versuch war zwecklos. Nach unten drückten sich die Krallen seiner Pfoten halbkreisförmig in eine Schicht schwärzlicher Muttererde ein. Lag dort etwa die Rettung? Und sogleich begann er, mit dem Mut und der Ausdauer eines Verzweifelten die weiche Erde aufzuwühlen. Bei Tagesende hatte er ein Loch gegraben, das gut einen Fuß tief und so groß wie sein eigener Körper war, als die Krallen seiner angestrengten Pfoten über etwas Hartes kratzten ... das war Stein! Reineke grub weiter ... wieder Stein! Er scharrte unentwegt, er scharrte die ganze Nacht, immer hoffend, im Fels den rettenden Spalt zu finden ...

Allmählich, in einer unerbittlichen, grausamen Kurve, stieg der Felsboden unmerklich wieder an, bis er den Eingang des Schlupfwinkels erreichte. Aber Reineke in seinem Fieber merkte es nicht. Er scharrte und scharrte wie wahnsinnig ...

Drei Tage und drei Nächte scharrte er, biß sich wütend in die Erde, die Schnauze voll schwärzlichen Speichels, wetzte sich die Krallen ab, brach sich die Zähne, scheuerte sich die Schnauze wund, wühlte das ganze Erdreich der Höhle um. Erbarmungslos spannte der Felsen seine undurchdringliche Steinhaut aus, und der unglückliche, ausgehungerte, inmitten der jämmerlich aufgeworfenen Erdmasse fieberhaft arbeitende Gefangene brach zusammen, nachdem er bis zur völligen Erschöpfung seiner Kräfte gekämpft hatte. Er verfiel in einen zwölf lange Stunden währenden bleiernen Schlaf, wie er immer auf große Niederlagen folgt.

3

Unter dem heftigen Ziehen seines seit langem leeren Magens erwachte Reineke, um ihn herum die trübselige Unordnung seiner Behausung. Ein klarer Morgen lachte jenseits des Felsspalts, die Knospen sprangen auf, in allen Tönen prangendes Grün kündete von der Freude, unter der Sonne zu leben, und die Gesänge der Rotkehlchen und Amseln erfüllten den Raum mit einer Freiheitssinfonie, die in den Ohren des Gefangenen schauerlich widerhallen mußte. Das Gefühl der Wirklichkeit drang in sein Hirn wie der Biß in den Bauch eines Hasen, und ganz in sein Schicksal ergeben, streckte er sich auf allen vieren so bequem wie möglich aus, um zu träumen, zu hungern und zu warten. Und da, gerade vor ihm, ein entsetzlicher Spuk, eine höhnische Herausforderung für seine Geduld, ragte die Falle empor.

Es war eine roh gezimmerte Falle, die Lisée da ersonnen hatte. Zwei wie die Holzstützen eines Schafotts anmutende Pfosten trugen eine Eichenplatte, die jene nach oben zu verlängern schien. Geriet jedoch ein Eindringling in diesen verhängnisvollen Durchgang, so glitt dank einer sinnreichen Vorrichtung die an den Seiten geschärfte, verräterische Eichenplatte gleich einem

Fallbeil in einer in den Pfosten ausgesparten Rille herab und brach ihm das Rückgrat.

Dann wieder, vom Hunger angetrieben, genoß Reineke aufs neue die wollüstige Erinnerung an ungestörte Schmäuse, rief er Bilder von Gelagen von Fleisch und Blut in sich wach, um schließlich, sich bescheidend, an die einfachen Speisen der Wintertage zu denken, an die verendeten Maulwürfe, die er am Wegrand verschlang, an die roten Beeren, die er von kahlen Sträuchern herunterholte, an die Holzäpfel, die er unter dem feuchten, modrigen Laub entdeckte.

Wie viele Hasen hatte er an den Schnittpunkten der Gräben, an den Kreuzungen der Feldwege gepackt, wie viele Junghasen in den Klee- und Luzernefeldern erlegt, und die Rebhühner, die er in ihren Nestern überrumpelt, die Eier, die er gierig ausgeschlürft, die Hühner, die er verwegen hinter den Bauernhöfen geschnappt hatte, ständig in Gefahr, von den Hunden und den Flintenschüssen der Bauern erwischt zu werden!

In furchtbarem Gleichmaß schleppten sich die Stunden hin, und erneutes Magenreißen vergrößerte seine Leiden.

In stoischer Reglosigkeit, den Magen gegen den Boden gedrückt, als wolle er ihn zusammenpressen, entsann sich Reineke, gleichsam um seine Schmerzen zu vergessen, der vergangenen Gefahren, denen er entronnen

war: der Fluchten unter dem Hagel der Bleikugeln, der Haken, die er geschlagen hatte, um die Hunde von der Fährte abzubringen, der Giftkügelchen, die seinen Hunger in Versuchung geführt hatten. Aber mit besonders erschreckender Deutlichkeit trat ihm aus der Tiefe der schlimmen Tage wieder eine Winternacht vor Augen, die sich ihm in allen Einzelheiten eingeprägt hatte. Er durchlebte sie noch einmal von Anfang bis Ende, wie sie so auf dem hellen Bildschirm seines zuverlässigen Gedächtnisses vorbeizog ...

Die Erde ist ganz weiß, die Bäume sind ganz weiß, und die hart funkelnden Sterne ergießen über den lichten Himmel eine ungewisse, kalte, fast böse Helligkeit. Die Hasen haben ihren Bau nicht verlassen, die Rebhühner sind nahe an die Dörfer herangekommen, die Maulwürfe schlafen im tiefsten Schlupfwinkel ihrer unterirdischen Gänge. Keine gefrorenen Schlehen mehr an den Sträuchern der Bergschluchten, keine Holzäpfel mehr an den Apfelbäumen des Waldes, nichts, nichts als diese glitzernde, von kristallenen Plättchen mattschimmernde Weiße, die, vom Frost noch verschärft, durch den dicken Pelz bis in die Haut dringt.

In der Ferne schläft im Schutze seines blechbehelmten Kirchturms das Dorf. Dorthin wendet sich Reineke. Er umschleicht es vorsichtig, zieht dann, von der Hoffnung auf Beute angetrieben, seine Kreise enger und nähert sich langsam.

Kein Laut, höchstens von Viertelstunde zu Viertelstunde der dünne, verloren in die Stille fallende Ton der Kirchturmuhr oder das metallische Geräusch der Ketten, an denen die im Schlaf gestörten Ochsen rütteln.

Ein starker Fleischgeruch dringt bis in Reinekes Nase; ohne Zweifel irgendein krepiertes, liegengelassenes Tier, dessen beginnende Verwesung seinen beutegierigen Geruchssinn angenehm kitzelt.

Vorsichtig streicht er im Schutz der Baumschatten an der Umfassungsmauer entlang und gelangt bis auf wenig Sprünge bis zu der Stelle, wo er das Aas liegen wähnt, einen braunen Klumpen auf dem jungfräulichen Weiß des Schnees.

Das Haus gegenüber liegt in tiefem Schlummer; ein stummes, weitgeöffnetes Fenster scheint von seiner Verlassenheit zu zeugen. Aber Reineke ist argwöhnisch. Von seiner triebhaften Logik ermuntert, jagt er mutig in den freien Raum und rennt ohne Aufenthalt an dem Kadaver vorbei, die Augen auf das verdächtige Fenster geheftet. Ein anderer als er hätte nichts wahrgenommen, aber der scharfe Blick des alten Waldgängers hat in der oberen Ecke einer Fensterscheibe einen winzigen rötlichen Schein leuchten sehen. Das genügt, er hat verstanden.

Der Mann da hinten mag seine Büchse spannen und anlegen, die Bleikugeln können ihm nichts anhaben – denn Reineke ist überzeugt, daß hinter dem schweigsamen Fenster ein Mann auf der Lauer liegt. Um Schlaf vorzutäuschen, hat er die Lampe gelöscht, aber die Windlöcher seines Ofens, die er zu schließen versäumte, haben seine Anwesenheit verraten, und da Reineke in der Nacht Schüsse schon gehört hat, weiß er jetzt auch, warum jener aufpaßt. Wie viele seiner Gefährten, die weniger mißtrauisch waren als er, mochten ihr Leben gelassen haben, weil sie sich so unvorsichtig in die Schußweite des Mörders begaben! Und Reineke sieht alle diese Dramen wieder vor sich: wie der Mann ruhig wartend in seinem geheimnisvollen Haus sitzt und, auf die bejammernswerte Lage der Tiere spekulierend, ihrem Hunger etwas zur Befriedigung vorsetzt, bis er im gegebenen Augenblick im Schutze des helfenden Schattens seine Opfer durch das halbgeöffnete Fenster erschießt.

Dort sind seine Waldbrüder umgekommen, die, weil sie weniger fest waren als er, sich zu weit an das Dorf heranwagten und die er niemals wiedergesehen hat.

Und Reineke trippelt, immer verborgen, wieder seinem Walde zu, als oben auf einer Mauer die Silhouette einer Katze sich im Licht abzeichnet. Seine großen dunklen Lichter begegnen in der Nacht den funkelnden Augen des Haustieres, und mit einem gewaltigen Sprung jagt er hinter ihm her.

Die Katze weiß genau, daß ihre gefährlichen Krallen wohl die kühnen Hunde zu zügeln, niemals jedoch dem Satz des alten, wilden Gesellen Einhalt zu gebieten vermögen und daß auch die Flucht sie vor Reinekes Zugriff nicht bewahren kann. Ein Apfelbaum indessen steht nahebei. Sie erreicht ihn, klettert schon hoch, aber ein kurzer Biß packt sie und liefert sie ihrem Feinde aus. Der macht ihr den Garaus. Die stille Nacht hallt wider von einem langen, unheimlichen Miauen, einem Todesjammern, das am Eingang ihrer Hütte oder drinnen im Stall alle Hunde des Dorfes und der benachbarten Höfe noch lange Zeit anschlagen läßt ...

Und noch andere Erinnerungen jubelten oder bebten in ihm, indes die Stunden sich einförmig aneinanderreihten und die Tage sich endlos dehnten.

Dann wurden Reinekes Vorstellungen unbestimmter, verworrener. Unter schrecklichen Alpträumen verwoben sich Erinnerungen an fette Mahlzeiten mit Bildern des Grauens. Hasen drehten sich in phantastischem Reigen um ihn, gaben Schüsse ab, die seine Haut zerhackten, und rissen ihm lange Fetzen aus dem Fell, ohne ihn jedoch ganz zu töten.

Er wurde von einem heftigen Fieber gepackt. Seine sonst so kalte schwarze Schnauze wurde heiß, seine Augen röteten sich, seine Flanken schlugen, seine lange, schmale Zunge hing ihm wie ein feuchter, zerknitterter Lappen aus dem Maule, und von Zeit zu Zeit perlte auf ihr, am Ende einer in der Mitte laufenden Rinne, ein Schweißtropfen, den er mit einem hastigen Ruck zurückbeförderte, um seinen glühenden Rachen zu kühlen.

Die Zeit entfloh. Reineke hatte die Falle gewittert und, um ihr zu entgehen, die Gefahr begreifen wollen, aber das Gehirn eines Waldgängers verstand sich nicht auf die Maschinen der Menschen. Diesem Unbekannten, das so beklemmend geheimnisvoll war, hatte er den im sicheren Schlupfwinkel ausgestandenen Hunger vorgezogen.

Eines Morgens jedoch freute er sich und glaubte an seine Befreiung. Der Mann erschien. Er verweilte einige Augenblicke, hantierte etwas herum und ging wieder; doch der schreckliche Fluch beim Weggang ließ nur eine sehr schwache Hoffnung in Reineke zurück. Lisée hatte bloß die Falle überprüft, und er kam jetzt, in Erwartung der bevorstehenden Schlußphase, jeden Tag in der Frühe her. Während dieser Zeit wurde Reineke mehr und mehr vom Fieber gequält. Bald lag er viele Minuten lang verzweifelt keuchend ausgestreckt am Boden, bald stand er auf und strich in seinem Kerker umher, um einen Ausgang zu suchen, den er immer ersehnte, aber niemals entdeckte.

Die Mondsichel, ein Mond im letzten Viertel, stieg über den Horizont, ein roter Mond. War es nicht ein Stück blutigen, rohen Fleisches, das eine grausame Macht auf einer Wolkenbank über den Himmel zog? Unentwegt streckte Reineke seinen mageren Hals, seine abgezehrte Schnauze danach aus, richtete er seine aufgerissenen Augen darauf. Wie am ersten Tage seiner Gefangenschaft hallte das Horn des Windes, eines gewaltigen Atems, durch die grünen Fluren, und Reineke war es, als höre er das anwachsende und abschwellende Gebell einer ungeheuren, sich langsam nähernden Meute. Dann wieder erschien ihm das Sausen in seinem Kopf wie das Rauschen einer Quelle, und um seinen unersättlichen Durst zu löschen, drehte er sich unaufhörlich um sich selber und suchte überall das Wasser, das klare Wasser, das er endlos schlürfen wollte.

Der Morgen des elften Tages breitete eine milchige Helle über den nahen Hochwald. Es mußte zum Ende kommen. Plötzlich war Reineke entschlossen, spannte in einer düsteren Anstrengung seine elenden, dürren Läufe, setzte, ohne um sich zu schauen, zu einem Verzweiflungssprung an und stürzte dem Unbekannten entgegen ...

4

Mit scheinbar schweren, dennoch raschen Schritten kam Lisée an diesem Tage, wie übrigens an jedem vorausgegangenen, die enge Schlucht herauf, wo seine derben Nagelschuhe durch harten Druck einen schmalen Pfad getreten hatten, der zu Reinekes Gefängnis führte. Als gut abgerichteter Hund war ihm der treue Miraut einige Sprünge voraus. Für gewöhnlich überschritt dieser beim Spüren niemals einen bestimmten Abstand, der durch lange Gewohnheit und gegenseitiges Einvernehmen geheiligt war. Aber diesmal mußte Lisée seinen alten Gefährten durch wiederholt kurze Pfiffe an die früheren Abmachungen erinnern.

Die Nase im Wind, mit wedelnder Rute, witterte Miraut eine Beute, und Lisée, der an Reinekes Geschick dachte, rieb sich vor Freude die groben, schwieligen Hände. Dennoch beschleunigte er seinen Schritt nicht und setzte seinen Weg fort bis zur Höhle, wo der vorausgeeilte Hund, auf allen vieren aufgepflanzt, die Schnauze vorgestreckt, das Auge unbeweglich, den Körper niedergeduckt, die Rute hochgestellt, nur auf die Ankunft und das Zeichen seines Herrn wartete, um loszuspringen.

Unter dem Gewicht der herabsausenden Eichenplatte lag der magere, halbgeschorene Reineke auf der rechten Seite, das Hinterteil in der Falle, die ihn an den Keulengelenken erwischt und ein wenig umgeworfen hatte, so daß das Rückgrat des Flüchtigen vor einem tödlichen Stoß bewahrt worden war. Weißer Schleim kam aus den Nüstern, und seine großen roten, triefenden Augen hatten sich unter dem Aufprall geschlossen. Er verlor die Besinnung. Eine Viertelstunde lag er so, als Lisée erschien.

Ein böses, verächtliches Lächeln bewies, daß der Triumph des Siegers dadurch gemildert wurde, daß ihm der Wert des Besiegten recht gering erschien. Das Fell taugte nichts mehr, und welcher arme, noch so ausgehungerte Teufel hätte, nachdem er gewohnheitsmäßig das Fleisch, um ihm einen Teil des Wildgeruchs zu nehmen, hatte gefrieren lassen, sich wohl an einem so schäbigen Balg vergriffen!

Plötzlich sah der sein Opfer aufmerksam betrachtende Wilderer, wie die Flanken des Fuchses zitterten. Offenbar war er nur besinnungslos. In Lisées Hirn keimte augenblicklich ein Gedanke, ein von Rache und tollem Spaß erfüllter, grimmiger Gedanke.

Immer noch ohne ein Wort zu sagen, band er seinem Hund das Halsband ab, legte es darauf Reineke um den Hals und kramte in den Taschen einer alten halbwollenen Hose, die stellenweise den bläulichen Baumwollfaden durchschimmern ließ. Mit den herausgezogenen Bindfadenresten fertigte er sehr rasch einen haltbaren Maulkorb, in welchen er die Schnauze des alten Schlaubergers steckte, band ihm mit einem Taschentuch die Hinterläufe zusammen, baute die Falle ab und versteckte sie in einem nahen Gestrüpp. Dann packte er Reineke mit den Händen an seinen vier Pfoten, warf ihn wie ein Kummet über die Schulter und machte sich mit seinem raschen, schweren Schritt wieder auf den Weg nach dem Dorf. Miraut lief hinterher, das Auge unverwandt auf die spitze Nase geheftet, die auf der Schulter des Mannes hin und her baumelte. Das Gleichmaß des Marsches, die Sonnenwärme, die balsamische, reine Luft dieses schönen Frühlingsmorgens gaben Reineke allmählich die Besinnung zurück.

Zuerst war es ein ganz sanftes Gefühl der Erleichterung und Gehobenheit, das ganz und gar abstach von dem wilden Schmerz und der gräßlichen Angst, die er empfunden hatte, als er die zupackende Falle spürte. Dann weckte die unter dem Andrang der frischen, wohlriechenden Luft erfolgende

Weitung seiner Lunge die ebenso angenehme Erinnerung an die Zeiten des ungebundenen Herumstreichens in den Wäldern. Endlich bedeutete es für ihn eine kaum bewußte Lust, durch die Nebel des Schlafes hindurch das belebende Licht wiederzusehen und sich an der über den Horizont steigenden prächtigen Sonne zu erfreuen.

Aber in dem Maße wie ihm das Bewußtsein zurückkehrte, änderten sich die Empfindungen. Anfangs waren es ein lästiger Druck an Bein und Hals und ein Gefühl der Schwere in seinem Kopf; dann drang ein fremder Geruch, der Geruch von Mensch und Hund, ziemlich aufreizend in sein gedächtnisloses Hirn und brachte ihn jäh zur Wirklichkeit zurück. Er riß seine fiebrigen Augen auf und sah alles: den Mann, der ihn trug, den Hund, der ihm folgte, seine von den rauhen Händen des Wilderers festumschlossenen Läufe und in der Ferne das Dorf mit seinen Schindeldächern, dieses geheimnisvolle, von Fallen und Feinden strotzende Dorf.

Instinktiv bäumte sich alles voller Verzweiflung in ihm auf; er spannte seine Muskeln gewaltig in dem Versuch, von Lisée loszukommen und quer durch den Wald Reißaus zu nehmen. Aber der Mann war auf der Hut. Er preßte seine knorrigen Fäuste noch fester, so daß die Beine des Unglücklichen noch stärker gequetscht wurden, und Miraut tat seinerseits durch bedeutungsvolles Knurren seine unerbittliche Wachsamkeit kund.

Aber eine noch entsetzlichere Angst ließ Reineke alles vergessen: Hunger, Durst und Qualen peinigten ihn aufs neue. Die Gefahr hatte eine andere Gestalt angenommen, dafür war sie unmittelbarer, gewisser, noch schrecklicher. Fast trauerte er den gräßlichen Stunden nach, wo er in seinem Loch vor Hunger schier umzukommen drohte, und fragte sich, welche Marter ihm wohl noch bevorstünde, ehe er stürbe.

Schon sah er sich an allen vieren aufgehängt, dem Biß der Hunde ausgeliefert und Lisées Flintenschüssen als Zielscheibe dienend. Er sah sich mit halbzerschundenem Fell, mit zuckendem Leib und gebrochenen Knochen, und glaubte zu spüren, wie von irgendwoher die spitzen Bleikugeln kamen und sich in seine Muskeln bohrten, die Kugeln, die wie ein nicht herauszureißender Dorn sind und Löcher machen, aus denen das Blut fließt, immerzu fließt, unaufhörlich und unabänderlich.

Miraut zeigte schon seine spitzen Zähne. Um diese Herausforderung zu erwidern, rümpfte auch Reineke die Nase und ließ durch die Maschen des Maulkorbs das blasse Zahnfleisch sehen, aus dem sich die scharfen Eckzähne schoben. Oh, wie gern hätte er den Henker, der ihn da trug, gebissen! Aber der war sich seiner Sache sicher und setzte als mitleidloser Spaßvogel still lächelnd seinen Weg zum Dorfe fort.

Reineke vernahm von dort schon die Geräusche. Er kannte sie fast alle, weil er früher die von ferne beobachteten Laute zu unterscheiden gesucht hatte. Einige ließen ihn gleichgültig; andere berührten schon eher das Leben eines Jägers von Katzen und Freundes von Hühnerhöfen; noch andere endlich, die schlimmsten, gemahnten ihn daran, daß der Mensch und sein getreuer Diener, der Hund, Feinde waren, mit deren Großmut er niemals rechnen durfte. Zu dieser Art von Lauten gehörten das Brüllen der Kühe, das Quietschen der Wagen, das Glucksen des Federviehs, das Bellen der Hunde und die schrillen Schreie der vor den Häusern spielenden und sich zankenden Jungen. Der Besiegte sah sich schon von einer wilden Horde, einer dreifachen unüberwindlichen Mauer von Feinden umzingelt und spürte mehr und mehr seinen unaufhaltsamen Untergang.

Zu seinem Glück bewohnte Lisée ein etwas abgelegenes Häuschen. Er verschwand in einem von zwei Weißdornhecken umsäumten Gäßchen, in dem einige Lausbuben, die gerade Veilchen pflückten, das da mitgeführte seltsame, böse Tier bestaunten und es bis zur Wohnung des Mannes begleiteten.

Mit einem Strick band er Reineke in der Ofenstube am Fußende des Bettes fest und aß eine Schüssel voll dampfender Suppe, die ihm seine Frau vorsetzte. Dann ging er seiner täglichen Arbeit nach und ließ in Mirauts Obhut den alten maulkorbbehängten Rotrock zurück, der jeden Augenblick darauf gefaßt war, daß der Hund auf ihn losspringe und ihn zerrisse.

Es geschah indessen nichts. Miraut begnügte sich damit, sich nahe am Ofen auf einem Leinensack zusammenzurollen, indem er von Zeit zu Zeit dem anderen haßerfüllte Blicke zuwarf, ganz der ihm aufgetragenen Verantwortung eingedenk.

Kinderlärm, Schreie, Wortwechsel, Lachen hüllte den Gefangenen in eine angstvolle Stimmung. Alle Dorfjungen – sie waren von denen, die schon etwas gesehen hatten, herbeigeholt worden – versammelten sich vor dem Hause, in der Hoffnung, auch etwas zu erspähen. Manchmal kletterte ein besonders Kühner bis zum Fensterrand empor und wagte einen raschen Blick in das geheimnisvolle Innere. Da er nichts gesehen hatte, entzog er sich den Fragen der anderen durch ein Schweigen voller Heimlichkeit.

Durch diesen Lärm fühlte sich Reineke bedroht. Eine zunehmende Niedergeschlagenheit befiel ihn, und von so vielen Geschehnissen verwirrt, wußte er schließlich nichts mehr und verlor beinahe die Besinnung. Er merkte nicht, wie der Tag sich neigte; aber er begann zu zittern, als der Wilderer mit einigen anderen Feinden zurückkam, die ebenso rochen wie er und aus ihren Pfeifen lange, blaue Rauchschwaden stießen. Sie lachten alle.

Tabakgeruch war Reineke fremd; er drang ihm in Nase und Kehle wie der würgende Vorbote des Todes. Das Lachen begriff er nicht. Der beobachtende, schlaue Miraut wußte, daß dieses Gebaren seines Herrn gleichbedeutend war mit Zärtlichkeit und guten Bissen. Wie viele seiner Artgenossen versuchte er, seine Lefzen mehr oder weniger anmutig hochzuziehen, um dem Manne seine gute Laune und seine Unterwürfigkeit zu bekunden. Auf derlei Dinge verstand sich jedoch der alte Wildling nicht. Er sah bei alledem nichts anderes als die vom Tabak gelbgefärbten Zahnstümpfe inmitten gräßlicher Kinnladen und Bäuche, die sich bewegten, als wollten sie selber nach einer begehrten Beute schnappen.

Reineke vermochte nur eine Beziehung herzustellen zwischen diesen aus dem Munde hervorspringenden Zähnen und den wippenden Bäuchen, und das bedeutete für ihn furchtbare Gefahr und Bedrohung.

Lisée redete und gestikulierte, und die Münder wurden größer, die Zähne länger, die Gesichter schrecklicher, und die Bäuche hüpften stärker. Das Ende war nahe!

Ruhig, als gelte es, die letzten Vorbereitungen zu treffen, setzten sich die Männer hin, während Lisée die Instrumente zurechtlegte, die zur Marter des Verurteilten dienen sollten. Dieser drückte sich in die Bettecke und suchte vergebens sich zu verbergen; am liebsten hätte er sich unsichtbar gemacht.

Endlich schien der Wilderer fertig zu sein. In der einen Hand hielt er so etwas wie eine schwarze metallene Kinnlade, in der anderen eine kleine, hohle metallene Kugel, die oben zwei runde, den Augen eines Tierleichnams ähnelnde Löcher aufwies und unten einen breiten Spalt, der einem von boshaftem Lachen breitgezogenen Munde glich.

Plötzlich stürzte er auf Reineke zu und klemmte Brust und Hals zwischen seine Knie. Dieser dünkte sich verloren, und nach einem vergeblichen Versuch des Aufbegehrens, nunmehr ohne die leiseste Hoffnung, ergab er sich in sein Schicksal. Er spürte, wie der kalte Eisendraht sich um seinen Hals legte, sah, wie die metallene Kinnlade, die Stahlzange, sich jäh an den Draht preßte, und erschauerte unter dem neuen Halsband, das sich unbarmherzig enger und enger um seinen Hals spannte. Man wollte ihn erwürgen!

Lisée jedoch fuhr mit dem Finger zwischen Hals und Eisen, hielt mit der Marter inne, machte Mirauts Halsband ab und warf es fort. Darauf packte er den verdutzten Reineke an der Metallkugel und schleifte ihn unter dem wilden und erbarmungslosen Geheul der Männer zur Tür.

In Richtung des Pfuhls, von wo wie kristallenes Knattern der Gesang der Kröten herüberschallte, zerrte er Reineke vor das Haus, und ehe der begriff, was vor sich ging, stieß ihn Lisée mit einem gewaltigen Fußtritt in den Hintern weit hinaus in die Nacht.

5

Reineke gab sich keine Mühe, das alles zu verstehen. Er rannte vielmehr instinktiv, so wie der aus dem Wasser geratene Fisch nach seinem Fluß zurückhüpft, in höchster Geschwindigkeit dem heimatlichen Wald zu. Aber o Graus, Mirauts Schelle, die unselige Schelle, die nämliche, die ihn im Dorngestrüpp von den letzten Resten eines Hasenmahles aufgescheucht hatte, sie folgte ihm auf seinem Lauf. Nein, es war keine Sinnestäuschung, es war wirklich die Schelle, deren dünne, abgehackte Töne sich deutlich von dem mit dem Knistern von Insekten vermischten Summen der Stille abhoben.

Miraut gab nicht Laut; nicht wie sonst, wenn er seine Fährte verfolgte, ertönte das langgezogene, gleichmäßige Gebell, das von allen Echos des Waldes zurückgeworfen wurde. Aber diese lautlose Verfolgung war infolge des Geheimnisses, das sie umgab, nur noch schrecklicher, närrischer. Sicher war ihm der Hund dicht auf den Fersen, vielleicht war er schon im Begriff, ihn zu packen, und jeden Augenblick glaubte Reineke zu spüren, wie ihm ein spitzer Zahn in die Haut fuhr, glaubte er das Rauschen der sausenden Beine des ihn zu fassen suchenden Spürhundes und den fliegenden Atem seiner keuchenden Lungen zu vernehmen. Es war ein Kampf der Schnelligkeit, ein verzweifelter Kampf, aus dem derjenige als Sieger hervorgehen mußte, welcher am stärksten, am ausdauerndsten war.

Unterdessen heftete sich das Glöckchen, ohne an Boden zu gewinnen oder zu verlieren, unentwegt an Reinekes Fersen. Es war ein heroischer, aber ungleicher Kampf. Auf der einen Seite der kraftstrotzende, rachedürstende Hund, auf der anderen der durch elftägiges Fasten ausgehungerte, fiebergeschwächte Reineke, der nur aus seinem Selbsterhaltungstrieb heraus die letzten Kräfte zusammennahm, ehe er sich seinem Schicksal überließ.

Mit verdoppelter Geschwindigkeit raste er in die Nacht. Er beachtete nichts, fühlte nichts, sah nichts; er hörte nur die Schelle, deren Bimmelton jedesmal wie ein Peitschenhieb seinen sinkenden Mut anstachelte, seine stolpernden Läufe hochrichtete und die erschöpften Muskeln mit einem stärkenden Öl einzureiben schien.

Der Waldrand war nahe, mit seiner niedrigen Mauer aus bemoosten, stellenweise eingefallenen Steinen, seinem halb zugeschütteten Umlaufgraben. An einer Mauerlücke setzte er über ihn hinweg, nahe einer Grabenöffnung, aus der für gewöhnlich die Hasen kamen, um zu äsen. Ohne zu überlegen, rannte er dort vorbei, getrieben von einer instinktiven Kraft, die ihm einredete, daß der Hund vielleicht von seiner Spur abließe, um einem vor ihnen davonlaufenden Hasen nachzusetzen. Aber Miraut war zäh, und die Schelle läutete immerfort.

Wie ein ungeheurer Bogen von Grün, von dem die untersten Zweige wie Girlanden herabhingen, schien der geradlinige, von den Waldhütern nicht ausgeästete Graben auf eine Schneise aufzulaufen. Durch das Gitter der Zweige funkelten verstohlen die Sterne, in hundert verschiedenen Melodien stimmten die Amseln ihren Abendgesang an, und unzählige Scharen von Maikäfern, die aus den Feldern aufstiegen und nach dem frischen Blattgrün des Waldes schwärmten, ließen ein fernes, verschwommenes, lebhaftes Summen hören, das abwechselnd anschwoll und verebbte.

Reineke floh, floh wie toll und überrannte dabei die Grenzsteine der Gräben, ohne auch nur auf sie zu achten, jagte aus einem in den anderen, jagte vom Buschholz in den Schlag, vom Schlag in die freie Ebene, immer verfolgt von der unversöhnlichen Schelle.

Der Mond ging auf. Reineke gelangte wieder in den Busch, darauf ins dichteste Gesträuch, durch das er als alter, geschickter Waldbewohner schnell wie ein Schatten über eine Wand hindurchhuschte und wo er, im Schutze der Brombeerhecken und der Klematis, den wütenden, ihm nachsetzenden Spürhund von der Spur abzulenken gedachte.

Er rannte an Eichen vorbei, glitt unter das Gewirr von stechenden Brombeersträuchern, ohne seinen irren Lauf zu verlangsamen oder abzubremsen. Er verschwand in Gängen von frischem Pflanzenwuchs, um einige Schritte weiter in den Schein eines Lichtkegels zu tauchen, und immer, immerfort klang der Ton der Schelle hinter ihm her wie ein Totengeläut, ein monotones, unaufhörliches Geläut.

Unter seinen Läufen erhoben sich Tiere, flatterten jäh aufgescheuchte Vogelschwärme hoch gleich schwarzen Hohlräumen, die sich im düsteren Zwielicht des Unterholzes auflösten. Eulen und Käuzchen, vom Ton der Schelle angelockt, folgten mit ihrem schweigsamen Flug der seltsamen Jagd und zogen lautlos über seinem Kopf dahin.

Entschlossen stürzte sich Reineke in das dichteste Gestrüpp. Für einen Augenblick wurde er von einer Waldrebe festgehalten; mit plötzlichem Ruck zerriß er sie und lief weiter – da verstummte der Klang der Schelle. Ein Hoffnungsschimmer durchflutete die Brust des Flüchtigen und spannte seine Muskeln zu neuer Kraft. Sicher hatte ihn Miraut aus dem Auge verloren, und wie ein Pfeil schoß er weiter dahin. Noch etwa zweihundert, dreihundert Sprünge weit lief er durch die erwartungsvolle Stille, dann blieb er plötzlich stehen und schaute sich um, um sich seines Alleinseins zu vergewissern. Noch hatte er den Kopf nicht ganz gewendet, als der dünne, kurze Ton der Schelle aufs neue sein Ohr zerriß und ihn unter allen Schrecken des Zweifels zu einer neuen Jagd durch die Wälder trieb. Er lief die ganze Nacht, pausenlos, bis seine armen, geschwollenen, steifen Beine ihm den Dienst versagten und ihn zu Boden warfen, eine reglose Jammergestalt, ein paar Schritte von einer Quelle entfernt, zu der er mechanisch, halbtot, ohne Blick und ohne Klage, hinrollte.

Und im gleichen Augenblick, als wäre ihr Werk vollendet, schwieg die Schelle.

6

Niemand vermag zu sagen, wie lange Reineke in diesem Zustand völliger Entkräftung, der nicht mehr das Leben, aber noch nicht der Tod war, verharrte. Übermächtig mußte wohl die Lebenskraft des alten Waldläufers sein, da sie ihn nach so langem Fasten, so großen Erschütterungen, Anstrengungen und Leiden aus dem todähnlichen Schlaf erwecken und dem Licht zurückgeben konnte.

Nichts war in dem Chaos von Empfindungen von Bestand. Inmitten der wohltätigen, bergenden Stille um ihn herum, noch ehe sein Magen ihn allzu brüsk in die schmerzliche Wirklichkeit zurückrief, wurde er durch ein lästiges Gefühl am Halse munter: dieses Eisenband von Lisée, auf das sich seltsamerweise sein ganzes Denken richtete und sein weiteres Dasein zu konzentrieren schien. – Konnten denn überhaupt in seinem erschlafften Gehirn zwei Empfindungen nebeneinander Platz finden? Wachte er? Schlief er? Träumte er? Er wußte es nicht. Seine Augen waren geschlossen, er öffnete sie. Er öffnete sie ganz allmählich, ohne sich zu rühren, und ließ sie über die friedliche Landschaft gleiten, die um ihn war. Dann, mit wohlberechneter Langsamkeit, einer Langsamkeit, auf die er sich trefflich verstand, wenn er sich des Abends, von seinem feinen Geruchssinn geleitet, an Scharen von jungen Rebhühnern heranmachte, blickte er um sich. Nichts Verdächtiges gab es, er atmete auf. Wo war denn nun der Hund vorbeigejagt? Wie ein böser Traum war er verschwunden. Hatte er etwa nur einen langen Alptraum gehabt? Aber nein, da war doch das Eisen, der so störende Eisendraht, der zeugte doch von den durchstandenen Schrecknissen seiner furchtbaren Gefangenschaft!

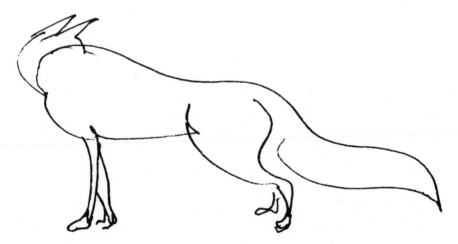

Instinktiv langte Reineke mit der Pfote hin, in der Hoffnung, er könne sich vielleicht davon befreien. Kaum hatte er jedoch den Draht berührt, als die Schelle von neuem erklang, und er sackte wieder zusammen und fühlte, wie ein langer Schauer des Entsetzens über seinen Rücken lief. Zu fliehen vermochte er nicht mehr, die Kräfte fehlten ihm. Mit einem schnellen Blick umfaßte er die ganze Umgebung. Nichts! Dennoch war die Schelle da, ganz nahe! Und plötzlich begann Reineke zu begreifen.

Die Metallkugel mit dem höhnischen Mund und den toten Augen, die Lisée in das am Hals befestigte Eisenband gesteckt hatte, das war die Schelle von Miraut. Mit dieser unheilvollen Schelle war er die ganze Nacht hindurch gerannt, immer der Meinung, er würde von dem Hunde verfolgt. Oh, das war Lisées Rache – sie hatte ihn bei einem achtstündigen nächtlichen Rennen den Kelch der Todesangst bis zur Neige leeren lassen und würde ihn jetzt, da er der Hoffnung und Lebenslust neu zurückgegeben war, unbarmherzig verfolgen, seine Tage vergiften und ihr unseliges Werk allem zum Trotz zu Ende führen.

Schmerzgequält erhob er sich auf seine mageren Läufe, erst vorn, dann hinten, und schleppte sich zu der Quelle, deren ununterbrochenes, gleichförmiges Rauschen einem Schweigen gleichkam, einem singenden Schweigen, mit dessen Melodie die mannigfachen Schreie der Waldbewohner friedlich zusammenklangen.

Lange Zeit – es hörte sich wie das Klappern von Kastagnetten an – schlabberte er das klare Wasser, das er mit seinem Bilde trübte, dem Bilde eines dürren Reineke, den er übrigens nicht wahrnahm, eines Reineke, von dem allein die spitze Schnauze lebte und auf dessen Kopfe die kurzen, schlanken, wie abgelösten Lauscher zwei Zwillingstürmchen glichen, die die Geräusche des offenen Landes erkundeten, immer in der Furcht, daß plötzlich feindliche Laute aus den schweigsamen Weiten auftönen könnten.

Dann wollte er fressen. Da der Wald ihm nicht genügend Nahrung bot, trabte er in die grasige Ebene, aus der hin und wieder die Lerchen wie Freudenstrahlen emporschossen, um aufwärts taumelnd und mit jubilierenden Trillern bis in den Himmel zu fliegen und, trunken von Azurbläue, wieder herabzufallen zur Erde.

Dort würde er sicherlich einige von den Kräutern finden, die er schon immer kannte oder erst später kennengelernt hatte, die Stengel des wilden Sauerampfers, vielleicht ein paar Pilze, die reinigende Quecke oder einige Maulwurfshügel, die er entschlossen anzugreifen gedachte, und wer weiß, vielleicht auch einige halbverweste Leichen von Tieren oder Vögeln, die im letzten Winter umgekommen waren und die noch niemand entdeckt haben mochte.

Aber wie ging ihm doch die Schelle auf die Nerven! Er würde sich freilich ziemlich rasch an das am Halse würgende Eisen gewöhnen, aber der Ton, der ihm wie ein Dorn anhaftete und ihn allzusehr an die überstandenen und noch drohenden Gefahren gemahnte, verdarb ihm insgeheim die große Lust, die er dabei empfunden hätte, das Leben in vollen Zügen zu genießen. Es war das Lösegeld für seine Freiheit, das zu zahlen er bis zum Tode verurteilt war. Und ein wildes Verlangen, es abzuschütteln, quälte ihn.

Manchmal, wenn er auf dem Rücken lag, die Hinterpfoten in der Luft, im Krampf von Energie und Wut, scheuerte er sich mit regelmäßigen,

hastigen Bewegungen mittels der Vorderpfoten den Hals, um die metallene Klammer von Lisées Eisendraht wegzuschieben oder zu zerreißen. Er erreichte nicht mehr damit, als sich den Hals ringsherum völlig wund zu reiben und sich die Krallen abzuwetzen. Die Fessel des Halsbandes lockerte sich nicht einen Zoll, und bei jedem Schlag mit der Pfote schien ihm das Läuten der Schelle wie ein unverschämtes Lachen oder eine höhnische Herausforderung. Reineke suchte sich daran zu gewöhnen, doch vergebens, und ein furchtbarer, nicht zu zügelnder Zorn schnürte ihm die Kehle zu, spannte seine Muskeln an. Und doch mußte er leben!

Er lebte.

Die Kräuter der Ebene, die Früchte des Waldes und die Maikäfer, die er von den Sträuchern schüttelte, lieferten abwechselnd die tägliche Nahrung. Dann waren es die Nester der kleinen Vögel, die er hinter dem grünen Schild der Hecken und unter dem dornigen Gitter der wilden Johannisbeerbüsche auszumachen wußte. Bald schlürfte er Eier aus, bald verschlang er Vögelchen, ganz rote Körperchen, die noch die Augen geschlossen hatten und die Schnäbelchen weit aufsperrten, wenn sie über ihren Köpfen das Rascheln der sich auseinanderbiegenden Zweige hörten. Bis zu den Amselnestern, die auf den unteren Ästen der Haselnußsträucher saßen, vermochte er sich aufzurecken, in den jungen Saaten vernichtete er die Brut von Feldhühnern und Wachteln, und geschützt von seiner Glocke, konnte er, ohne jemand aufzuschrecken, sich sogar bis an die Bauernhöfe heranpirschen.

Besonders haßte er einen Hahn der Grange Bouloie, einen alten Gockel mit kreischender Stimme und plumpen befiederten Beinen, ebenso verschlagen wie er selber, allmächtiger und eifersüchtiger Pascha eines riesigen Hühnerharems. Jedesmal wenn Reineke sich näherte, schien er seine Gegenwart zu ahnen, und mit hochgerecktem Kopf und unter Flügelschlagen ließ er ein zum Sammeln rufendes Kikeriki ertönen, einen hastigen Weckruf, der die Hennen vor der Gefahr warnte und sie in wirrem Durcheinander nach der Hundehütte zurückjagte, wo sie sich in Sicherheit fühlten.

Seit langem schon hatte Reineke des Gockels Tod beschlossen.

Mehrere Tage hintereinander bespitzelte er ihn. Nachdem er seine Gewohnheiten genau studiert hatte, legte er sich eines schönen Morgens hinter einer Hecke auf die Lauer und wartete.

Den Kamm im Wind, das Auge blutrot, das Gefieder gesträubt, nahte Gockel an der Spitze seines gluckenden Gefolges. Aber weder die galante Ungezwungenheit noch die prahlerische Keckheit wie sonst an den Tagen höchsten Selbstvertrauens stand ihm heute zu Gebote; offensichtlich witterte er Gefahr. Reineke ließ seine Schelle ertönen, und dieser häuslich vertraute Ton beruhigte den Gegner. Mit der Geduld des alten Jägers ließ er den anderen Schritt für Schritt näher kommen, und als dieser ganz nahe war und ihm unmöglich entwischen konnte, machte er einen gewaltigen Satz, jagte hinter ihm her, packte ihn und zermalmte ihm mit seinen Kiefern das Genick. Dann schleppte er ihn, stolz über seinen Sieg und den Schelmenkopf hochtragend, unbekümmert um die wilde Hühnerflucht, in den Wald, wo er ihn rupfte und auffraß.

In der Folge brachte er dem dummen Hühnervolk seines Nachbarn, des Bauern, ohne Schwierigkeit große Verluste bei. Aber er ging in so wechselnden Abständen hin, zu so verschiedenen Stunden, daß der andere gar nicht auf den Gedanken kommen konnte, ihn zu überrumpeln. Da der Bauer ihn überhaupt nicht zu Gesicht bekommen und die Identität des Diebes allein am Klang der Schelle festgestellt hatte – von Reinekes Abenteuer wußte er übrigens noch nichts –, beschuldigte er steif und fest Miraut, der Mörder seiner Hühner zu sein, und sprach von nichts anderem, als daß er Lisée ordentlich den Prozeß machen oder seinen Nichtsnutz von Hund totschlagen wolle. Mittlerweile wurde Reineke immer fetter, und wenn er sich auch weitgehend damit hatte abfinden müssen, die Hasen in Ruhe zu lassen, so faßte er doch wieder Vertrauen zum Leben – bot ihm ja das Hühnervolk der Grange Bouloie eine ausreichende Entschädigung dafür.

Eine Sache jedoch bedrückte ihn furchtbar: das war seine Einsamkeit.

Nie seit dem Tage seiner Gefangennahme hatte er einen seiner Brüder wiedergesehen, und nicht ohne tiefe Erregung rief er sich die mutwilligen Neckereien ins Gedächtnis, die kleinen Ohrenbeißereien, die den großen Raubzügen immer vorangingen, oder die durch schwierige Beuteteilung hervorgerufenen großen Streitigkeiten, bei denen unter hochgezogenen schwarzen Lefzen die spitze Reihe mächtiger Zähne herausfordernd aufblitzte.

Nichts, nichts als der Wald. Es schien, als wäre seine Sippe seit dem Beginn seiner Gefangenschaft vom Erdboden verschwunden. Und doch fühlte er ihre ständige Gegenwart um sich. Er gewahrte sie an der Spur, die die anderen Füchse hinterließen, wenn sie die stets feuchten Pfade des Unterholzes entlangstreiften, an dem Druck ihrer Pfoten auf dem Grase der Lichtungen und im Blattwerk der niederen Zweige des Gestrüpps, und vor allem an dem eigentümlichen Kläffen, das ihm die nächtliche Jagd zweier Gefährten meldete. Der eine stellte den Hund dar und gab Laut, einen schwachen, dünnen, etwas heiseren Laut, während der andere in der durch das Gebell angezeigten Richtung sich dort aufstellte, wo der Hase wahrscheinlich vorbeikommen würde; dort würde er ihn würgen, ohne rennen zu müssen.

Diese Stellen kannte Reineke alle, und selten täuschte er sich in der Richtung. Ja, eines Tages, als ihm der Hunger keine Ruhe ließ, hatte er sogar einen von Miraut gejagten Langohr abzupassen und abzuwürgen gewagt. Aber das hatte er niemals wieder getan, denn der Hund, der ebenso schlau war wie er selber und die List des Räubers erriet, hatte sich unverzüglich und mit neuer Energie an seine Verfolgung gemacht. Da Reineke noch seinen Fang schleppen mußte, wäre er unfehlbar eingeholt worden, wenn er nicht klugerweise seinem Feinde die abgelistete Beute, die ihm eine so üppige Mahlzeit liefern sollte, überlassen hätte. Sicher hatte Miraut den Hasen in dem schroffen Gestein, wo er ihn hatte fahrenlassen, aufgestöbert, denn Fellfetzen und Blutspritzer auf dem Geröll sprachen beredt von dem saftigen Schmaus, den er sich selbstsüchtig geleistet hatte.

Natürlich wollte Reineke aus der Jagd seiner Artgenossen Nutzen ziehen, aber nur selten gelang ihm dies. Denn wenn die Schelle jedesmal den auf der Lauer liegenden langschwänzigen Jäger forttrieb, so kam es auch sehr oft vor, daß sie den auf alle Waldgeräusche achtenden rothaarigen Hasen vom Wege abbrachte. Was er jedoch bei dieser Gelegenheit vor allen Dingen ersehnte, das war, die anderen Füchse wiederzusehen, um ihnen begreiflich zu machen, daß er nicht ihr Feind sei. Aber vergebene Mühe – der Einsame vermochte es nicht, seine ungeselligen Brüder zu sich zu locken oder selber zu ihnen zu gelangen. Seinen Rufen ward keine andere Antwort als das Echo, das ihm den kläglichen Schlußlaut seines Gekläffs wie zum Hohn zurücksandte.

Eines Abends erkannte er die Stimme seines einstigen Jagdgefährten, der sich einem anderen, wohl einem Rivalen, zugesellt hatte. Darüber wurde er sehr traurig, denn er fühlte sich von seiner Sippe ausgestoßen. Es war, als sei er für die anderen Füchse tot. Wie oft hatte er nicht, ohne plündern zu wollen, versucht, sich den Jagenden zu nähern! Aber sobald er herankam, schien die Jagd sich in nichts aufzulösen, und alles wurde wieder still. Die Schelle schuf Geheimnis und Leere um ihn.

7

Es kam die Zeit der Liebe.

Auf der Spur hitziger Fähen sog Reineke wollüstige Düfte ein, die seine Kinnladen zusammenschlagen ließen und sein Blut in Wallung brachten. Sein ganzes Innere erschauerte dann vor dem großen Mut, der für die das hochzeitliche Spiel begleitenden Kämpfe erforderlich war. Diese waren der höchste Ausdruck der Feier, und Reineke vergegenwärtigte sich das im Angesicht der verwundeten, beschämten und besiegten Widersacher dastehende zartere, dem Willen des Meisters gefügige Weibchen.

Oh, diese Schlachten im tiefen Walde, diese wilden Raufereien, bei denen die Zähne sich in das Fell bohrten und den Balg blutig bissen, diese vom Aufheulen begleiteten Zweikämpfe, nach denen der Sieger, gleichfalls verwundet und blutend, seinen Triumph auskostete, indes in der Ferne die Unterlegenen immer noch drohend die Zähne fletschten oder verstört und jammernd um das vereinte Paar herumstrichen.

Reineke gehörte zu den Starken; oftmals war er bei den nächtlichen Turnieren Sieger geblieben. Mit einer Wut, die sich angesichts der Unerreichbarkeit des Ziels noch verzehnfachte, folgte er den mannigfachen Fährten, wo die Spuren der Rivalen sich mit der Spur der Liebchen vermengten. Aber das Ziel entfloh, nie erreichbar, denn die verfluchte Schelle, die die Ankunft eines ungebetenen Eindringlings verriet, versöhnte die Nebenbuhler angesichts der gemeinsamen Gefahr und jagte die liebenden Rotten immer in die Flucht.

Jede Nacht lief er herum, gab eine Spur auf und folgte einer anderen, in der letzten Endes immer enttäuschten Hoffnung, daß die Lockrufe, die er dem Weibchen unaufhörlich nachsandte, genügen möchten, es von der Flucht vor dem nahenden Geläut abzuhalten.

Reineke war der Verzweiflung nahe. Er vergaß darüber, Hühner zu stehlen und an den Quellen zu saufen; er wurde von der Liebesleidenschaft zermürbt. In seiner Raserei warf er sich wie an den ersten Tagen seiner Befreiung rücklings auf die Erde, um endlich mit Gewalt das Eisen zu zerbrechen, das seinen Lebenstagen das unauslöschliche Zeugnis menschlicher Grausamkeit aufprägte.

Alles umsonst.

Eines Abends jedoch änderte er seine Taktik. Er hatte soeben die ganz frische Spur eines hitzigen Weibchens gekreuzt, und koste es was es wolle, er wollte zu ihm. Darauf konzentrierte er alle Kräfte, deren ein äußerst erregtes Männchen fähig war. Er mußte die Schelle zum Schweigen bringen! Er wollte es!

Um dies zu erreichen, beschloß er, mit langsamem, geschmeidigem Tritt durch das unentwirrbare Gestrüpp zu schleichen, wobei Kopf und Hals nicht im geringsten bewegt werden durften. Er folgte also Frau Fähe, den ganzen Körper in furchtbarem Krampf gespannt, die Beine gekrümmt, den Kopf halb gesenkt, um die Spur der Gefährtin nicht zu verlieren.

Mit äußerster Vorsicht drang er vor, indem er die erregten Triebe seinem Wunsch und Willen unterordnete. Da war ein Pfad oder ein schmaler Graben, und er mußte sich dazu zwingen, ihn langsam zu überqueren, wo doch in seinem Inneren der unbewußte Selbsterhaltungstrieb seine Lendenmuskeln schon zum Sprunge spannte – oder es kam ein leicht zu fassendes Opfer vorüber, und seine Augen mußten wider Willen seiner hastigen Flucht folgen.

Er stieg über Äste, glitt unter dem niedrigen Gezweig von Büschen hindurch, bald auf den Krallenspitzen, bald flach auf den Boden gedrückt. Er ging langsam, unruhig, mit schwindelndem Kopfe und unter starkem Herzklopfen, und spürte, je näher er kam, wie der wollüstige Geruch ihm die Sinne verwirrte. Er hütete sich vor der geringsten Bewegung seines Halses, vor dem leisesten Erzittern der Schelle. Er langte an.

Mitten auf einer mondhellen Lichtung stritten sich zwei Männchen um das Weibchen, das ihnen ruhig zusah. Unter dumpfem Brummen bohrten sich die Hakenzähne in den Balg des Gegners, krampften sich die steifen Läufe um Rücken und Kreuz, es floß Blut, und grimmig funkelten die Augen.

Auf der schmalen Lichtung, einer wieder mit Gras bewachsenen Stelle eines Kohlenmeilers, lief das Weibchen unbekümmert um die Rivalen herum und schaute ihnen aus halbgeschlossenen Augen zu, wobei die Rute hin und her pendelte wie die Schleppe einer Frau.

Die Fähe kam an Reineke vorbei, witterte ihn und näherte sich, und er, ermutigt und erregt, begann, obwohl er den Hals zwangsläufig steif hielt, mit einleitenden Zärtlichkeiten den Liebesakt, ohne zu sehen und zu hören und ohne sich um die beiden anderen sich gegenseitig abwürgenden Streiter zu kümmern.

Aber in dem Augenblick, wo er das Weibchen besteigen wollte und das Vorderteil des Körpers mit einem etwas heftigen Ruck aufrichtete, hallte der Schellenklang durch die Nacht, und alle, Kämpfer und Weibchen, stürzten, wie von unsichtbaren Federn geschnellt, in jähem und so ungestümem Lauf davon, daß der verdutzte Reineke, noch ehe er die Zeit fand, ihr Verschwinden zu bemerken, allein auf der verlassenen Lichtung zurückblieb.

Da begann der arme Einzelgänger, von einer unwiderstehlichen Wut gepackt, in den Rasen der Lichtung zu beißen und zu heulen, verzweifelt aufzuheulen, wobei er die unversöhnliche Schelle, als wolle er sie zufriedenstellen, in ein endloses Läuten versetzte. Währenddem ließ der Mond hämisch grinsend den Schatten der Bäume um ihn gleiten, und die Nachtvögel, von dem ungewohnten Lärm herbeigelockt, zogen über seinem Kopfe bald enger, bald weiter ihre rätselhaften, unheimlich stillen Kreise.

So überraschte ihn der anbrechende Tag, und angesichts seiner Gefahren wurde er an den Instinkt der Selbsterhaltung gemahnt. Von der Lebensfreude wiedergepackt wie ein Genesender nach einer furchtbaren Krise, fühlte er alle Probleme des Daseins auf sich lasten. Um sie zu gegebener Stunde zu lösen, verbarg er sich zunächst einmal in einem dichten Gebüsch tief im Walde, wo er in einen Halbschlaf versank, wie ihn die Gehetzten und Ruhelosen schlafen.

So war es lange Tage. Von neuem lächelte ihm das Waldleben, das seinen Trieben so entgegenkam. Dank der Sorge um die tägliche Nahrung wurde er beinahe wieder zum Waldläufer, der sich, o schmerzlicher Genuß, o bittere Wonne, damit zufriedengab, dem Treiben seiner Artgenossen, an die er bei den nächtlichen Jagden oftmals dachte, aufmerksam zu lauschen, als höre er den festlichen Gesang eines verlorenen Paradieses.

Als die brütende Hitze des August kam, suchte er im Abenddämmer die Wiesen am Wegrand auf. Dort gedachte er die Maulwürfe zu finden, die im Freien Rettung vor der erstickenden Hitze suchten und mit geschlossenen Augen in den frischgemähten Strichen des Grummet umherkrochen – schon deshalb dem Tode verfallen, weil sie den angestammten Gang unter ihrem ausgetrockneten Hügel verlassen hatten.

Das war für Reineke eine sichere Hilfsquelle. Selbst wenn er sie nicht mehr lebend antraf, so nämlich wie sie unter der doppelten Last ihrer Unbeholfenheit und der Notlage, die sie aus dem überhitzten Backofen der Scholle trieb, elendiglich umherirrten – er wußte doch, daß er sie bestimmt tot am Wege vorfinden würde: denn niemals kehren die zurück, die auf diese Weise aus ihren tiefen Gängen herauskommen, sondern gehen fast alle auf ihrem ersten und letzten Irrgang zugrunde.

Dann zog sich der Herbst dahin mit seinem Überfluß an Obst. Er hätte ihm ein besonders sorgloses Leben bereiten können, wenn nicht die Meuten, die unter wütender Musik sein Gebiet kreuz und quer durchrasten, ihn allzusehr an Lisée und Miraut, an seine Gefangenschaft und Vereinsamung erinnert hätten.

Noch vorsichtiger geworden als gewöhnlich, versteckte Reineke sich jetzt in einer Höhle mit zwei Ausgängen erst dann, wenn er mit Hilfe kunstvollen Geflechts den Spürsinn der gefürchtetsten Hunde von seiner Fährte abgebracht hatte.

Trotzdem schien ihm das Leben angenehm, und der alte Räuber dachte nicht an den nahen Winter, den die vorzeitigen Wanderungen der Holztauben und Häher sowie das plötzliche Sprießen seines Pelzes als bevorstehend und hart ankündigten.

8

Plötzlich und, wie es in den Bergen geschieht, ohne Übergang, nachdem es gegen Oktoberende und an den ersten Novembertagen, an denen der Wald sein rotgelbes Blättergewand ablegt, leise geregnet hatte, kam der Winter. An den Sträuchern der wilden Heckenrose leuchteten noch einige rote

Beeren; an den Dornen der Schlehe hingen noch ein paar violette Früchte, deren Haut vom ersten Frost gerunzelt und deren Stengel von seiner unbarmherzigen Schere zu drei Vierteln durchgeschnitten war. Dann, an einem schönen Morgen, da der Wind sich gelegt zu haben schien, fiel hinterhältig der erste Schnee, weich, sanft, ohne Laut und Schlag, mit der Beharrlichkeit des guten Arbeiters, den nichts abschreckt, nichts antreibt und der weiß, daß er Zeit hat.

Er fiel zwei Tage und zwei Nächte hintereinander, machte alle Höhen gleich, füllte die Täler aus und ebnete alles unter seiner losen, nicht abzuhebenden Decke ein. Und während der ganzen Zeit, da er fiel, kam kein Tier des Waldes und kein Standvogel aus seinem sorgfältig gewählten Schlupfwinkel hervor.

Wie die anderen Tiere hatte sich auch Reineke – er mied jetzt die Höhlen und hatte sich unter den tiefen Zweigen einer Gruppe von Haselsträuchern niedergeduckt – von dem über ihm gewobenen Grabtuch zudecken lassen. Dieses baute ihm eine seinem zusammengerollten Körper wie angegossene, enge Hütte, einen weichen, dünnen Kerker, dessen lockere Wand er bei Gelegenheit einreißen konnte. In diesem Kerker war es warm; denn sein Fell war dick, und das sich an seinen runden Rücken schmiegende Schneegewölbe schützte ihn vollkommen gegen die Kälte von außen.

Als er meinte, daß das Unwetter vorüber sei, schuf er sich nach Süden zu einen schmalen Ausgang, und ohne den Schneebau, den Natur ihm nach Maß angefertigt hatte, im geringsten anzutasten, ging er auf die Suche nach der täglichen Nahrung.

Die schlimmen Tage waren zurückgekehrt, Reineke merkte es wohl, um so mehr, als die entehrende Schelle, die er bei jedem Schritt unerbittlich läuten lassen mußte, ihn für alle Jagden und namentlich für die Hasenjagd in einen wirklichen Zustand der Unterlegenheit versetzte. Er wußte sehr gut, daß ein vor ihm her laufender Hase unwiderruflich sein war; denn wenn der Schnee weich ist, sind die unglücklichen Langohren nicht in der Lage, es an Schnelligkeit mit dem Fuchs oder dem Hund aufzunehmen. Aber sie wissen auch um diese Unterlegenheit; daher sind sie, sobald ein ungewohntes, von einer Schelle oder einem Schritt herrührendes Geräusch zu hören ist, klug und vorsichtig genug, um sich beim Laufen einen beträchtlichen Vorsprung zu verschaffen. Reineke war ihnen also mehr als verdächtig.

Dann begannen wieder die endlosen Wanderungen, das lange Stöbern unter den Apfelbäumen des Waldes, das mühsame Aufsammeln zwischen den Sträuchern, von denen der Schnee abfiel. Doch das vermochte seinen allzuoft leeren Magen nur zur Hälfte zu füllen.

Von neuem lernte er die Tage kennen, an denen es keinen Bissen gab, die behutsamen Vorstöße bis an den Rand des Dorfes oder der Gehöfte, immer in der unbestimmten Hoffnung, sich eines Stücks Federvieh bemächtigen oder eine Katze abwürgen zu können.

Und so ging es bis in die ersten Dezembertage.

Aber nun nahm die Kälte zu. Schneidende Winde begannen zu blasen. Der vom Frost in winzige Kristallplättchen gespaltene Schnee drang überall ein, schüttete die tiefsten Täler zu, glitt in die dichtesten Schlupfwinkel und bildete wahre Dünen von Weiß, Wehen, die sich unter der Kraft des Windes rasch verschoben.

Reinekes Wohnung indessen blieb unversehrt, sie war sogar noch fester geworden, und er fühlte sich darin noch behaglicher als zuvor. Die Wärme seines Körpers hatte nämlich um ihn herum ein dünnes Schneelager ausgeschmolzen, das, durch den Frost verfestigt, eine ziemlich harte Kruste bildete, eine Eishöhle, die dem veränderlichen Druck des niederfallenden Schnees ohne weiteres standhielt.

Alle Büsche waren sorgfältig abgelesen, die Vögel strichen um die Dörfer, und die Hasen waren nicht zu fassen. Nichts, aber auch gar nichts gab es mehr, und der sinnende Reineke, der sich seines alten Abenteuers erinnerte, trug Bedenken, es noch einmal zu wagen und mit Hilfe der Schelle das Vertrauen der Haustiere zu täuschen. Doch das Schicksal trieb ihn wieder dazu. Unmerklich näherte er sich Nacht für Nacht wieder den Wohnungen und hielt sogar die anderen Füchse fern, die, ebenso verhungert wie er, dort schon herumschlichen und nicht wie er selbst gewartet hatten, bis der Hunger sie an die äußerste Grenze vorschickte, um ein unsicheres Opfer zu hetzen.

Aber kein Tier dachte daran, das mollige Strohlager des Stalles oder den Winkel am Feuer zu verlassen, wo die leicht fröstelnden Katzen sich auf den Fliesen oder den warmen Bohlen zusammenrollten, wenn sie nicht gerade an den Heubündeln der Scheune oder an den Löchern der Holzwände den mageren Mäusen mit der unruhigen Schnauze auflauerten, die alle vor Hunger in die Häuser zurückgekehrt waren.

Dann und wann zeigte ihm das wütende Gekläff eines Jagdhundes an, daß er sich zu weit gewagt hatte und entdeckt sei und daß es an der Zeit war, sich so schnell wie möglich davonzumachen. Niemals brachte er von seinen nächtlichen Streifzügen etwas heim.

Er fand auch nicht das herkömmliche Aas, das den ausgehungerten Wanst ehedem in Versuchung geführt hatte und dem man heimlich, nach langem Verweilen, wenigstens einen Bissen entreißen konnte, ehe man Reißaus nahm. Die Tiere des Dorfes hatten es sich in den Kopf gesetzt, nicht umzukommen. Trotzdem strich Reineke in weitem Bogen um die Häuser herum. Lisées Haus mied er freilich stets mit Bedacht, und trotz seines verwirrten Kopfes und seines leeren Magens entfloh er in der Nacht schneller, als er Mirauts Stimme vernahm, der auf das Kläffen eines seiner Jagdgefährten, welcher ihm auf seine Weise die Nähe des Waldläufers ankündigte, Antwort gab.

Reineke fraß noch immer nichts. Die Tage vergingen, doch die Kälte verging nicht, und ein noch grimmigerer Hunger zermürbte und verzehrte die Bewohner des Waldes.

Und er, der jetzt entkräftet, ausgemergelt wie ein Gespenst und noch elender war als nach den Tagen seiner einstigen Einkerkerung, war nur mehr ein jammervoller, vom Fieber geschüttelter, zwischen Tod und Wahnsinn hin und her gerissener Schatten von einem Tier. Dieses Tier jedoch, dem es zur Gewohnheit geworden war, um das Dorf zu schleichen, kam unweigerlich zur bestimmten Stunde dahin zurück, ohne zu wissen, warum. Er mied jetzt die Hunde nicht mehr, nicht einmal Lisées Haus – er kam, ohne Hoffnung, etwas zu fressen zu finden, ohne selbst danach zu suchen, zu Tode gemartert von der Schelle, die an seinem Halse tönte, und reif für die letzte und höchste Prüfung.

9

Dieser Tag des vierundzwanzigsten Dezember war wie eine lange Dämmerung. Die Sonne hatte sich nicht gezeigt; nur gegen Mittag hatten lange, fahle Streifen über dem Horizont ihren Gang hinter den tintenfarbenen Wolken, die ihren düsteren Baldachin über die schweigsamen, eintönigen Fluren spannten, verraten.

Schauerliches Gekrächze hilfloser Raben, Schreie von Elstern, die auf der Suche nach den letzten roten Beeren der Eberesche waren, hatten von Zeit zu Zeit dieses Schweigen gleichsam besudelt – aber das war alles.

Sonstige Lebenszeichen hatte das erstarrte Dorf, auf dem die reglosen Rauchschwaden, der Fieberatem der Hütten, wie eine Trauerkappe zu lasten schienen, nur am Morgen und zur Abenddämmerung von sich gegeben, als die Stalltore zur gewohnten Stunde die von aufgespeicherter Kraft trunkenen Tiere ausspien, die brüllend zur Tränke stürzten.

Und doch war im Dorf alles wach, alles lebendig; es war der Vorabend des Festes. In den alten romanischen Küchen, wo der grobe Pfeiler und die rauchgeschwärzten Rundbogen zwei Mauerstücke des ungeheuren Rauchfangs stützten, in dem man die Speckseiten und Schinken im würzigen Rauch des Wacholdergezweigs trocknete, herrschte ein ungewohntes, emsiges Treiben.

Für das Mitternachtsessen und das Fest des nächsten Tages hatten die Hausfrauen einen doppelten Schub von Brot und Kuchen geknetet und gebacken, und der warme Duft erfüllte noch das ganze Haus mit Wohlgeruch. Spiel und Zank vergessend, hatten die Kinder alle Vorbereitungen mit fröhlichem Geschrei verfolgt und lärmend die vielen guten Sachen aufgezählt. Mit Ungeduld warteten sie auf den ersehnten Augenblick, sie sich schmecken zu lassen: nach dem Brotbacken auf dem Weidengeflecht im Ofen gedörrte Pflaumen, mit vielfarbigem Zuckerzeug bestreutes Schaumgebäck und aus dem Keller heraufgeholte Äpfel, die einen feinen, ätherischen Duft verbreiteten.

Das Abendbrot war reichlich gewesen, und nach altem Brauch war zur Stunde der Mette die ganze fröhliche Hausgemeinschaft von den gelben, in der Nacht tanzenden Laternen zur Kirche und wieder zurück in die Wohnung, in die gutgeheizte Ofenstube geleitet worden, damit man das ersehnte Mitternachtsessen einnehme.

Man hatte gegessen, man hatte getrunken, man hatte gesungen, man hatte gelacht, und Großmutter begann wie gewöhnlich mit ihrer meckernden, ein wenig geheimnisvollen und wie von ferne kommenden Stimme ihre althergebrachte Erzählung:

«Es war vor langer, langer Zeit, um die Mitternachtsstunde, am Abend der Frühmette, damals, als das Land, das wir jetzt bestellen, noch den Gutsherren gehörte und die Großväter unserer Großväter ihnen untertan waren.

Es war kurz vor der Stunde der Messe, als in dem Schloß, deren Ruinen ihr kennt, ein Mann zum Grafen kam, den keiner zuvor gesehen hatte.

Wildschweine, so sagte er zu ihm, hätten sich hinten in der Wolfsschlucht gesammelt, und bei dem herrlichen Mondschein wäre es ein leichtes, sie zu jagen. Sofort ließ der Graf, ein leidenschaftlicher Jäger, seine Pflicht vergessend, für sich und seine Diener Pferde satteln und die Hunde herbeiholen. Aber seine fromme Frau weinte so sehr und bat ihn so inständig, daß er, als die Glocke zum Gottesdienst rief, schließlich einwilligte, in der Kirche auf dem rot ausgeschlagenen Armstuhl unter dem goldenen Baldachin, der für ihn reserviert war, seinen Platz einzunehmen.

Der Gesang hatte soeben eingesetzt, wiewohl eine Reuefalte quer über des Herrn Stirn lief, als der geheimnisvolle Unbekannte, ohne sich zu bekreuzigen, in die Kirche trat, abermals zum Grafen ging und ihm etwas ins Ohr flüsterte.

Der Unglückselige konnte nicht länger widerstehen, und ungeachtet der flehenden Blicke seiner Gemahlin ging er fort, gefolgt von seinen Dienern. Bald vernahm man in der Ferne das Gebell der Meute, und während der ganzen Dauer der Messe hörte man wie eine Gotteslästerung die heulende Jagd, die im Gelände umging. Alle hatten Tränen in den Augen und beteten voller Inbrunst. Das ging die ganze Nacht, dann verstummte die Jagd plötzlich. Der Herr erschien nicht wieder im Schloß. Er verschwand mit seiner höllischen Meute und samt seinen unterwürfigen Dienern, und hart sühnt er in der Hölle diesen Frevel, für den ihn Gott dazu verdammt hat, alle hundert Jahre am Weihnachtsabend mit seinen Hunden durch die Nacht zu jagen. Die unglückliche Gräfin starb im Kloster. Was den Unbekannten betrifft, der ihren Gatten fortgeführt hatte, so hat auch ihn keiner jemals wieder zu Gesicht bekommen, und jeder glaubte wohl, es sei der Teufel gewesen.

Unsere Mutter hat die Jagd nicht gehört, aber ihre Großmutter hörte sie. Es war wie heute abend, in einer finsteren Nacht...»

Im selben Augenblick ging ein schauerliches Heulen, ein langes trauriges Todesgeheul wie eine schreckliche Lawine über das Dorf hin, und auf dieses wie ein Zauber wirkende Zeichen antworteten sogleich alle Hunde, die des Dorfes und der umliegenden Gehöfte, mit einem gedehnten, schaurigen Heulen. Der Lärm stieg an wie eine Drohung und erstarb wie ein Schluchzen. Eben beruhigt, begann er aufs neue oder richtiger, er hörte gar nicht auf, sondern schwächte sich nur ab in beklemmendem Auf und Nieder und klang grausig weiter und weiter, im Gleichmaß seiner hoffnungslosen Eintönigkeit.

«Beten wir», sagte die Großmutter, «beten wir für die Seele des Grafen!»

Im Dorfe war jeder wach. Die Männer hatten die alte Flinte vom Haken genommen, wo sie immer hing, prüften sorgfältig die Zündung, und auf ihre fassungslosen Gesichter, denen die Skepsis des Jahrhunderts vielleicht schon ihren Stempel aufgedrückt hatte, traten die Spuren alten, abergläubischen Schreckens wie ein Schaum. Frauen und Kinder scharten sich wortlos um den Herd und suchten in der Helligkeit und Wärme einen Schutz gegen die unbekannte Gefahr, von der sie sich bedroht fühlten. Aber mehr als irgendein anderer im Dorfe lernte Lisée in dieser Nacht die Schrecken der Angst kennen.

Gerade vor der Tür des alten Wilderers, der weder Gott noch Teufel fürchtete, hatte das erste Heulen eingesetzt. Von dort wollte der arge Meister dieses großen, geheimnisvollen Trauerspiels der unsichtbaren Meute gebieten. Er hatte gegen die Tür eine mächtige eichene Anrichte geschoben, hinter der Miraut jämmerlich heulte. Die ganze Nacht, das mit Rehposten geladene Gewehr in der Hand, bereit zum Schuß, wachte Lisée. Eine Stunde vor Tagesanbruch schwieg die unheimliche Jagd.

Vom Tageslicht und von der Stille beruhigt, schob der Wilderer langsam und lautlos die schwere Truhe, die seinen Eingang verrammelte, zurück und öffnete vorsichtig die Tür.

Mit irrem Blick, die Läufe steif vom Tode und starr vor Kälte, das Fell halb geschunden, wie eine Katze, die sich duckt, ehe sie zum Sprung ansetzt, lag dort vor ihm, ein ausgemergeltes Skelett, Reineke tot, die verhängnisvolle Schelle am Hals.

Miraut beschnupperte ihn furchtsam und trollte sich dann mit einem Naserümpfen davon.

Mit schwirrendem Kopf und weichen Knien trat Lisée wieder ins Haus, nahm eine Hacke und einen Sack, steckte den steifen Leichnam seines unglücklichen Opfers hinein und schritt, von seinem Hunde gefolgt, dem Walde zu.

Dort hob er unter dem Schnee ein tiefes Loch aus, in dem er Reineke vergrub; dann schüttete er es sorgfältig wieder zu.

Darauf machte er sich mit gebeugtem Rücken und unruhigen, schreckgeweiteten Augen wieder auf den Heimweg, indes Miraut, der sich nicht wie sein Herr zu tiefem Kummer veranlaßt sah, ehe er ihm nachsprang, respektlos und gleichmütig sein Bein hob über dem schneegrauen Erdhügel, unter dem Reineke seinen letzten Schlaf schlief.

Leo N. Tolstoi
Der Leinwandmesser

Gewidmet dem Andenken von M. A. Stachowitsch

Die Geschichte eines Pferdes

1

Immer höher wölbte sich das Himmelszelt, immer weiter breitete sich die Morgenröte aus, immer weißer wurde das matte Silber des Taus, immer fahler die Mondsichel, immer klingender der Wald; die Menschen standen allmählich von ihrer Nachtruhe auf, und im herrschaftlichen Gestütshof ertönte immer häufiger das Schnaufen, das Scharren im Stroh und ab und zu auch ein wütendes, schrilles Wiehern der sich am Tor drängenden und sich gegenseitig stoßenden Pferde.

«Nu-u! Ihr kommt noch zurecht! Seid wohl ausgehungert?» rief ihnen der alte Pferdeknecht zu, als er das knarrende Tor öffnete. «Wohin?» schrie er mit drohend erhobenem Arm eine junge Stute an, die den Versuch machte, durchs Tor zu schlüpfen.

Der Pferdeknecht Nester hatte einen Kosakenrock an, um den ein mit Beschlägen verzierter Ledergurt geschnallt war; die Peitsche hatte er über die Schulter geworfen und einen Beutel mit Brot am Gurt befestigt. In den Händen trug er einen Sattel und Zaumzeug.

Die Pferde waren durch den spöttischen Ton ihres Wärters durchaus nicht erschrocken oder gekränkt, sondern taten höchst gleichmütig und zogen sich ohne Hast vom Tor zurück. Einzig eine alte langmähnige braune Stute legte die Ohren flach an den Kopf und drehte sich mit einer raschen Bewegung um, worauf eine junge Stute, die weiter hinten stand und gar nicht davon berührt wurde, gellend zu wiehern begann und nach dem erstbesten Pferd mit den Hinterbeinen ausschlug.

«Nu-u!» erhob der Pferdeknecht die Stimme noch drohender und ging sodann in eine Ecke des Hofes.

Von allen Pferden, die sich im Gestütshof befanden – es waren annähernd hundert Tiere –, zeigte sich ein scheckiger Wallach, der einsam in einer Ecke unter dem Schutzdach stand und mit halb zugekniffenen Augen den Eichenpfosten des Stalles beleckte, am wenigsten ungeduldig. Welchen Geschmack er dem Pfosten abgewinnen konnte, ist kaum zu begreifen, doch gab er sich seinem Tun mit ernstem, versonnenem Gebaren hin.

«Laß den Unfug!» rief ihm der Pferdeknecht in der gleichen Tonart zu, während er an ihn herankam und den Sattel sowie eine vom Schweiß glänzend gewordene Filzdecke neben ihn auf den Mist legte.

Der scheckige Wallach hörte mit dem Lecken auf und sah lange und regungslos den Pferdeknecht an. Er stieß weder ein vergnügtes noch unzufriedenes oder mürrisches Wiehern aus, sondern zog nur den Bauch ein und wandte sich, einen tiefen Seufzer ausstoßend, von ihm ab. Der Pferdeknecht umfaßte den Hals des Wallachs und streifte ihm das Zaumzeug über den Kopf.

«Warum seufzt du denn?» fragte Nester.

Der Wallach schwang den Schweif, als wollte er sagen: «Ach, nur so, Nester.» Als Nester ihm nun die Filzdecke auf den Rücken warf und den Sattel auflegte, drückte der Wallach die Ohren flach an den Kopf, wahrscheinlich um seine Unzufriedenheit zu zeigen, was ihm jedoch nur ein paar Schimpfworte und ein Anziehen des Bauchgurtes eintrug. Der Wallach blähte sich dabei auf, doch da steckte ihm Nester einen Finger ins Maul und stieß ihn mit dem Knie in den Bauch, so daß er die Luft ausstoßen mußte. Nichtsdestoweniger drückte er, als Nester die Riemen über dem Sattel mit den Zähnen anzog, die Ohren abermals an den Kopf und blickte sich sogar mißmutig um. Wenngleich er auch wußte, daß ihm das nichts helfen würde, schien er es dennoch für angebracht zu halten, zu zeigen, daß ihm dies unangenehm sei und daß er seine Unzufriedenheit immer bekunden werde. Als er fertig gesattelt war, stellte er das angeschwollene Vorderbein vor und begann auf der Kandare zu kauen; offenbar tat er auch dies aus irgendwelchen besonderen Erwägungen heraus, denn er mußte ja längst wissen, daß dem Metall keinerlei Geschmack abzugewinnen war.

Nester schwang sich, einen Fuß in den kurzen Steigbügel stellend, aufs Pferd, wickelte die Peitsche auseinander, schob unterhalb der Knie die Enden seines Kosakenrocks beiseite und setzte sich auf jene besondere Manier in den Sattel, die Kutschern, Jägern und Pferdeknechten eigen ist. Als er hierauf die Zügel anzog, hob der Wallach zwar den Kopf und zeigte seine Bereitschaft, sich in jede gewünschte Richtung in Bewegung zu setzen, rührte sich jedoch nicht vom Fleck. Er wußte, daß es vor dem Losreiten noch allerlei Geschrei geben würde, weil Nester dem zweiten Pferdeknecht, Waska, vom Sattel aus noch verschiedene Anweisungen zu erteilen und die Pferde anzubrüllen pflegte. Und da legte Nester auch wirklich schon los: «Waska! He, Waska! Hast du die Mutterstuten 'rausgelassen? Wohin, du Biest?! Nu! Bist wohl eingeschlafen? Mach's Tor auf und laß zuerst die trächtigen Stuten durch!» und dergleichen mehr.

Das Tor ging knarrend auf. Waska, der verschlafen und mürrisch neben dem Tor stand, hielt sein Pferd am Zügel und ließ die übrigen durch. Vorsichtig über das Stroh gehend und es beschnuppernd, zogen die Pferde eins nach dem andern vorbei: junge Stuten, jährige Hengste mit gestutzter Mähne, noch saugende Füllen und trächtige Stuten, die einzeln mit ihren massigen Leibern schwerfällig durch das Tor stapften. Einige junge Stuten legten sich die Köpfe gegenseitig auf den Rücken und wollten zu zweit oder zu dritt gewaltsam durch das Tor drängen, wofür sie allemal von den Pferdeknechten grob angefahren wurden. Die noch saugenden Tiere drückten sich manchmal fremden Mutterstuten an die Beine und antworteten mit einem hellen Gewieher, wenn sie von ihren eigenen Müttern durch ein kurzes Aufwiehern zurückgerufen wurden.

Eine junge übermütige Stute bog sofort, nachdem sie durch das Tor ins Freie gekommen war, den Kopf nach unten und zur Seite, schlug mit den Hinterbeinen aus, wieherte, traute sich aber dennoch nicht, der alten, graugesprenkelten Shuldyba vorauszulaufen, die mit langsamen, schweren Schritten und hin und her schwankendem Bauch wie immer gewichtig an der Spitze aller anderen Pferde ging.

Der Gestütshof, in dem es noch vor wenigen Minuten so lebhaft zugegangen war, lag jetzt wie ausgestorben. Trübselig ragten die Pfosten der verlassenen Schutzdächer empor, unter denen nur noch zerstampftes und mit Mist vermischtes Stroh zu sehen war. So gewöhnt der scheckige Wallach an dieses Bild der Verödung auch war, schien es doch bedrückend auf ihn zu wirken. Während er, mit dem alten Nester auf dem knochigen Rücken, auf seinen krummen, steif gewordenen Beinen hinter der Herde hertrottete, hob und senkte er, sich gleichsam unaufhörlich verneigend, langsam den Kopf und seufzte ab und zu, soweit ihm dies der gestraffte Sattelgurt gestattete.

‚Ich weiß schon, sobald wir auf die Landstraße kommen, wird er Feuer schlagen und sein hölzernes Pfeifchen mit den Messingbeschlägen und dem kleinen Kettchen anzünden', dachte der Wallach. ‚Ich freue mich darüber, denn am frühen Morgen, wenn noch Tau liegt, habe ich diesen Geruch gern und werde durch ihn an mancherlei Angenehmes erinnert. Dumm ist es nur, daß der Alte, sowie er das Pfeifchen zwischen den Zähnen hat, allemal übermütig wird, sich irgendwas einbildet und sich auf die Seite setzt – immer gerade auf die Seite, wo es mir weh tut. Nun, soll er, in Gottes Namen, mir ist es nichts Neues, daß ich leiden muß, damit andere ihr Behagen haben. Ich habe sogar schon gefunden, daß darin eine Art Vergnügen für Pferde liegt. Soll er sich nur aufblasen, der arme Wicht! Er spielt ja doch nur den Tapferen, solange er allein ist und ihn niemand sieht – mag er auf der Seite sitzen', dachte der Wallach, während er auf seinen krummen Beinen vorsichtig in der Mitte der Landstraße weiterstapfte.

2

Als Nester mit seiner Herde am Fluß angelangt war, an dessen Ufer die Pferde weiden sollten, saß er ab und sattelte den Wallach ab. Die übrigen Pferde schwärmten inzwischen bereits auf der noch unzerstampften, taubedeckten Wiese aus, über der, ebenso wie über dem sie bogenförmig einfassenden Fluß, Dunst aufstieg.

Nachdem er dem scheckigen Wallach das Zaumzeug abgenommen hatte, kraute Nester ihn unter dem Hals, worauf der Wallach zum Zeichen der

Dankbarkeit und des Behagens die Augen schloß. «Das gefällt ihm, dem alten Biest!» sagte Nester. Tatsächlich jedoch mochte der Wallach dieses Gekraue absolut nicht leiden und gab sich nur aus Feingefühl den Anschein, daß es ihm angenehm sei, indem er zustimmend den Kopf schüttelte. Doch da stieß Nester, der vielleicht annahm, eine allzu große Vertraulichkeit könnte beim Wallach falsche Vorstellungen von seiner Bedeutung hervorrufen, plötzlich ganz unvermittelt den Kopf des Pferdes zurück, holte mit dem Zaumzeug aus und versetzte dem Wallach mit den Riemenschnallen einen äußerst empfindlichen Schlag gegen das dürre Bein, worauf er, ohne noch etwas zu sagen, einen kleinen Hügel bestieg und zu dem Baumstumpf ging, wo er gewöhnlich zu sitzen pflegte.

Den scheckigen Wallach kränkte zwar die Handlungsweise des Pferdeknechts, doch ließ er sich nichts anmerken und ging, langsam seinen spärlichen Schweif schwenkend und dies und jenes beschnuppernd oder auch – lediglich zur Zerstreuung – mal einen Happen Gras abrupfend, auf den Fluß zu. Ohne sich im geringsten darum zu kümmern, was um ihn herum die sich des Morgens freuenden jungen Stuten, die jährigen Hengste und Fohlen trieben, und wohl wissend, daß es der Gesundheit, namentlich in seinem Alter, am zuträglichsten sei, auf nüchternen Magen zuerst tüchtig zu trinken und dann erst zu fressen, wählte er eine möglichst flache und geräumige Uferstelle aus und stapfte bis an die Haarbüschel der Fesseln in den Fluß hinein, steckte das Maul ins Wasser und schwenkte voller Behagen den enthaarten Stumpf seines spärlichen scheckigen Schweifs, als er nun mit seiner eingerissenen Lippe das Wasser schlürfte und seine sich füllenden Flanken auf und nieder zu wogen begannen.

Eine händelsüchtige braune Stute, die den Alten schon oft gereizt und ihm manchen Schabernack gespielt hatte, stapfte auch jetzt durch das Wasser auf ihn zu und tat so, als käme sie von ungefähr vorbei, während sie es in Wirklichkeit nur darauf abgesehen hatte, ihm vor der Nase das Wasser aufzuwirbeln und zu trüben. Doch der Schecke, der sich bereits satt getrunken hatte, gab sich den Anschein, die Absicht der Stute gar nicht zu merken, zog ruhig einen nach dem anderen seine in den Schlamm eingesackten Füße heraus, schüttelte den Kopf und begann abseits von der Jugend zu fressen. Indem er die Beine auf verschiedene Weise spreizte und dadurch nicht unnötig viel Gras niedertrat, fraß er, ohne sich kaum einmal aufzurichten, ganze drei Stunden lang. Nachdem er sich dermaßen vollgefressen hatte, daß sein Bauch wie ein Sack von den knochigen, spitzen Rippen herabhing, stellte er sich auf seinen vier gebrechlichen Beinen so auf, daß er beim Stehen möglichst wenig Schmerzen hatte und namentlich das rechte Vorderbein schonte, das am empfindlichsten war. In dieser Stellung schlief er ein.

Es gibt erhabene, widerwärtige und mitleiderregende Alterserscheinungen. Doch gibt es auch solche, die zugleich erhaben und widerwärtig wirken. Von dieser Art eben waren die Alterserscheinungen des scheckigen Wallachs.

Der Wallach war von hoher Statur – mindestens zwei Arschin und drei Werschok hoch. Sein Fell war schwarz gescheckt, wobei allerdings die schwarzen Stellen mit der Zeit eine schmutzigbraune Färbung angenommen hatten. Die scheckigen Flecke verteilten sich auf drei Stellen. Der eine Fleck begann auf dem Kopf, bog seitlich der Nüstern ab und zog sich schräg über den halben Hals, von dem die lange, mit Kletten durchsetzte, teils weiße, teils bräunliche Mähne herabhing; der zweite Fleck bog sich die rechte Flanke entlang bis zur Mitte des Bauches, und der dritte, der von der Kruppe ausging, erstreckte sich über den Schweifansatz und die halben Schenkel. Der Rest des Schweifes war weißlich gesprenkelt. Der große, knochige Kopf mit seinen in tiefen Höhlen ruhenden Augen und der schlaffen, irgendwann einmal eingerissenen schwarzen Lippe hing schwer und tief von dem vor Magerkeit gekrümmten Hals herab, der aussah, als sei er aus Holz. Hinter der herabhängenden Lippe sah man die vom Gebiß zur Seite gedrückte dunkle Zunge und die gelben Stummel der abgewetzten unteren Zahnreihe. Die Ohren, von denen eins einen Riß aufwies, hingen schlaff an den Seiten herab und wurden von dem Wallach nur ab und zu träge bewegt, wenn er die auf ihnen sitzenden Fliegen verscheuchen wollte. Eine Strähne des noch ziemlich vollen Stirnhaars hing hinter einem Ohr herunter, die Stirn selbst war kahl, eingefallen und stoppelig, und an den breiten unteren Kinnladen hing sackartig die Haut herab. Die Adern auf dem Kopf und am Halse waren voller Knoten und zuckten und erzitterten jedesmal, wenn sie von Fliegen berührt wurden. Die ganzen Züge des Wallachs hatten einen strenggeduldigen, scharfsinnigen und leidenden Ausdruck. Seine Vorderbeine waren in den Knien gekrümmt, an beiden Hufen zeichneten sich Geschwülste ab, und das eine Bein, das bis zur Hälfte scheckig war, wies am Knie eine faustgroße Beule auf. Die Hinterbeine waren zwar besser erhalten, hatten jedoch an den Schenkeln offenbar schon seit langem wund geriebene Stellen, an denen das Fell nicht mehr nachwuchs. Im Verhältnis zum hageren Körper schienen sowohl die Hinter- als auch die Vorderbeine ungewöhnlich lang zu sein. Die Rippen waren zwar stark, zeichneten sich jedoch unter der gestrafften Haut so plastisch ab, daß man meinen konnte, das Fell sei in den Vertiefungen dazwischen angetrocknet. Der Widerrist und der Rücken waren mit vernarbten Wunden von früheren Hieben übersät, und hinten sah man eine noch frische wunde Stelle, die angeschwollen war und eiterte. Der schwarze Ansatz des Schwanzes mit den sich abzeichnenden Knochenwirbeln hob sich lang und fast kahl vom Körper ab. Auf der braunen Kruppe befand sich nach dem Schwanz zu eine mit weißen Haaren bewachsene, etwa handbreite Narbe, die von einer Bißwunde herzurühren schien; eine zweite Schramme war vorn am Schulterblatt zu sehen. Die Kniegelenke der Hinterbeine und der Schweif waren infolge der dauernden Magenstörungen des Wallachs unsauber. Das Fell stand, obwohl es kurz war, am ganzen Körper borstenartig ab. Doch ungeachtet der abstoßenden Gebrechlichkeit dieses Pferdes wurde man bei seinem Anblick unwillkürlich nachdenklich gestimmt, und ein Kenner hätte gleich gesagt, daß es einstmals ein außergewöhnlich gutes Pferd gewesen sein mußte.

Ein Kenner hätte sogar gesagt, daß es in Rußland nur eine einzige Rasse gebe, die einen derartig ausladenden Körperbau, solche mächtigen Schenkel, solche Hufe, solche feinknochigen Beine, eine solche Stellung des Halses und vor allem eine solche Form des Kopfes mit den großen schwarzen leuchtenden Augen, den rassig hervortretenden Adern an Kopf und Hals sowie einer solchen Feinheit des Fells und der Haare aufweise. In der Tat, es lag etwas Erhabenes in der Erscheinung dieses Pferdes und in der fürchterlichen Verbindung der Anzeichen seiner durch das scheckige Fell noch unterstrichenen Gebrechlichkeit mit seinem ganzen Gebaren, in dem sich Ruhe und Selbstbewußtsein, Kraft und Schönheit ausdrückten.

Gleich einem lebenden Wrack stand der Wallach einsam inmitten der taubedeckten Wiese, während aus einiger Entfernung das Getrappel, Schnaufen, Tollen und jugendlich helle Wiehern der ausgeschwärmten Herde herübertönte.

3

Die Sonne hatte sich mittlerweile über den Wald erhoben und beleuchtete mit ihren hellen Strahlen die Wiese und die Windungen des Flusses. Der verdunstende Tau wurde zu kleinen Tropfen, und an sumpfigen Stellen verflüchtigte sich, einem Rauchwölkchen gleich, über dem Walde hie und da der letzte Frühnebel. Am Himmel bildeten sich kleine, gekräuselte Wolken, doch war es noch windstill. Am anderen Flußufer erhob sich ein dichtes Roggenfeld mit grünen, bereits anschwellenden Ähren; der Duft nach frischem Grün und Blumen wehte herüber. Aus dem Walde ertönten die heiseren Rufe eines Kuckucks, und Nester, der lang ausgestreckt auf dem Rücken lag, zählte aus, wieviel Lebensjahre ihm noch blieben. Über dem Roggenfeld und der Wiese stiegen immer wieder Lerchen in die Höhe. Ein Hase, der sich in der Zeit geirrt hatte und zwischen die Herde geraten war, machte sich mit ein paar Sätzen davon, hielt an einem Strauch an und spitzte horchend die Ohren. Waska hatte den Kopf ins Gras gesteckt und war eingeschlafen. Die Stuten machten einen Bogen um ihn und verteilten sich noch weiter über die Flußniederung. Die alten Tiere schnauften und suchten sich, auf der taunassen Wiese eine glitzernde Spur hinterlassend, einen Platz aus, wo sie ungestört sein würden; sie waren bereits gesättigt und naschten

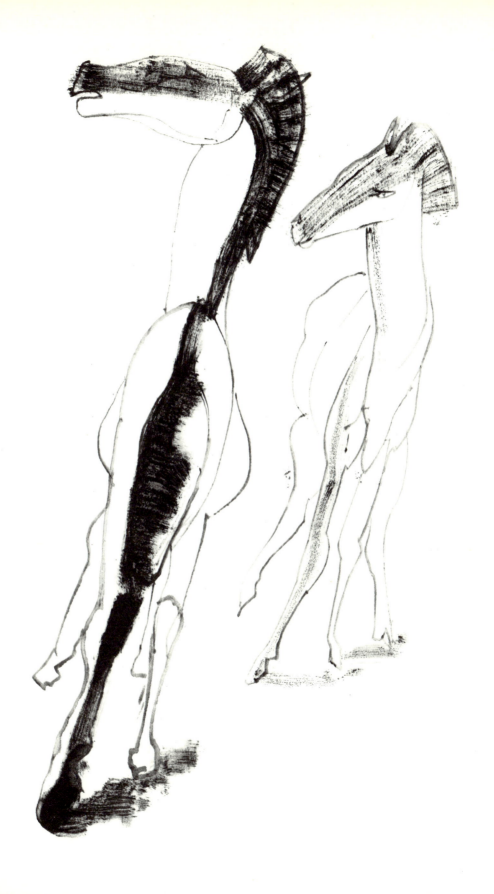

nur noch ab und zu einen besonders wohlschmeckenden Grashalm. Die ganze Herde bewegte sich unmerklich in ein und derselben Richtung weiter. Auch hier ging die alte Shuldyba mit gemessenen Schritten allen anderen Pferden voran und zeigte damit an, daß man noch weiter vordringen durfte. Muschka, eine schwarze Stute, die erstmalig geworfen hatte, wieherte unaufhörlich und fauchte mit erhobenem Schweif ihr kleines, lila schimmerndes Fohlen an, das mit schlotternden Knien neben ihr her trottete. Lastotschka, eine braune, noch ganz junge Stute mit atlasglattem, glänzendem Fell, senkte den Kopf so tief, daß ihr das schwarze seidige Haar des Schopfs über Stirn und Augen fiel, und riß spielerisch Gras ab, warf es hin und stampfte mit ihren von Tau nassen, an den Knöcheln buschigen Füßen darauf. Eins der älteren Fohlen schien ein besonderes Vergnügen daran zu finden, indem es nun schon zum sechsundzwanzigsten Male, den kurzen krausen Schweif steil aufgerichtet, um seine Mutter herumgaloppierte, die offenbar an diese Eigenheit ihres Sohnes bereits gewöhnt war, seelenruhig ihr Gras fraß und nur ab und zu mit ihren großen schwarzen Augen zu ihm hinüberschielte. Eins der allerjüngsten, noch saugenden Füllen mit schwarzem Fell, großem Kopf und possierlich zwischen den Ohren emporragendem Schopf und einem Schwänzchen, das noch in gleicher Art gebogen war, wie es im Mutterleibe gelegen hatte, spitzte die Ohren und starrte aus seinen stumpfen Augen regungslos zu dem hin und her galoppierenden Fohlen hinüber, wobei nicht zu erkennen war, ob es dieses beneidete oder sein Treiben mißbilligte. Etliche der jüngsten Fohlen gaben sich, mit den Nüstern stoßend, dem Saugen hin, während andere weiß Gott warum und ungeachtet der Rufe ihrer Mütter in kurzem, ungeschicktem Trab in die entgegengesetzte Richtung davonliefen, als suchten sie etwas, um dann unvermittelt stehenzubleiben und ein verzweifeltes, schrilles Wiehern auszustoßen; manche hatten sich gemächlich auf eine Seite niedergelegt, manche versuchten Gras zu fressen, manche krauten sich mit einem Hinterbein am Ohr. Zwei trächtige Stuten, die sich von der übrigen Herde abgesondert hatten, bewegten sich, bedächtig einen Fuß vor den anderen setzend, langsam fort und fraßen noch immer. Ihrem Zustand wurde allgemein Achtung gezollt, und von den Jungtieren nahm sich kein einziges heraus, sich ihnen zu nähern und sie zu stören. Und wenn es sich der eine oder andere Wildfang dennoch einmal einfallen ließ, bis in ihre Nähe vorzudringen, dann genügte eine bloße Bewegung mit dem Ohr oder mit dem Schweif, um ihm die ganze Ungebühr seines Benehmens zum Bewußtsein zu bringen.

Die einjährigen Hengste und Stuten gaben sich den Anschein, schon erwachsen und gesetzt zu sein, und es kam nur selten vor, daß sie herumsprangen und sich einer ausgelassenen Gruppe zugesellten. Sie fraßen, gravitätisch den geschorenen Schwanenhals niederbeugend, gemessen ihr

Gras und wedelten, als ob auch sie schon richtige Schweife hätten, mit dem kurzen Schwanzbüschel. Gleich den ausgewachsenen Tieren legten sich manche von ihnen nieder, wälzten sich auf dem Rücken oder rieben sich aneinander. Die lustigste Gruppe bestand aus den zwei- und dreijährigen, noch nicht trächtigen Stuten, die sich fast ausnahmslos beisammenhielten und getrennt von den andern als jungfräulich muntere Schar über die Wiese zogen. Aus ihrer Mitte tönte Getrappel, Aufstampfen, Gewieher und Schnaufen herüber. Sie drängten sich zusammen, legten einander den Kopf auf die Schultern, beschnupperten sich, sprangen herum und galoppierten auch mal mit steil erhobenem Schweif stolz und kokett an ihren Gefährtinnen vorüber und ihnen voraus. Am schönsten und unternehmungslustigsten unter diesen jungen Tieren war eine übermütige braune Stute. Was sie anstellte, taten auch die andern; wohin sie sich wandte, folgte ihr auch die ganze Schar der übrigen Prachttiere. An jenem Morgen war dieser Wildfang in ganz besonders ausgelassener Stimmung. Sie war, wie es mitunter auch bei Menschen vorkommt, von einem unbezähmbaren Übermut befallen. Nachdem sie schon bei der Tränke den alten Wallach zum Narren gehalten hatte, lief sie im Wasser weiter den Fluß entlang, tat dann so, als hätte sie sich über etwas erschreckt, schnaufte einmal und rannte in gestrecktem Galopp ins Feld hinein, so daß Waska ihr und den übrigen Tieren, die sich ihr anschlossen, nachsprengen mußte. Nachdem sie ein Weilchen gefressen hatte, wälzte sie sich auf dem Rücken und begann die alten Stuten dadurch zu reizen, daß sie ihnen vor der Nase herumtrippelte, um dann ein junges Fohlen von seiner Mutter abzudrängen und ihm nachzujagen, als wollte sie es beißen.

Die erschrockene Mutter hörte auf zu fressen, und das Fohlen wieherte jämmerlich, aber die spaßlustige Stute tat ihm gar nichts, sondern wollte ihm nur einen Schreck einjagen und ihren Gefährtinnen, die ihre Streiche mit wohlgefälliger Anteilnahme verfolgten, ein Schauspiel bieten. Anschließend kam sie auf den Einfall, einen kleinen Grauschimmel zu betören, mit dem ein Bäuerlein weit jenseits des Flusses ein Roggenfeld pflügte. Sie blieb stehen, hob stolz den Kopf, ihn ein wenig zur Seite neigend, und stieß ein langgedehntes, lieblich und zärtlich klingendes Gewieher aus. Übermut, Erregung und eine gewisse Wehmut drückten sich in diesem Wiehern aus. Aus ihm sprach das Begehren nach Liebe, ihre Verheißung und die Sehnsucht nach ihr.

Ein Wachtelkönig hüpfte unruhig im dichten Schilfröhricht und rief begehrlich nach seiner Gefährtin; ein Kuckuck und eine Wachtel stimmten ihre Liebeslieder an, und allenthalben sandten die Blumen einander durch den Wind ihren duftenden Blütenstaub.

‚Auch ich bin jung, schön und stark', klang es aus dem Wiehern der übermütigen Stute heraus. ‚Aber es war mir noch nie vergönnt, die Wonne

der Liebe auszukosten, und kein, kein einziger Liebesgefährte hat mich bis jetzt auch nur zu sehen bekommen.'

Und das vielsagende, von Wehmut und Jugend erfüllte Wiehern ergoß sich über die Niederung und die Felder und schallte aus weiter Ferne zu dem kleinen Grauschimmel hinüber. Er spitzte die Ohren und blieb stehen. Der Bauer versetzte ihm mit seinem in einem Bastschuh steckenden Fuß einen Stoß: doch der kleine Grauschimmel war von dem silberhellen Klang des fernen Gewiehers gleichsam verzaubert, rührte sich nicht und wieherte nun ebenfalls. Der erzürnte Bauer zerrte an den Zügeln und stieß den kleinen Grauschimmel mit dem Fuß so heftig in den Bauch, daß er sein Wiehern abbrechen mußte und weiterging. Aber er war nun von Wonne und Wehmut erfüllt, und der Nachhall seines abgebrochenen leidenschaftlichen Gewiehers sowie der zornigen Stimme des Bauern klang aus dem fernen Roggenfeld noch lange zu der Herde herüber.

Wenn allein schon der Klang ihrer Stimme den kleinen Grauschimmel derartig aus der Fassung bringen konnte, daß er darüber seine Pflicht vergaß, wie wäre ihm dann erst zumute geworden, wenn er die übermütige Stute in ihrer ganzen Schönheit erblickt hätte, wie sie mit gespitzten Ohren dastand, durch die geblähten Nüstern die Luft einzog und, von innerer Unruhe ergriffen und mit ihrem ganzen jungen schönen Körper zitternd, zu ihm herüberrief.

Doch die übermütige Stute gab sich nicht lange solchen Gedanken hin. Sobald die Stimme des Grauschimmels verklungen war, stieß sie ein kurzes, spöttisches Gewieher aus, ließ den Kopf wieder sinken, stampfte mit den Füßen auf und begab sich zu dem scheckigen Wallach, um ihn in seiner Ruhe zu stören und zu necken. Der scheckige Wallach war ständig der Leidtragende und die Zielscheibe für die Streiche dieser glücklichen Jugend. Von den Jungtieren hatte er sogar mehr zu erdulden als von den Menschen. Weder diesen noch jenen tat er etwas Böses an. Die Menschen duldeten ihn, weil sie ihn brauchten; doch wofür quälten ihn die jungen Pferde?

4

Er war alt, jene waren jung; er war abgezehrt, jene waren wohlgenährt; er war griesgrämig, jene waren munter. Demnach schien es ausgemacht zu sein, daß er ein völlig fremdes, ganz andersartiges Geschöpf war, mit dem die übrigen Pferde nichts gemein hatten und das sie nicht zu bemitleiden brauchten. Mitleid haben Pferde einzig mit sich selbst und manchmal allenfalls mit solchen Artgenossen, in deren Haut sie sich in ihrer Vorstellung leicht hineinversetzen können. Aber den scheckigen Wallach traf doch schließlich keine Schuld daran, daß er alt und ausgemergelt war und abstoßend aussah, sollte man meinen. Doch nach der Sinnesart von Pferden war er schuldig und sind immer nur die Starken, Jungen und Glücklichen im Recht – diejenigen, die noch das ganze Leben vor sich haben und bei denen vor überschüssiger Kraft jeder Muskel zuckt und sich der Schweif steil in die Höhe erhebt. Es mag sein, daß der scheckige Wallach dies auch selbst einsah und sich in beschaulichen Augenblicken schuld daran fühlte, daß er sein Leben bereits ausgelebt hatte und jetzt für dieses Leben bezahlen mußte; aber er war immerhin ein Pferd und konnte sich oftmals nicht eines Gefühls der Kränkung, der Wehmut und der Empörung erwehren, wenn er all diese jungen Tiere betrachtete, die ihn für einen Zustand geißelten, der ihnen am Ende ihres Lebens auch bevorstand. Ein Grund für die Unbarmherzigkeit der Pferde lag übrigens auch in dem aristokratischen Gefühl, von dem sie durchdrungen waren. Der Stammbaum eines jeden von ihnen reichte väterlicher- oder mütterlicherseits bis zu dem berühmten Smetanka zurück, während der scheckige Wallach unbekannter Herkunft war; er war ein Fremdling, den man vor drei Jahren für achtzig Papierrubel auf dem Jahrmarkt erstanden hatte.

Die braune Stute kam, als wolle sie sich nur etwas Bewegung machen, unmittelbar an die Nüstern des scheckigen Wallachs heran und stieß ihn an. Da er derlei schon gewöhnt war, öffnete er gar nicht erst die Augen, sondern streckte nur die Ohren und fletschte die Zähne. Die Stute drehte sich mit dem Hinterteil zu ihm und tat so, als wollte sie nach ihm ausschlagen. Er schlug die Augen auf und begab sich auf eine andere Stelle der Wiese. Zu schlafen hatte er jetzt keine Lust mehr, und so begann er zu fressen. Doch wiederum näherte sich ihm die Schelmin, begleitet von ihren Gefährtinnen. Eine zweijährige weißnasige und im übrigen sehr alberne Stute, die immer und in allem die Braune nachahmte, kam zusammen mit ihr heran und begann, wie es Nachahmer gewöhnlich tun, die Anstifterin des Ränkespiels gegen den Wallach noch zu überbieten. Die braune Stute kam in der Regel wie in Gedanken versunken an den Wallach heran und ging, ohne ihn zu beachten, dicht an seiner Nase vorüber, so daß er nie wußte, ob er böse werden sollte oder nicht, was wirklich ungemein komisch war. Sie selbst verfuhr auch diesmal so, aber die weißnasige Stute, die ihr folgte und in besonders ausgelassene Stimmung geraten war, ließ es sich nicht nehmen, den Wallach mit der ganzen Brust anzurempeln. Dieser fletschte abermals die Zähne, stieß ein kurzes Wiehern aus und jagte mit einer Flinkheit, die man ihm gar nicht zugetraut hätte, hinter ihr her und biß sie in die Lende. Die Weißnasige schlug mit beiden Hinterbeinen aus und versetzte dem Alten einen empfindlichen Schlag gegen die hageren, fleischlosen Rippen. Der Alte ächzte vor Schmerz und wollte erneut auf die Stute losstürzen; doch dann besann er sich eines andern und zog sich mit einem tiefen Seufzer zurück. Der freche Ausfall, den sich der scheckige Wallach gegen die weißnasige Stute erlaubt hatte, wurde offenbar von den gesamten Jungtieren der Herde als persönliche Beleidigung aufgefaßt, denn den ganzen restlichen Tag über hinderten sie ihn am Fressen und ließen ihn keinen Augenblick in Ruhe, so daß der Pferdehirt sie mehrmals beschwichtigen mußte und gar nicht begreifen konnte, was in sie gefahren war. Der Wallach war so gekränkt, daß er von selbst auf Nester zuging, als der Alte Anstalten traf, die Herde nach Hause zu treiben, und erst als er ihn gesattelt und ihn bestiegen hatte, fühlte er sich glücklicher und geborgener.

Weiß Gott, worüber der alte Wallach nachdachte, als er mit dem alten Nester auf dem Rücken davontrabte. Sei es, daß er mit Verbitterung an die Aufdringlichkeit und Grausamkeit der Jugend dachte, sei es, daß er in dem verächtlichen, stillen Stolz, der dem Greisenalter eigen ist, seinen Peinigern verzieh – er gab jedenfalls seine Gedanken auf dem ganzen Wege bis nach Hause durch nichts zu erkennen.

Als Nester an jenem Abend mit der Herde an den Häusern der Gesindeleute vorbeikam, nahm er vor seiner Wohnung einen Wagen mit einem am Torpfosten angebundenen Pferd wahr: Seine Gevattern waren zu Besuch gekommen. Beim Hineintreiben der Herde in den Hof hatte er es nun so eilig, daß er den Wallach hineinließ, ohne ihm den Sattel abzunehmen; er rief Waska, daß er ihn absatteln sollte, schloß das Tor und begab sich zu seinen Gevattern. Ob es nun an der Beleidigung lag, die der weißnasigen Stute, einer Urenkelin Smetankas, von diesem auf dem Pferdemarkt gekauften «grindigen Klepper» zugefügt worden war, der weder Vater noch Mutter kannte und durch seinen Ausfall die aristokratischen Gefühle der ganzen Herde verletzt hatte, oder daran, daß der Wallach ohne Reiter mit seinem hohen Sattel für die übrigen Pferde einen grotesk-phantastischen Anblick darbot – kurzum, auf dem Gestütshof ereignete sich in jener Nacht etwas Außergewöhnliches. Sämtliche Pferde, jung und alt, jagten mit gefletschten Zähnen hinter dem Wallach her und hetzten ihn im Hof herum, wobei Hufschläge gegen seine eingefallenen Flanken und sein schweres Ächzen zu hören waren. Der Wallach konnte diese Hetze schließlich nicht mehr ertragen, war nicht mehr imstande, sich den Schlägen zu entziehen. Er blieb in der Mitte des Hofes stehen, und in seinen Gebärden drückte sich das erbärmliche Bild greisenhafter Schwäche, ohnmächtiger Wut und schließlich Verzweiflung aus. Doch dann schmiegte er die Ohren an den Kopf und tat unversehens etwas, wodurch alle Pferde im Nu zur Ruhe kamen. Wjasopuricha, die älteste Stute, trat an den Wallach heran, beschnupperte ihn und stieß einen Seufzer aus. Auch der Wallach seufzte...

5

In der Mitte des vom Mond hell erleuchteten Hofes erhob sich die große hagere Gestalt des Wallachs mit dem hohen Sattel und dem zapfenförmig emporragenden Sattelbug. Die übrigen Pferde standen regungslos und in tiefem Schweigen um ihn herum, als bekämen sie etwas ganz Neues und

Außergewöhnliches von ihm zu hören. Es war auch wirklich etwas Neues und Überraschendes, was sie von ihm erfuhren.

Sie erfuhren von ihm folgendes.

Die erste Nacht

«Ja, ich bin ein Sohn Ljubesnys I. und Babas. Meinem Stammbaum zufolge lautet mein Name Mushik I. So heiße ich wohl dem Stammbaum nach, aber wegen meiner ausgreifenden, weit ausholenden Gangart, wie sie in ganz Rußland noch bei keinem zweiten Pferd vorgekommen ist, haben mir die Menschen den Rufnamen Leinwandmesser zugelegt. Meiner Abstammung nach gibt es in der ganzen Welt kein Pferd von reinerem Geblüt als mich. Ich würde euch das nie gesagt haben. Wozu sollte ich es? Ihr hättet nie zu wissen bekommen, wer ich bin. Ebensowenig wie es Wjasopuricha gewußt hat, die mit mir zusammen in Chrenowo gewesen ist und mich jetzt erst wiedererkannt hat. Ihr würdet mir auch jetzt nicht Glauben schenken, wenn ich nicht Wjasopuricha als Zeugin hätte. Ich würde auch das alles nie gesagt haben, denn das Mitleid anderer Pferde brauche ich nicht. Aber ihr habt es herausgefordert. Ja, ich bin jener Leinwandmesser, den so viele Pferdeliebhaber suchen und nicht finden können, jener Leinwandmesser, den der Graf selbst gekannt und aus seinem Gestüt verstoßen hat, weil ich sein Lieblingspferd Lebed besiegt habe ...

Als ich geboren wurde, wußte ich nicht, was das Wort scheckig bedeutet; ich wußte nur, daß ich ein Pferd war. Die erste Bemerkung über die Farbe meines Fells, weiß ich noch, hat mich und meine Mutter ganz betroffen gemacht. Ich wurde, glaube ich, nachts geboren, und am Morgen darauf stand ich schon, von meiner Mutter sauber abgeleckt, auf den Beinen. Wie ich mich noch erinnern kann, verlangte es mich immerzu nach irgend etwas, und alles kam mir ungemein verwunderlich und zugleich ungemein einfach vor. Die Boxen lagen bei uns an einem langen, warmen Korridor und hatten Gittertüren, durch die man alles sehen konnte. Meine Mutter wollte mich zum Saugen bewegen, aber so unerfahren, wie ich noch war, stieß ich mit der Nase mal an ihren Vorderbeinen, mal an der Mulde herum. Plötzlich drehte meine Mutter den Kopf nach der Gittertür um, hob ihr Bein über mich hinweg und zog sich zur Seite zurück. Durch die Gittertür blickte der Stallknecht, der an jenem Tage Dienst hatte, in unsere Box.

‚Sieh da, Baba hat ein Fohlen geworfen‘, sagte er und schob den Riegel zurück; er kam über das frisch ausgebreitete Stroh auf mich zu und umfaßte mich mit den Armen. ‚Schau mal her, Taras, wie scheckig es ist‘, rief er. ‚Ganz wie eine Elster.‘

Ich riß mich von ihm los und fiel, in den Knien zusammenknickend, zu Boden.

‚Sieh mal an, dieser kleine Teufel!‘ sagte er.

Meine Mutter wurde unruhig, unternahm aber nichts, mich zu schützen, sondern stieß nur einen tiefen schweren Seufzer aus und verzog sich ein wenig zur Seite. Die übrigen Stallknechte kamen hinzu und betrachteten mich. Einer von ihnen lief zum Stallmeister, ihm Meldung zu machen. Sie lachten alle, als sie sich mein scheckiges Fell ansahen, und gaben mir verschiedene komische Namen. Was diese Namen bedeuteten, wußten weder ich noch meine Mutter. Bis dahin hatte es bei uns, in unserem ganzen Geschlecht noch niemals einen Schecken gegeben. Wir dachten gar nicht daran, daß ein scheckiges Fell etwas Schlechtes sein könnte. Meine Statur aber und meine Kraft wurden schon damals von allen gelobt.

‚Ei, was für ein Wildfang er ist', sagte der Stallknecht. ‚Man kann ihn kaum bändigen.'

Nach einer Weile fand sich der Stallmeister ein; mein Fell versetzte ihn in Staunen und ärgerte ihn sogar.

‚Nach wem kann er bloß geschlagen sein, dieses Scheusal?' sagte er. ‚Der General wird ihn im Gestüt nicht dulden. Ach, Baba, da hast du mich schön 'reingelegt', wandte er sich an meine Mutter. ‚Da hättest du schon lieber einen Weißnäsigen werfen sollen, anstatt einen solchen Schecken.'

Meine Mutter antwortete nichts und stieß, wie sie es in solchen Fällen immer tat, abermals einen Seufzer aus.

‚Von welchem Satan kann er es bloß haben?' fuhr er fort. ‚Richtig wie ein Bauerngaul sieht er aus. Im Gestüt kann er nicht bleiben, das wäre eine Schande. Aber sonst ist er ein stattliches, ein sehr stattliches Tier', fügte er hinzu, und dasselbe sagten auch alle andern, wenn sie mich betrachteten. Nach einigen Tagen erschien auch der General selbst, um mich in Augenschein zu nehmen; da taten alle wiederum ganz entsetzt und beschimpften mich und meine Mutter wegen der Farbe meines Fells. ‚Aber ein Prachtkerl ist er dennoch, ein wahrer Prachtkerl', wiederholte immer wieder ein jeder, der mich zu Gesicht bekam.

Bis zum Frühling hausten wir im Stall der Mutterstuten, wo jedes Füllen mit seiner Mutter getrennt von den andern untergebracht war, und erst als der Schnee auf den Dächern der Ställe in der Sonne zu schmelzen begann, wurden wir ab und zu auf den großen, mit frischem Stroh ausgelegten Hof hinausgelassen. Dort kam ich erstmalig mit allen meinen Verwandten zusammen, den nahen sowohl als auch den entfernteren. Ich sah, wie all die berühmten Stuten jener Zeit mit ihren kleinen Fohlen aus den verschiedenen Türen herauskamen. Die alte Golanka war darunter, ferner Muschka, eine Tochter Smetankas, Krasnucha, das Reitpferd Dobrochoticha – lauter Berühmtheiten jener Zeit, die dort allesamt mit ihren jüngsten Fohlen zusammenkamen, in der Sonne herumspazierten, sich im frischen Stroh wälzten und sich gegenseitig beschnupperten, wie auch gewöhnliche Pferde es tun. Den Anblick jenes Gestütshofes, angefüllt mit den prächtigsten

Pferden jener Zeit, kann ich bis heute nicht vergessen. Ihr könnt es wohl kaum glauben und euch nicht vorstellen, daß auch ich einmal jung und ausgelassen gewesen bin, und doch war es so. Dort befand sich auch unsere Wjasopuricha, die damals noch ein einjähriges, ein liebes, munteres und flinkes Pferdchen mit kurzgeschorener Mähne war; aber wenn sie jetzt auch wegen ihres Geblüts unter euch als etwas Außergewöhnliches angesehen wird, so muß ich, ohne ihren Ruhm irgendwie schmälern zu wollen, dennoch sagen, daß sie seinerzeit eins der schlechtesten Pferde der damaligen Zucht war. Das wird sie auch selber bestätigen.

Meine Scheckigkeit, die bei den Menschen solchen Abscheu erregte, fand unter den Pferden allgemeines, außerordentliches Gefallen; sie umringten mich alle, bewunderten mich und wollten mit mir spielen. Ich vergaß allmählich schon, was die Menschen über meine Scheckigkeit gesagt hatten, und fühlte mich glücklich. Doch bald lernte ich in meinem Leben den ersten Kummer kennen, und der Grund dazu war meine Mutter. Als die Schneeschmelze begann, die Spatzen unter den Schutzdächern zwitscherten und in der Luft immer stärker der Frühling spürbar wurde, änderte meine Mutter ihr Verhalten zu mir. Ihre ganze Wesensart war anders geworden: Bald begann sie plötzlich ohne jeden Anlaß im Hof herumzulaufen und zu spielen, was gar nicht zu ihrem gesetzten Alter paßte; bald versank sie in Gedanken und wieherte; bald schlug sie gegen ihre Geschwister, die anderen Stuten, mit den Hinterbeinen aus und biß sie; bald beschnupperte sie mich und schnaufte unzufrieden, oder sie legte, wenn wir in die Sonne herauskamen, den Kopf auf die Schultern Kuptschichas, ihrer Kusine, wobei sie sich lange nachdenklich an ihrem Rücken rieb und mich zurückstieß, wenn ich saugen wollte. Einmal kam der Stallmeister zu uns, befahl, ihr ein Halfter anzulegen, und ließ sie aus der Box führen. Sie begann zu wiehern, ich antwortete und wollte ihr nachstürzen; aber sie drehte sich nicht einmal nach mir um. Der Stallknecht Taras ergriff mich und hielt mich mit beiden Armen fest, während die Tür hinter meiner weggeführten Mutter geschlossen wurde. Ich schlug um mich und warf den Stallknecht ins Stroh; aber die Tür war verschlossen, und ich hörte nur noch das aus immer größerer Ferne herüberschallende Wiehern meiner Mutter. Aber aus ihrem Gewieher hörte ich nunmehr kein Rufen nach mir heraus, nein, es klang ganz anders. Es wurde in der Ferne von einer machtvollen Stimme erwidert – der Stimme Dobrys I., wie ich später erfuhr, den zwei Stallknechte zu einer Begegnung mit meiner Mutter führten. Wie Taras die Box verlassen hat, das weiß ich nicht mehr; es war mir zu schwer ums Herz. Ich fühlte, daß ich die Liebe meiner Mutter für immer verloren hatte. Und alles liegt daran, daß ich scheckig bin, dachte ich, als ich mir die Aussprüche der Menschen über mein Fell ins Gedächtnis rief, und wurde dabei von einem solchen Ingrimm ergriffen, daß ich mit dem Kopf und den Knien gegen die Wände der Box zu schlagen begann – so lange schlug, bis ich in Schweiß gebadet war und vor Erschöpfung innehielt.

Nach einiger Zeit kehrte meine Mutter zu mir zurück. Ich hörte, wie sie über den Korridor in leichtem Trab, einer an ihr gar nicht gewohnten Gangart, auf unsere Box zugelaufen kam. Man machte ihr die Tür auf, und ich erkannte sie kaum wieder: so verjüngt und verschönt hatte sie sich. Sie beschnupperte mich, schnaufte und wieherte mürrisch. Ich sah es ihr an allem an, daß sie mich nicht mehr liebte. Sie erzählte mir von der Schönheit Dobrys und von ihrer Liebe zu ihm. Ihre Zusammenkünfte mit ihm wurden fortgesetzt, und das Verhältnis zwischen mir und meiner Mutter erkaltete mehr und mehr.

Bald darauf wurden wir auf die Weide hinausgelassen. Von nun an lernte ich neue Freuden kennen, die mir die verlorene Liebe meiner Mutter ersetzten. Ich hatte Freundinnen und Kameraden, wir lernten gemeinsam Gras fressen, ebenso zu wiehern wie die Großen und mit erhobenem Schweif um unsere Mütter herumzugaloppieren. Das war eine glückliche Zeit. Mir wurde alles vergeben, alle hatten mich lieb, fanden Wohlgefallen an mir und nahmen alles, was immer ich auch tat, mit Nachsicht auf. Doch das währte nicht lange. Denn bald ereignete sich etwas Entsetzliches mit mir ...»

Der Wallach stieß einen schweren, tiefen Seufzer aus und verließ den Kreis der Pferde. Im Osten hatte sich der Himmel schon lang rot gefärbt. Das Tor knarrte, und Nester kam herein. Die Pferde zerstreuten sich. Der Hirt rückte auf dem Wallach den Sattel zurecht und trieb die Herde ins Freie.

6

Die zweite Nacht

Sobald die Pferde abends wieder nach Hause getrieben waren, sammelten sie sich erneut um den Wallach.

«Im August wurden ich und meine Mutter voneinander getrennt», nahm der Wallach seine Erzählung wieder auf, «aber besonders betrübt war ich deswegen nicht. Ich sah, daß meine Mutter damals bereits meinen jüngeren Bruder, den berühmten Ussan, unter dem Herzen trug und daß ich für sie nicht mehr dasselbe bedeutete wie früher. Eifersüchtig war ich nicht, empfand jedoch, daß mein Gefühl für sie kälter geworden war. Zudem wußte ich, daß ich nach der Trennung von der Mutter in den Gemeinschaftsstall für Füllen kommen sollte, in dem sie zu zweien und zu dreien standen und von wo die ganze junge Horde täglich gemeinsam ins Freie hinausgelassen wurde. Ich stand in einer Box mit Mily. Mily war ein Reitpferd, auf dem späterhin der Kaiser geritten ist und das auf Bildern und durch Statuen dargestellt ist. Damals war er noch ein gewöhnliches Füllen mit zartem, glänzendem Fell, einem Schwanenhals und Beinen, die so gerade und dünn waren wie Saiten. Er war ein gutmütiges, freundliches Tier, war allezeit vergnügt und bereit zu spielen, sich mit andern Pferden zu belecken oder mit irgendeinem Pferd oder Menschen seine Scherze zu treiben. Es ergab sich ganz von selbst, daß wir während unseres Zusammenlebens Freundschaft schlossen, eine Freundschaft, die unsere ganze Jugend über fortgedauert hat. Er war heiter und leichtsinnig veranlagt. Schon damals fing er Liebschaften an, schäkerte mit den Stuten und machte sich über meine Unschuld lustig. Zu meinem Unglück begann ich, ihm aus Ehrgeiz nachzueifern, und geriet sehr bald in den Bann der Liebe. Daß ich mich ihr so frühzeitig hingab, führte dann zu der verhängnisvollsten Wende in meinem Schicksal. Das geschah folgendermaßen.

Wjasopuricha war ein Jahr älter als ich, und wir beide waren besonders befreundet. Gegen Ende des Herbstes bemerkte ich jedoch, daß sie mich zu meiden trachtete ... Doch ich will jetzt nicht die ganze unselige Geschichte meiner ersten Liebe erzählen; Wjasopuricha wird sich selbst noch meiner wahnwitzigen Leidenschaft erinnern, die für mich mit der schwerwiegendsten Veränderung in meinem Leben endete. Die Stallknechte stürzten auf uns zu, trieben sie von mir fort und schlugen mich. Abends wurde ich in eine Einzelbox gesperrt. Ich wieherte die ganze Nacht hindurch, als hätte ich schon vorausgeahnt, was sich am folgenden Tag zutragen würde.

Morgens erschienen im Korridor vor meiner Box der General, der Stallmeister, die Stallknechte und die Pferdehirten, und es entstand ein furchtbares Gezeter. Der General schrie den Stallmeister an, und dieser rechtfertigte sich, indem er sagte, er habe nicht die Anweisung gegeben, mich hinauszulassen, das hätten die Stallknechte eigenmächtig getan. Der General erklärte, daß er sie allesamt verprügeln werde und daß man junge Hengste nicht halten könne. Der Stallmeister versprach, alles Nötige auszuführen. Hierauf beruhigten sie sich und gingen. Ich wurde aus alldem nicht klug, merkte jedoch, daß man irgend etwas mit mir vorhatte ...

Am nächsten Tage hörte ich für immer zu wiehern auf und wurde zu dem, was ich jetzt bin. Die ganze Welt hatte sich in meinen Augen verwandelt. Ich hatte an nichts mehr Freude, vertiefte mich in mich selbst und begann zu grübeln. Anfangs war mir alles zuwider. Ich hörte sogar auf zu trinken, zu fressen und mich draußen zu tummeln; an ein Herumtollen dachte ich überhaupt nicht mehr. Manchmal hatte ich wohl eine Anwandlung, mit den Hinterbeinen auszuschlagen, loszugaloppieren und zu wiehern; doch dann erhob sich sogleich die schreckliche Frage: ‚Warum? Wozu?' Und meine letzte Kraft versiegte.

Als man mich eines Abends ins Freie führte, wurde gerade die Herde von der Weide nach Hause getrieben. Schon von weitem sah ich eine Staubwolke, in der sich undeutlich all die mir wohlbekannten Gestalten unserer Mutterstuten abzeichneten. Ich hörte ihr fröhliches Wiehern und Getrappel.

Obwohl die Halfterleine, an der mich der Stallknecht zog, meinen Nacken schnitt, blieb ich stehen und blickte so wehmütig auf die sich nähernde Herde, wie man auf ein für immer verlorenes, nie wiederkehrendes Glück zurückblickt. Als sie näher kamen, erkannte ich jede einzelne der mir so vertrauten majestätischen, schönen, gesunden und wohlgenährten Pferdegestalten. Das eine und andere von ihnen blickte sich auch zu mir um. Den Schmerz, den der Stallknecht durch das Zerren am Halfter verursachte, spürte ich gar nicht. Ich vergaß mich und begann in Erinnerung an frühere Zeiten spontan zu wiehern und in Trab überzugehen. Aber der Widerhall meines Wieherns klang jämmerlich, komisch und albern. In der Herde machte sich niemand darüber lustig, doch bemerkte ich, daß sich viele Pferde aus Schicklichkeit von mir abwandten. Ich machte offenbar einen widerwärtigen, bejammernswerten und vor allem peinlichen und lächerlichen Eindruck auf sie. Mein dünner, unscheinbarer Hals, der große Kopf – ich war inzwischen sehr abgemagert –, die langen stelzigen Beine und die dumme Art, in der ich aus alter Gewohnheit um den Stallknecht herumzuspringen begann – alles kam ihnen lächerlich vor. Niemand erwiderte mein Wiehern, alle wandten sich von mir ab. Da wurde mir auf einmal klar, wie weit ich ihnen allen für immer entrückt war, und ich weiß überhaupt nicht, wie ich damals mit dem Stallknecht nach Hause gekommen bin.

Wenn ich auch schon früher eine Neigung zu Ernsthaftigkeit und Tiefsinn offenbart hatte, so kam diese jetzt endgültig zum Durchbruch. Meine Scheckigkeit, die den Menschen einen so sonderbaren Abscheu einflößte, das seltsame Unglück, das mich so jählings betroffen hat, und zu alledem meine besondere Stellung im Gestüt, die ich wohl fühlte, mir aber noch auf keine Weise erklären konnte – alles dies führte dazu, daß ich mich ganz in mich selbst zurückzog. Ich grübelte über die Ungerechtigkeit der Menschen nach, die es mir zur Last legten, daß ich scheckig war, grübelte über die Unbeständigkeit der mütterlichen und allgemeinen weiblichen Liebe und ihre Abhängigkeit von physischen Umständen und vertiefte mich vor allem in Gedanken über die Eigenschaft jener seltsamen Gattung von Geschöpfen, mit denen wir so eng verbunden sind und die wir Menschen nennen – über die Eigenschaften, durch die sie mich im Gestüt in jene besondere Lage versetzt hatten, die ich zwar fühlte, aber nicht begreifen konnte. Die Bedeutung dieser Lage und die Art der menschlichen Eigenschaften, auf denen sie beruhte, offenbarten sich mir bei folgender Gelegenheit.

Es war im Winter um die Weihnachtszeit. Ich hatte den ganzen Tag über kein Futter und keinen Trank bekommen. Wie ich nachträglich erfuhr, lag es daran, daß der Stallknecht betrunken war. An jenem Tage nun kam der Stallmeister zu mir, und als er sah, daß ich nichts zu fressen hatte, entlud er sich in einer wüsten Schimpferei über den abwesenden Stallknecht und ging dann wieder hinaus. Am folgenden Tage kam der Stallknecht mit einem seiner Kameraden zu uns in die Box, um Heu hineinzuschütten, und ich bemerkte, daß er ungewöhnlich blaß und bedrückt war; besonders die Haltung seines langen Rückens machte einen irgendwie auffälligen und mitleiderregenden Eindruck. Er warf das Heu wütend in die Krippe, und als ich dabei meinen Kopf über seine Schulter vorstrecken wollte, versetzte er mir einen so empfindlichen Faustschlag auf die Schnauze, daß ich zurücksprang. Auch stieß er mir dann noch mit dem Stiefel gegen den Bauch.

,Wenn nicht dieses grindige Biest wäre', sagte er, ,dann wäre alles gut gegangen.'

,Was ist denn geschehen?' fragte der andere Stallknecht.

,Die gräflichen Pferde, um die kümmert er sich überhaupt nicht, aber zu seinem eigenen Fohlen, da guckt er zweimal am Tage herein.'

,Hat man ihm denn den Schecken verkauft?' fragte der andere.

,Verkauft oder geschenkt, das weiß der Kuckuck. Die gräflichen Pferde, die könnten allesamt verhungern – das schert ihn wenig; aber wehe, wenn man sich untersteht, mal sein eigenes Fohlen ohne Futter zu lassen! Leg dich hin!' rief er, und dann schlug er auf mich los. ,Ist so was denn Christenart? Schlimmer als ein Stück Vieh hat er mich gepeitscht und dabei noch die Hiebe gezählt, dieser Barbar – er trägt wohl kein Kreuz auf der Brust. Vom General habe ich nie solche Schläge gekriegt, aber dieser hat mir den ganzen Rücken zerfetzt, er muß wohl keine Christenseele im Leibe haben.'

Das, was sie vom Durchpeitschen und vom Christentum sagten, verstand ich gut, völlig unklar aber war mir damals, was die Worte vom ,eigenen' Fohlen bedeuteten, aus denen ich ersah, daß die Menschen irgendein Verhältnis zwischen mir und dem Stallmeister annahmen. Worin dieses Verhältnis bestehen sollte, konnte ich damals ganz und gar nicht begreifen. Erst viel später, als man mich von den übrigen Pferden trennte, wurde mir klar, was damit gemeint war. Zunächst jedoch war es mir ganz unverständlich, was es zu bedeuten hatte, daß man mich als das Eigentum eines Menschen bezeichnete. Die Worte, ,mein Pferd', auf mich, ein lebendes Pferd, bezogen, kamen mir ebenso absonderlich vor wie die Worte: mein Land, meine Luft, mein Wasser.

Immerhin übten diese Worte einen gewaltigen Einfluß auf mich aus. Ich dachte unablässig über sie nach, und erst viel später, nachdem ich zu den Menschen in die verschiedenartigsten Beziehungen getreten war, begriff ich schließlich, welche Bedeutung sie diesen seltsamen Worten beimessen. Sie bedeuten, daß die Menschen sich im Leben nicht von Taten, sondern von Worten leiten lassen. Es kommt ihnen weniger auf die Möglichkeiten an, etwas zu tun oder nicht zu tun, als vielmehr auf die Möglichkeit, über verschiedene Dinge in Worten zu sprechen, die sie miteinander verabredet haben. Solche Worte, die unter ihnen eine große Wichtigkeit angenommen haben, sind zum Beispiel: mein, meine, meins; diese Worte wenden sie auf alle möglichen Dinge, Geschöpfe und Gegenstände an, selbst auf Land, auf andere Menschen und auf Pferde. Sie haben untereinander vereinbart, daß von einem bestimmten Gegenstand immer nur einer von ihnen sagen darf, es sei seiner. Und derjenige, der nach diesem zwischen ihnen vereinbarten Spiel die meisten Gegenstände als sein bezeichnen kann, den betrachten sie als den glücklichsten. Warum sie das so eingerichtet haben, weiß ich nicht; aber es ist so. Zuerst nahm ich an, daß damit irgendein bestimmter Vorteil verbunden sein müsse, und habe mich lange bemüht, diesen herauszufinden; aber meine Annahme erwies sich als unzutreffend.

Viele von den Menschen zum Beispiel, die mich ihr Pferd genannt haben, sind gar nicht auf mir geritten, sondern es waren ganz andere, die auf mir geritten sind. Auch gefüttert wurde ich nicht von ihnen, sondern von ganz anderen. Und ebenso haben mir nicht diejenigen Gutes erwiesen, die mich als ihr Pferd bezeichneten, nein, das taten Kutscher, Kurschmiede und andere, durchweg außenstehende Menschen. Späterhin, nachdem ich den Kreis meiner Beobachtungen erweitert hatte, bin ich zu der Erkenntnis gekommen, daß der Begriff mein nicht nur in bezug auf uns Pferde, sondern ganz allgemein auf nichts anderem beruht als auf einem niederen, tierischen Instinkt der Menschen, den diese Eigentumssinn oder Recht auf Eigentum nennen. Mancher Mensch spricht von seinem Haus, wohnt aber gar nicht in ihm, sondern hat es nur erbauen lassen und sorgt für seine Instandhaltung. Der Kaufmann spricht von seinem Laden. ‚Mein Manufakturwarenladen', sagt zum Beispiel einer, aber seine Kleider sind nicht aus dem besten Stoff, den er in seinem Laden feilhält. Es gibt Menschen, die ein Stück Land als ihr eigenes bezeichnen, ohne daß sie es jemals gesehen oder betreten haben. Es gibt Menschen, die andere Menschen als ihnen gehörig bezeichnen, obwohl sie diese nie gesehen haben und mit ihnen nur soweit in Verbindung stehen, als sie ihnen Böses antun. Manche Männer nennen irgendwelche weiblichen Geschöpfe ihre Frauen, während diese Frauen mit anderen Männern leben. Die Menschen streben im Leben nicht danach, das zu tun, was sie selbst als gut bezeichnen, sondern sind nur darauf bedacht, möglichst viele Dinge ihr eigen zu nennen. Ich bin zu der Überzeugung gekommen, daß hierin der grundlegende Unterschied zwischen uns und den Menschen besteht. Von unseren sonstigen Vorzügen gegenüber den Menschen ganz abgesehen, können wir allein schon deshalb dreist behaupten, daß wir auf der Entwicklungsstufe der Lebewesen höher stehen als die Menschen. Das Wirken der Menschen – zum mindesten derjenigen, mit denen ich zu tun gehabt habe – besteht in Worten, das unsrige hingegen in Taten. Und eben auf solche Weise hatte der Stallmeister das Recht erhalten, mich sein Pferd zu nennen und den Stallknecht zu züchtigen. Diese Entdeckung hat einen tiefen Eindruck auf mich gemacht und in Verbindung mit den Gedanken und Erwägungen, die meine Scheckigkeit bei den Menschen hervorrief, sowie den Grübeleien, denen ich mich wegen der Untreue meiner Mutter hingab, schließlich dazu geführt, daß ich ein so ernster und versonnener Wallach wurde, wie ich es jetzt bin.

Ich war dreifach unglücklich: wegen meiner Scheckigkeit, wegen meiner Eigenschaft als Wallach und weil die Menschen sich einbildeten, daß ich nicht, wie es für alles Lebende zutrifft, Gott und mir selbst gehörte, sondern Eigentum des Stallmeisters sei.

Daß sie sich diese Meinung von mir gebildet hatten, zeitigte vielerlei Folgen. Die erste bestand schon darin, daß ich in einer Einzelbox gehalten wurde, daß man mich besser fütterte, häufiger an der Leine laufen ließ und frühzeitiger vor einen Wagen spannte als die übrigen Pferde. Ich stand eben im dritten Lebensjahr, als ich zum erstenmal angespannt wurde. Noch heute erinnere ich mich, wie der Stallmeister selbst, der sich ja einbildete, daß ich ihm gehöre, mit zahlreichen Stallknechten kam, um mich erstmalig anzuschirren, und wie alle dabei erwarteten, daß ich mich bockig anstellen und Widerstand leisten würde. Sie knebelten mich und umwanden mich mit Stricken, als sie mich zwischen die Deichselgabeln zwängten; sie brachten auf meinem Rücken ein breites Kreuz aus Riemen an und befestigten es an der Deichsel, damit ich nicht mit den Hinterbeinen ausschlagen konnte – und dabei wartete ich doch nur auf eine Gelegenheit, meine Lust und Liebe zur Arbeit zu beweisen.

Sie wunderten sich, daß ich wie ein altes Pferd lief. Ich wurde eingefahren und übte mich, im Trab zu laufen. Von Tag zu Tag machte ich immer größere Fortschritte, so daß nach Verlauf von drei Monaten der General selbst und viele andere meine Gangart lobten. Doch so seltsam es auch klingt: einzig deshalb, weil sie sich einbildeten, daß ich nicht ihnen, sondern dem Stallmeister gehörte, bekam mein Lauf für sie eine ganz andere Bedeutung.

Die jungen Hengste meines Alters wurden für Rennen eingefahren, ihre Schnelligkeit wurde gemessen, man kam zu ihnen heraus, sie zu betrachten, fuhr mit ihnen in vergoldeten Kutschen und umhüllte sie mit wertvollen Decken. Ich wurde vor den gewöhnlichen Wagen des Stallmeisters gespannt, wenn er seiner Geschäfte wegen nach Tschesmenka und anderen Vorwerken fuhr. Alles dies kam daher, weil ich scheckig war, und vor allem, weil ich ihrer Meinung nach nicht ein gräfliches Pferd, sondern Eigentum des Stallmeisters war.

Morgen, so Gott will, werde ich euch erzählen, welches die wichtigste Folge war, die für mich daraus entstand, daß sich der Stallmeister ein Eigentumsrecht an mir anmaßte...»

Während dieses ganzen Tages hatten sich die Pferde einer ehrerbietigen Behandlung des Leinwandmessers befleißigt. Nester jedoch ging mit ihm ebenso grob um wie sonst. Der kleine Grauschimmel des Bauern wieherte neuerdings, wenn er sich der Herde näherte, und die braune Stute kokettierte dann aufs neue mit ihm.

7

Die dritte Nacht

Es war Neumond, und der Schein seiner schmalen Sichel fiel auf die Gestalt des Leinwandmessers, der in der Mitte des Hofes stand. Um ihn herum drängten sich die anderen Pferde.

«Die schwerwiegendste und unbegreiflichste Folge dessen, daß ich nicht dem Grafen, nicht Gott, sondern dem Stallmeister gehörte», setzte der Schecke seine Erzählung fort, «bestand darin, daß gerade das, was bei uns sonst als größter Vorzug bewertet wird – die Schnelligkeit des Laufs –, zur Ursache meiner Vertreibung wurde. Als Lebed gerade einmal im Rondell eingefahren wurde, kam der Stallmeister mit mir aus Tschesmenka zurück und hielt vor der Rennbahn an. Lebed lief an uns vorüber. Er lief an sich gut, machte aber Faxen; ihm fehlte es an jenem Elan, den ich mir erarbeitet hatte und der darin besteht, daß man im selben Augenblick, wo der eine Fuß den Boden berührt, auch schon blitzschnell mit dem andern ausholen muß, so daß nicht die geringste Anstrengung verschwendet, sondern alle Kraft vollauf zur Vorwärtsbewegung ausgenutzt wird. Lebed kam wieder vorbeigelaufen. Ich drängte zum Rondell hin. Der Stallmeister ließ mich gewähren: ‚Soll sich mein Schecke mit ihm messen?' rief er, und als Lebed uns ein weiteres Mal passierte, ließ er mich laufen. Da Lebed schon in vollem Schwung war, blieb ich in der ersten Runde zurück; doch in der zweiten holte ich auf, kam seinem Rennwagen immer näher, holte ihn ein und lief an ihm vorüber. Man ließ uns noch einmal laufen: dasselbe Ergebnis. Ich übertraf ihn an Schnelligkeit. Und dadurch gerieten alle in Entsetzen. Man beschloß, mich schnellstens möglichst weit weg hin zu verkaufen, damit von mir nichts mehr zu sehen und zu hören sei. ‚Denn wenn der Graf etwas davon erfährt, ist der Teufel los!' sagten alle. So wurde ich an einen Pferdehändler als Zugpferd verkauft. Bei dem Pferdehändler verweilte ich nicht lange. Ein Husar, der zur Remonte gekommen war, kaufte mich. Diese ganze Behandlung empfand ich als so ungerecht und grausam, daß ich froh war, als man mich aus Chrenowo fortführte und für immer von allem trennte, was mir vertraut und teuer war. Das Leben unter den andern Pferden bedrückte mich zu sehr. Ihnen standen Ruhm, der Genuß von Liebe und Freiheit bevor, mir dagegen Arbeit und Demütigungen, Demütigungen und Mühsal bis ans Ende meines Lebens! Und wofür? Dafür, daß ich scheckig war und in irgend jemandes Eigentum übergehen mußte...»

An jenem Abend konnte Leinwandmesser seine Erzählung nicht weiter fortsetzen. Im Gestütshof trug sich etwas zu, wodurch sämtliche Pferde in Unruhe versetzt wurden. Kuptschicha, eine noch trächtige Stute, die anfangs ebenfalls zugehört hatte, wandte sich plötzlich ab und ging langsam auf das Schutzdach des Hofes zu, wo sie laut zu ächzen begann, daß es die Aufmerksamkeit aller Pferde erregte. Dann legte sie sich hin, stand wieder auf und legte sich abermals nieder. Die alten Mutterstuten begriffen wohl, was mit ihr vor sich ging, doch die jungen Tiere gerieten in Aufregung, verließen den Wallach und umringten die Kranke. Gegen Morgen hatte ein weiteres, auf seinen dünnen Beinen schwankendes Fohlen das Licht der Welt erblickt. Nester holte den Stallmeister, Kuptschicha und ihr Fohlen wurden in eine Box geführt und die übrigen Pferde ohne sie auf die Weide getrieben.

8

Die vierte Nacht

Abends, nachdem das Tor wieder geschlossen und alles still geworden war, setzte der Schecke seine Erzählung wie folgt fort.

«Wie ich so von einer Hand in die andere geriet, hatte ich Gelegenheit, an den Menschen und Pferden eine Fülle von Beobachtungen anzustellen. Am längsten hielt ich mich an zwei Stellen auf: bei einem Fürsten – jenem Husarenoffizier, der mich vom Pferdehändler gekauft hatte – und dann bei einem alten Mütterchen, das an der Kirche des heiligen Nikolaus wohnte.

Bei dem Husarenoffizier habe ich die schönste Zeit meines Lebens verbracht.

Obwohl er die Ursache meines Untergangs war und obwohl er nichts und niemand liebte, liebte und liebe ich ihn gerade deswegen. Gerade das gefiel mir an ihm, daß er schön, glücklich und reich war und deshalb niemanden liebte. Ihr versteht ja die hohen Gefühle, die uns Pferden eigen sind. Seine Kälte, seine Grausamkeit, meine Abhängigkeit von ihm verliehen der Liebe, die ich für ihn empfand, besondere Kraft. Er mochte mich töten, mich zu Tode hetzen, dachte ich manchmal in unserer guten Zeit – ich würde darum nur um so glücklicher sein.

Er hatte mich von dem Pferdehändler gekauft, an den mich der Stallmeister für achthundert Rubel losgeschlagen hatte. Gekauft hatte er mich deshalb, weil sonst niemand scheckige Pferde besaß. Da begann meine glücklichste Zeit. Er hatte eine Geliebte. Das wußte ich deshalb, weil ich ihn tagtäglich zu ihr hinbrachte und mit ihr und manchmal auch mit beiden zusammen spazierenfahren mußte. Seine Geliebte war schön, er selbst war schön, und der Kutscher, den er hatte, war gleichfalls schön. Deswegen liebte ich sie auch alle. Ich fühlte mich wohl bei ihnen. Mein Leben spielte sich folgendermaßen ab. Morgens erschien der Stallknecht, mich zu säubern – nicht der Kutscher selbst, nein, der Stallknecht. Der Stallknecht war ein

schmucker junger Bursche, den man von den Bauern geholt hatte. Er ließ die Tür offenstehen, damit der Pferdedunst abzog, schaffte den Mist fort, nahm uns die Decken ab und begann unsere Körper mit einer Bürste und dem Striegel zu bearbeiten, wobei sich auf dem von den Hufeisen zerschrammten Fußboden ein weißer Belag von Hautschüppchen bildete. Manchmal schnappte ich aus Scherz nach seinem Ärmel und stampfte mit dem Fuß auf. Dann wurden wir eins nach dem andern an einen Trog mit kaltem Wasser geführt, und der gute Bursche betrachtete mit Wohlgefallen mein scheckiges, dank seiner Mühe so glattes Fell, meine pfeilgeraden Beine, die wuchtigen Hufe, die glänzende Kruppe und den breiten Rücken, der Platz genug für ein Nachtlager geboten hätte. Die hohen Krippen wurden mit Heu, die Eichentröge mit Hafer gefüllt. Und endlich erschien dann Feofan, der erste Kutscher.

Der Fürst und der Kutscher ähnelten einander. Beide hatten vor nichts Furcht und liebten niemand außer sich selbst, und ebendeshalb wurden sie von allen geliebt. Feofans Kleidung bestand aus einem roten Hemd, einem Wams darüber und Plüschhosen. Ich hatte es gern, wenn er an Feiertagen in seinem Wams, das Haar glänzend pomadisiert, zu mir in den Stall kam und rief: ‚Na, du Biest, döse nicht!', wobei er mir mit dem Stiel der Mistgabel – aber nie schmerzhaft, sondern nur zum Scherz – einen Stoß gegen die Flanke versetzte. Ich verstand den Scherz sofort, legte die Ohren an und knirschte mit den Zähnen.

Zum Doppelgespann hatten wir einen Rappen. Nachts wurde ich manchmal zusammen mit ihm angespannt. Dieser Zentaur verstand keinen Scherz, er war boshaft wie der Teufel. Im Stall stand ich neben ihm und wurde von ihm oftmals über die Barriere hinweg empfindlich gebissen. Feofan hatte vor ihm keine Angst. Er ging immer dreist auf ihn zu und schrie ihn an, und dann sah es aus, als würde der Rappe ihn gleich niederschlagen; doch nein, er schlug vorbei, und schon hatte Feofan ihm die Zügel angelegt. Einmal, als ich mit ihm angespannt war, sausten wir in rasendem Galopp den Kusnezki Most entlang. Weder dem Fürsten noch dem Kutscher wurde es dabei bange; beide lachten, schrien die Passanten an, zügelten uns und drehten um, ohne daß wir jemand überfahren hatten.

Im Dienst des Fürsten büßte ich meine besten Eigenschaften und die Hälfte des Lebens ein. Ich wurde in erhitztem Zustand getränkt und lief meine Füße zuschanden. Aber dennoch war dies die schönste Zeit meines Lebens. Um zwölf Uhr kamen gewöhnlich die Stallknechte, schmierten mir die Hufe ein, benetzten meine Mähne und den Schopf und führten mich zum Anspannen.

Der Schlitten war aus Rohrgeflecht und mit Samt bespannt, am Geschirr befanden sich kleine silberne Schnallen, die Zügel waren aus Seide und eine Zeitlang sogar mit Filetspitzen besetzt. Wenn all die Schnüre und Riemen angelegt und zugeschnallt waren, konnte man nicht unterscheiden, wo das

Geschirr aufhörte und der Körper des Pferdes anfing. Im Stall wurde zunächst nur locker angeschirrt. Dann kam Feofan hinzu, in den Hüften breiter als in den Schultern, mit einem roten Gurt um den Leib, sah sich die Bespannung an, stieg ein, zog seinen Kaftan zurecht, setzte einen Fuß auf den Tritt, sagte allemal irgendein Scherzwort, hängte sich die Peitsche an den Gurt (was er nur der Ordnung halber tat, denn er schlug mich fast nie damit) und rief: ‚Los!' Und wenn ich mich hierauf, bei jedem Schritt gravitätisch die Beine hebend, auf das Tor zu bewegte, blieb die Köchin, die gerade herauskam, Spülwasser auszugießen, auf der Schwelle stehen, und die Bauern, die auf dem Hof Holz angefahren hatten, rissen die Augen auf. Wir fuhren durch das Tor, fuhren an das Haus und hielten vor dem Portal an. Lakaien kamen aus dem Haus, Kutscher anderer Gespanne kamen hinzu, und dann gingen die Gespräche los. Alle warteten. Manchmal standen wir wohl drei Stunden vor dem Portal, fuhren nur von Zeit zu Zeit ein Stück auf und ab, bogen wieder um und hielten aufs neue vor dem Haus.

Endlich entstand Bewegung an der Tür; der grauhaarige, dickbäuchige Tichon kam im Frack herausgelaufen und rief ‚Vorfahren!' Damals gab es noch nicht den dummen Brauch, ‚vorwärts!' zu rufen, als ob ich nicht wüßte, daß man nicht rückwärts fährt, sondern vorwärts. Feofan schnalzte mit der Zunge, und wir fuhren vor. Hastig und mit gleichgültiger Miene, als imponierte ihm weder der Schlitten noch das Pferd, noch Feofan, der den Rücken krümmte und die Arme so weit vorstreckte, wie man sie wohl nie lange halten kann, erschien dann der Fürst mit einem Tschako auf dem Kopf und in einem langen Mantel, dessen grauer Biberkragen sein schönes Gesicht mit den rosigen Wangen und den von schwarzen Brauen beschatteten Augen verdeckte, obwohl er doch gar keinen Grund hatte, es zu verdecken. Während er, mit dem Säbel, den Sporen und den Messingbeschlägen an den Absätzen seiner Überschuhe klirrend, über den Teppich schritt, schien er es sehr eilig zu haben und beachtete weder mich noch Feofan – nichts von dem, was alle außer ihm mit Bewunderung betrachteten. Feofan schnalzte nochmals mit der Zunge, ich legte mich in die Zügel, und gemessen, im Schritt, fuhren wir vor und hielten vor dem Fürsten an; ich schielte zu ihm hinüber und schüttelte meinen rassigen Kopf mit dem feinhaarigen Schopf. Wenn der Fürst in guter Laune war, scherzte er wohl mal mit Feofan; Feofan antwortete dann, ein wenig seinen schönen Kopf umwendend, machte, ohne die Arme zu senken, eine kaum merkbare, aber mir doch verständliche Bewegung mit den Zügeln, und eins-zwei, eins-zwei, immer weiter ausholend, jeden Muskel anspannend und vor mir den Schnee und Schmutz zur Seite schleudernd, setzte ich mich in Trab. Auch den jetzigen dummen Brauch, daß der Kutscher ‚oh!' ruft, als ob ihm etwas weh täte, gab es damals noch nicht, nein, man rief für jeden verständlich: ‚Achtung, aufgepaßt!' Wenn Feofan diesen Ruf ausstieß, dann traten die Leute zur Seite, blieben stehen und reckten den Hals, um sich am Anblick des schönen Wallachs, des schönen Kutschers und des schönen Herrn zu weiden.

Es machte mir Freude, andere Traber zu überholen. Manchmal, wenn Feofan und ich vor uns in der Ferne ein Gespann erblickten, das unsere Anstrengung wert war, dann jagten wir wie ein Sturmwind hinter ihm her, rückten ihm immer näher und näher, schon schleuderte ich den Straßenschmutz gegen die Lehne des fremden Schlittens, schnaufte über den Kopf seines Insassen hinweg, lief am Kutschersitz, am Krummholz des Trabers vorüber und sah im nächsten Augenblick nichts mehr von ihm, sondern hörte nur noch sein hinter mir aus immer größerer Ferne kommendes Getrappel. Der Fürst aber, Feofan und ich, wir schwiegen alle drei und gaben uns den Anschein, einfach so für uns hinzufahren und die mit schlechten Pferden, denen wir unterwegs begegneten, überhaupt nicht zu bemerken. Es machte mir Freude, einen guten Traber zu überholen, doch freute ich mich auch, wenn ich einem begegnete: ein kurzer Moment, ein Laut, ein Blick – und schon waren wir aneinander vorübergehuscht und flogen jeder für sich in entgegengesetzter Richtung weiter ...»

Das Tor knarrte, und die Stimmen von Nester und Waska wurden laut.

Die fünfte Nacht

Das Wetter war umgeschlagen. Der Himmel war trübe, des Morgens hatte kein Tau gelegen, aber es war warm, und die Mücken wurden immer lästiger. Sobald die Herde abends nach Hause getrieben war, umringten die Pferde aufs neue den Schecken, der seine Geschichte nun zu Ende erzählte.

«Die glückliche Zeit meines Lebens war bald vorüber. Sie währte nur zwei Jahre. Gegen Ende des zweiten Winters trug sich etwas für mich höchst Erfreuliches zu, dem jedoch das Unheil folgte. In der Butterwoche fuhr ich eines Tages mit dem Fürsten zu einem Rennen. Laufen sollte Atlasny und Bytschok. Was der Fürst in der Kabine vereinbart hatte, weiß ich nicht, erinnere mich aber noch, wie er aus ihr herauskam und Feofan anwies, mit mir ins Rondell zu fahren. Ich wurde an den Startplatz geführt und dort zusammen mit Atlasny aufgestellt. Atlasny lief mit einem Jockei, ich dagegen, so wie ich war, vor unserem gewöhnlichen Schlitten. In der Kurve stürmte ich an ihm vorüber; freudiges Gelächter und tosende Beifallsrufe begrüßten mich. Als ich zurückgeführt wurde, folgte mir eine große Menschenmenge. Etwa fünf Mann boten dem Fürsten Tausende. Er lachte so, daß seine weißen Zähne sichtbar wurden.

‚Nein', sagte er, ‚dies ist kein Pferd, sondern ein Freund, der mir für Berge von Gold nicht feil ist. Auf Wiedersehen, meine Herren!'

Und damit schlug er die Decke des Schlittens zurück und stieg ein.

‚In die Stoshinka!' Dort wohnte seine Geliebte. Wir sausten los. Es war mein letzter glücklicher Tag.

Wir fuhren bei ihr vor. Der Fürst nannte sie immer sein. Aber sie hatte sich in einen andern verliebt und war mit ihm auf und davon gefahren. Der Fürst erfuhr dies in ihrer Wohnung. Es war fünf Uhr; er ließ gar nicht erst ausspannen, sondern wir jagten sofort hinter ihr her. Und was noch nie vorgekommen war: man schlug mit der Peitsche auf mich ein und trieb mich zum Galopp an. Ich konnte mich nicht gleich umstellen und machte zuerst einen Fehltritt; ich schämte mich und wollte es wiedergutmachen, als ich plötzlich hörte, wie der Fürst mit wutbebender Stimme rief: ‚Schneller!' Die Peitsche sauste auf meinen Rücken nieder, und ich galoppierte so drauflos, daß ich mit den Hufen dauernd gegen den eisenbeschlagenen Vorderteil des Schlittens stieß. Nach fünfundzwanzig Werst holten wir die Entflohene ein. Ich hatte es geschafft, zitterte aber die ganze Nacht und konnte nichts fressen. Morgens brachte man mir Wasser. Ich trank es aus und hörte für immer auf, das Pferd zu sein, das ich gewesen war. Ich war krank, ich wurde gemartert und zum Krüppel gemacht – wurde kuriert, wie es die Menschen nennen. Meine Hufe fielen ab, es bildeten sich Geschwüre, die Beine krümmten sich, die Brust fiel ein, und mein ganzer Körper erschlaffte und wurde gebrechlich. Da verkaufte man mich an einen Pferdehändler. Dieser fütterte mich mit Mohrrüben und mit noch irgendeinem Zeug und machte aus mir ein mir ganz fremdes Wesen, durch das man jedoch jemand täuschen konnte, der kein Pferdekenner war. Ich hatte keine Kraft mehr, keinen Schwung. Darüber hinaus marterte mich der Pferdehändler, indem er jedesmal, wenn sich Käufer einfanden, in meine Box kam, wo er mich mit der Peitsche geißelte und aufzuwiegeln suchte, so daß ich ganz rasend wurde. Dann verwischte er die von den Peitschenhieben hinterlassenen Striemen und führte mich hinaus. Bei diesem Händler kaufte mich die schon erwähnte Alte. Die fuhr dauernd in die Kirche des heiligen Nikolaus und schlug den Kutscher. Oft kam er weinend zu mir in den Stall. Hierbei machte ich die Erfahrung, daß Tränen einen angenehmen salzigen Geschmack haben. Nach einiger Zeit starb die Alte. Ihr Verwalter nahm mich aufs Gut und verkaufte mich an einen Krämer, bei dem ich mir mit Weizen den Magen verdarb und noch ärger erkrankte. Man verkaufte mich an einen Bauer. Bei dem pflügte ich den Acker, fraß nichts und rieb mir am Pflugeisen die Füße wund. Ich war wieder krank. Ein Zigeuner tauschte mich gegen ein anderes Pferd ein. Er quälte mich entsetzlich und verkaufte mich schließlich an den Verwalter dieses Guts. Und so bin ich denn hier ...»

Alle Pferde verharrten in Schweigen. Ein feiner Sprühregen begann niederzugehen.

9

Als die Herde am Abend des folgenden Tages nach Hause zurückkehrte, begegnete ihr der Gutsherr mit einem Gast. Während sich die Pferde dem

Hause näherten, musterte Shuldyba verstohlen die beiden Männer; in dem einen – dem, der einen Strohhut aufhatte, erkannte sie den jungen Gutsherrn, der andere war ein großer, dicker, aufgedunsener Offizier. Die alte Stute warf den Männern einen Seitenblick zu und ging, einen Bogen beschreibend, an ihnen vorüber. Die jungen Pferde hingegen wurden unruhig und gerieten noch mehr in Aufregung, als der Gutsherr und sein Gast sich vorsätzlich unter die Herde mischten und, sich miteinander unterhaltend, auf das eine und andere Pferd hinwiesen.

«Diesen Apfelschimmel hier habe ich von Wojeikow erstanden», sagte der Gutsherr.

«Jene junge schwarze Stute mit den weißen Knöcheln ist auch ein Prachttier; von wem stammt sie?» fragte der Gast.

Sie sahen sich auf diese Weise viele der Pferde an, indem sie ihnen den Weg vertraten und sie zum Stehen brachten. Auch die braune Stute erregte ihre Aufmerksamkeit.

«Die ist noch vom Stamm der Chrenower Reitpferde, von denen ich etliche zur Zucht zurückbehalten habe», erklärte der Gutsherr.

Es war nicht möglich, alle in Bewegung befindlichen Pferde einzeln zu mustern. Der Gutsherr rief nach Nester, worauf der Alte die Absätze in die Flanken des Schecken stieß und eiligst vorgetrabt kam. Obwohl der Schecke kranke Füße hatte und das eine Bein nachzog, kam er so bereitwillig gelaufen, daß man ihm ansah, er würde auch dann keinesfalls murren, wenn er den Befehl bekäme, in diesem Zustand unter Aufgebot seiner letzten Kraft bis ans Ende der Welt zu laufen. Er war bereit, selbst zum Galopp überzugehen, und versuchte sogar, mit dem rechten Vorderbein dazu anzusetzen.

«Ein prächtigeres Pferd als diese Stute hier, das kann ich dreist sagen, gibt es in ganz Rußland nicht.» Dabei zeigte der Gutsherr auf eine der Stuten. Der Gast pflichtete ihm bei. Der Gutsherr mischte sich immer wieder zwischen die Herde, lief aufgeregt herum, wies auf jedes Pferd hin und verbreitete sich über dessen Geschichte und Abstammung. Der Gast, den es sichtlich langweilte, dem Gutsherrn zuzuhören, ersann alle möglichen Zwischenfragen, um ein Interesse seinerseits vorzutäuschen.

«Soso», sagte er zerstreut.

«Sieh mal her», fuhr der Gutsherr fort, ohne dem Gast zu antworten. «Sieh dir nur diese Beine an ... Sie hat mich allerhand Geld gekostet, doch dafür habe ich nun auch schon den dritten Wurf von ihr laufen.»

«Gute Läufer?» fragte der Gast.

So wurden nahezu sämtliche Pferde durchgenommen, bis schließlich nichts mehr zu zeigen war.

Eine Weile schwiegen beide.

«Nun, wollen wir gehen?»

«Ja, gehen wir!» Und sie wandten sich dem Tor zu. Der Gast, der sich freute, daß die Vorführung der Pferde beendet war und daß es nun nach Hause gehen sollte, wo es etwas zu essen, zu trinken und zu rauchen geben würde, lebte sichtlich auf. Als man an Nester vorbeikam, der auf seinem Schecken noch Anweisungen erwartete, klopfte der Gast mit seiner großen feisten Hand dem Schecken auf den Rücken.

«Der sieht ja aus wie angemalt!» sagte er. «Weißt du noch, ich erzählte dir doch mal, daß ich auch einen solchen Schecken hatte.»

Der Gutsherr, den nicht interessierte, was fremde Pferde betraf, hörte gar nicht hin und wandte sich wieder zu der Herde um. Da ertönte plötzlich unmittelbar neben ihm ein klägliches, greisenhaft schwaches Wiehern. Dieses Wiehern rührte vom Schecken her, der es jedoch nicht beendete, sondern – als sei er durch irgend etwas in Verwirrung geraten – plötzlich abbrach. Weder der Gast noch der Gutsherr schenkten seinem Wiehern Beachtung und begaben sich beide ins Haus. Leinwandmesser hatte in dem verlebten, aufgedunsenen Mann seinen geliebten ehemaligen Herrn, den einstmals steinreichen und blendend schönen Husarenoffizier Serpuchowskoi, erkannt!

10

Draußen ging noch immer ein feiner Sprühregen nieder. Auf dem Gestütshof war es trübe, doch im Herrschaftshaus sah es ganz anders aus. Dort war in dem prächtigen Salon zum Abend ein üppiger Teetisch gedeckt, an dem der Hausherr, die Hausfrau und der von auswärts gekommene Gast saßen.

Die Hausfrau, die sich in anderen Umständen befand, was an ihrem gewölbten Leib, ihrer geraden Haltung sowie ihrer Fülle und namentlich dem sanften, bedeutsamen Ausdruck ihrer nach innen gerichteten großen Augen deutlich zu erkennen war, hatte ihren Platz vor dem Samowar.

Der Hausherr hielt gerade eine Kiste ganz besonderer, angeblich zehn Jahre alter Zigarren in der Hand, von denen, wie er sagte, sonst niemand welche besäße und mit denen er sich offenbar vor dem Gast brüsten wollte. Der Hausherr war ein schöner Mann von etwa fünfundzwanzig Jahren – frisch, gepflegt und sorgfältig frisiert. Zu Hause trug er einen neuen, saloppen, in London angefertigten Anzug aus dickem Stoff. An seiner Uhrkette hingen große kostbare Berlocken. Die Manschettenknöpfe waren groß und aus massivem Gold mit eingelegten Türkisen. Den Bart trug er à la Napoleon III., und die pomadisierten, an Mauseschwänzchen erinnernden Enden des Schnurrbarts waren so kunstvoll aufgezwirbelt, wie man es sonst nur in Paris fertigbringt. Die Hausfrau hatte ein Kleid aus Seidenmusselin mit großem, farbigem Blumenmuster an. In ihr blondes, sehr volles und schönes, allerdings nicht ausnahmslos eigenes Haar waren große goldene, besonders originelle Nadeln gesteckt. Ihre Hände und Arme waren mit zahlreichen, durchweg kostbaren Armbändern und Ringen geschmückt. Der

Samowar war aus Silber, das Teeservice aus feinem Porzellan. Ein Lakai, der in seinem Frack, der weißen Weste und Halsbinde außerordentlich großartig wirkte, stand in Erwartung von Befehlen wie eine Statue an der Tür. Die Möbel hatten geschweifte Beine und Lehnen und waren in grellen Farben gehalten; die dunklen Tapeten wurden durch ein großes Blumenmuster belebt. Neben dem Tisch hörte man das silberne Halsband eines außerordentlich schlanken Windhundes klirren, dessen ungewöhnlich schwierigen englischen Namen der Hausherr und die Hausfrau, die beide des Englischen nicht kundig waren, nicht richtig aussprechen konnten. In einer Ecke stand zwischen Blumen ein mit Intarsien verziertes Klavier. Alles hier war neu, luxuriös und von auserlesener Seltenheit. Alles war sehr schön, doch allem haftete der Stempel von Überfluß, übertriebenem Pomp und dem Fehlen jeglicher geistiger Interessen an.

Der Hausherr, ein leidenschaftlicher Liebhaber des Rennsports, war einer von jenen kraftstrotzenden, heißblütigen und nie aussterbenden Männern, die in Zobelpelzen ausfahren, Schauspielerinnen üppige Blumensträuße zuwerfen, in den luxuriösesten Restaurants die teuersten Weine der neuesten Marke trinken, nach ihnen benannte Preise stiften und sich die kostspieligste Mätresse halten.

Der von auswärts kommende Gast, Nikita Serpuchowskoi, war ein hochgewachsener, beleibter Mann Anfang der Vierziger mit bereits kahlem Kopf, aber üppigem Schnurr- und Backenbart. Früher einmal mußte er sehr gut ausgesehen haben. Jetzt indessen war er sichtlich heruntergekommen, sowohl physisch und moralisch als auch in materieller Hinsicht.

Er steckte so tief in Schulden, daß er sich gezwungen sah, einen Posten anzunehmen, um eine Inhaftierung zu vermeiden. Jetzt befand er sich auf der Reise durch die Gouvernementshauptstadt, wo er die Leitung des staatlichen Gestüts übernehmen sollte. Diesen Posten hatten ihm seine einflußreichen Verwandten verschafft. Bekleidet war er mit einem Uniformrock und blauen Hosen. Beides zeichnete sich durch eine Eleganz aus, wie sie sich sonst nur sehr reiche Leute leisten können; dasselbe traf für seine Wäsche und seine Uhr englischen Fabrikats zu. Seine Stiefel hatten etwas komisch aussehende fingerdicke Sohlen.

Nikita Serpuchowskoi hatte im Laufe seines Lebens ein Vermögen von zwei Millionen verpraßt und darüber hinaus noch hundertzwanzigtausend Rubel Schulden gemacht. Ein solcher Lebensstil wirkt immer noch eine ganze Weile weiter, verschafft einem Kredit und die Möglichkeit, das bisherige luxuriöse Leben fast unverändert noch etwa zehn Jahre fortzusetzen. Doch mittlerweile gingen die zehn Jahre zur Neige, der Kredit war erschöpft, und das Leben begann für Nikita trübselig zu werden. Er neigte bereits dazu, zur Flasche zu greifen, um sich einen Rausch anzutrinken, was früher nie vorgekommen war, obwohl er sein ganzes Leben hindurch endlos

getrunken hatte. Am meisten jedoch äußerte sich sein Niedergang in dem unruhigen Blick seiner Augen (sie hatten einen unsteten Ausdruck angenommen) sowie in der Unsicherheit seiner Sprechweise und seiner Bewegungen. Diese Unruhe wirkte an ihm um so befremdender, als sie sich seiner offenbar erst seit kurzem bemächtigt hatte und man sah, daß er es sein Leben lang gewohnt gewesen war, niemand und nichts zu fürchten, und erst neuerdings, in allerletzter Zeit, durch schweres Leid zu dieser Unsicherheit gebracht worden war, die so gar nicht seiner Natur entsprach. Der Herr und die Frau des Hauses, die dies erkannten, tauschten verständnisvolle Blicke aus und kamen stillschweigend überein, eine eingehende Erörterung hierüber bis zum Zubettgehen zu verschieben; sie schickten sich in die Verfassung des armen Nikita und behandelten ihn sogar besonders freundlich. Angesichts des Glücks, in dem der junge Gutsherr lebte, empfand Nikita seine Lage um so schmerzlicher und wurde bei dem Gedanken an sein unwiederbringlich vergangenes Wohlleben früherer Zeiten von nagendem Neid erfüllt.

«Wird Ihnen der Zigarrenrauch nichts ausmachen, Marie?» wandte er sich an die Dame des Hauses in jenem besonders nuancierten, zwar höflichen und freundschaftlichen, aber doch nicht vollkommen ehrerbietigen, nur in der Praxis zu erwerbenden Ton, in dem welterfahrene Männer mit den Geliebten ihrer Freunde zum Unterschied von deren legitimen Frauen zu sprechen pflegen. Nicht etwa, daß er die Absicht gehabt hätte, sie zu kränken; im Gegenteil, ihm lag weit eher daran, sie und ihren Gebieter günstig für sich zu stimmen, wenn er sich dies auch unter keinen Umständen eingestanden hätte. Aber es war ihm schon so in Fleisch und Blut übergegangen, mit solchen Frauen in diesem Ton zu sprechen. Auch wußte er, daß sie selbst befremdet, ja sogar verletzt gewesen wäre, wenn er sie wie eine wahre Dame behandelt hätte. Zudem kam es darauf an, sich eine gewisse Steigerung in der Ehrerbietung des Tons für den Umgang mit legitimen Frauen Gleichgestellter vorzubehalten. Er behandelte Damen dieser Art stets zuvorkommend – nicht deshalb etwa, weil er die sogenannten Grundsätze geteilt hätte, die in manchen Zeitschriften propagiert wurden und von der Achtung der Persönlichkeit jedes Menschen, der Nichtigkeit der Ehe und dergleichen mehr handelten – diesen Unsinn las er überhaupt nicht –, sondern einfach deshalb, weil sich alle anständigen Menschen so benahmen; und ein anständiger Mensch war er ja schließlich, trotz seines Niedergangs. Er griff nach einer Zigarre. Doch da nahm der Hausherr, ungeschickt zugreifend, gleich eine ganze Handvoll Zigarren aus der Kiste und hielt sie seinem Gast hin.

«Du wirst sehen, wie gut sie sind. Nimm nur!»

Nikita wehrte mit der Hand ab, wobei sich in seinen Augen ein Anflug von verletztem Stolz und Scham spiegelte.

«Nein, danke.» Er zog sein Etui. «Probiere mal eine von meinen.»

Die Dame des Hauses war feinfühlig. Sie bemerkte die Verstimmung des Gastes und beeilte sich, ihn in ein Gespräch zu ziehen.

«Ich habe Zigarrenduft sehr gern. Wenn nicht ohnehin alle um mich herum rauchen würden, würde ich selbst rauchen», sagte sie mit ihrem reizenden, gütigen Lächeln. Er antwortete hierauf mit einem etwas zaghaften Lächeln, um nicht die Lücken zweier fehlender Zähne sehen zu lassen.

«Nein, nimm diese. Ich habe aber auch leichtere», fuhr der ungeschlachte Hausherr fort. «Fritz, bringen Sie noch einen Kasten – dort zwei», wandte er sich radebrechend an den Diener, einen Deutschen.

Der Diener brachte eine weitere Kiste.

«Welche rauchst du lieber? Starke? Diese hier sind sehr gut. Nimm sie nur alle», drängte er dem Gast weiter seine Zigarren auf. Er war offenbar froh, jemand zu haben, vor dem er mit seinen Kostbarkeiten renommieren konnte, und merkte nicht, wie er den anderen kränkte. Serpuchowskoi zündete sich eine Zigarre an und beeilte sich, auf das unterbrochene Gespräch zurückzukommen.

«Wieviel hast du also für Atlasny zahlen müssen?» fragte er.

«Er ist mich teuer zu stehen gekommen, an die fünftausend, doch dafür bin ich jetzt auch fein heraus. Was für ein Nachwuchs, kann ich dir sagen!»

«Traber?» fragte Serpuchowskoi.

«Ja, ausgezeichnete. Ein Sohn von ihm hat eben erst drei Preise gewonnen – in Tula, in Moskau und in Petersburg, wo er zusammen mit Wojeikows Worony gelaufen ist. Der blöde Jockei hat ihn viermal aus dem Schritt gebracht, sonst wäre er als erster durchs Ziel gegangen.»

«Sie sind etwas feucht. Es ist viel holländischer Tabak dabei, scheint mir», bemerkte Serpuchowskoi.

«Und nun gar die Stuten! Ich werde sie dir morgen vorführen. Für die Dobrynja habe ich dreitausend und für die Laskowaja zweitausend gezahlt.»

Und der Hausherr begann wieder seine Reichtümer aufzuzählen. Die Dame des Hauses sah, daß dies Serpuchowskoi bedrückte und daß er seinem Gastgeber nur gezwungen zuhörte.

«Trinken Sie noch eine Tasse?» wandte sie sich an den Hausherrn.

«Nein, danke», antwortete er und setzte seinen Vortrag fort. Sie stand auf und wollte gehen; aber der Hausherr hielt sie zurück, umarmte und küßte sie.

Serpuchowskoi nötigte sich beim Anblick der beiden aus Höflichkeit ein Lächeln ab. Doch als der Hausherr aufgestanden und, seine Geliebte geleitend, mit ihr Arm in Arm bis an die Portiere gekommen war, veränderte sich jählings der Gesichtsausdruck Nikitas; er stieß einen schweren Seufzer aus, und in seinem aufgedunsenen Gesicht spiegelte sich Verzweiflung. Ja, sogar Haß war ihm anzumerken.

11

Der Hausherr kam zurück und nahm lächelnd Nikita gegenüber Platz. Eine Weile schwiegen beide.

«Ja, du sprachst davon, daß du von Wojeikow Pferde gekauft hast», begann Serpuchowskoi, um überhaupt etwas zu sagen.

«Ganz recht, den Atlasny, wie schon gesagt. Ich trug mich auch mit der Absicht, von Dubowizki einige Stuten zu kaufen, aber er hat nur noch Schund zurückbehalten.»

«Er ist auf den Hund gekommen», bemerkte Serpuchowskoi, brach indessen gleich ab und blickte um sich. Es war ihm eingefallen, daß er selbst diesem auf den Hund gekommenen Dubowizki zwanzigtausend Rubel schuldete, und er sagte sich, wenn schon von jemanden behauptet werde, er sei auf den Hund gekommen, dann ganz gewiß von ihm selber. Er sagte nichts mehr.

Es trat wieder ein längeres Schweigen ein. Der Hausherr ließ sich durch den Kopf gehen, womit er sich wohl noch vor seinem Gast brüsten könnte. Serpuchowskoi überlegte, wie er beweisen könnte, daß er sich nicht als auf den Hund gekommen betrachtete. Doch beiden fiel es schwer, einen Gedanken zu fassen, obwohl sie bemüht waren, sich durch ihre Zigarren anzuregen.

‚Wird es denn nichts zu trinken geben?' dachte Serpuchowskoi.

‚Wir müssen unbedingt etwas trinken, sonst kommt man vor Langeweile um', dachte der Hausherr.

«Hast du vor, dich lange hier auf dem Gut aufzuhalten?» fragte Serpuchowskoi.

«Noch etwa einen Monat. Doch wollen wir jetzt nicht etwas zu Abend essen? Fritz, ist alles bereit?»

Sie gingen ins Speisezimmer. Auf dem dort unter der Lampe angerichteten Tisch standen Kerzen und die auserlesensten Dinge: verschiedene Siphons, Flaschen mit kleinen Figuren auf den Pfropfen, Karaffen mit edlem Wein, delikate Schlemmerbissen und alle möglichen Spirituosen. Sie tranken ein Gläschen und nahmen einen Imbiß zu sich, tranken ein weiteres Gläschen, nahmen nochmals einen Imbiß, und allmählich kam ein Gespräch in Gang. Serpuchowskois Gesicht rötete sich, und er begann ohne Hemmungen zu sprechen.

Sie unterhielten sich über Frauen, über die Mätressen von Bekannten: wer sich eine Zigeunerin, wer eine Tänzerin oder eine Französin hielt.

«Der Mathieu hast du also den Laufpaß gegeben?» fragte der Hausherr. Er sprach von der Mätresse Serpuchowskois, die ihn ruiniert hatte.

«Nicht ich ihr, sondern sie mir. Ach, mein Lieber, wenn ich so bedenke, mit welchen Unsummen ich in meinem Leben um mich geworfen habe! Jetzt bin ich schon froh, mit ein paar tausend Rubeln rechnen zu können, bin wirklich froh, alldem zu entfliehen. In Moskau halte ich es nicht mehr aus. Ach, was ist da viel zu reden.»

Den Hausherrn langweilte es, Serpuchowskoi zuzuhören. Er hatte den Wunsch, von sich zu sprechen, zu renommieren. Aber auch Serpuchowskoi wünschte von sich selbst zu erzählen, von seiner glänzenden Vergangenheit. Der Hausherr goß ihm Wein ein und wartete nur darauf, ihm, sobald er geendet haben würde, wieder von sich zu erzählen und ihm auseinanderzusetzen, daß er sein Gestüt jetzt auf eine noch nie und nirgends dagewesene Höhe gebracht habe. Auch wollte er ihn davon überzeugen, daß Marie ihm nicht nur des Geldes wegen anhänge, sondern ihn wirklich liebe.

«Ich wollte dir sagen, daß in meinem Gestüt ...», begann er, wurde aber von Serpuchowskoi unterbrochen:

«Früher einmal liebte und verstand ich es, das Leben zu genießen, kann ich dir versichern. Du sprachst da von Rennen: Wie schnell ist denn nun dein bestes Pferd?»

Der Hausherr griff freudig die Gelegenheit auf, von seinem Gestüt zu erzählen, wurde jedoch von Serpuchowskoi wiederum schon nach den ersten Worten unterbrochen.

«Ja, ja», sagte er, «aber bei euch Gestütsbesitzern spielt doch nur der Ehrgeiz eine Rolle, nicht das Vergnügen und die Freude am Leben. Bei mir war das ganz anders. Ich erwähnte vorhin, daß ich ein Kutschpferd besessen habe, einen Schecken, der genauo gesprenkelt war wie jener, den dein Pferdehirt ritt. Ja, das war ein Pferd! Du hast es nicht gekannt – es war im Jahre zweiundvierzig. Ich war eben erst nach Moskau gekommen, fuhr zu einem Pferdehändler und wurde bei ihm auf einen scheckigen Wallach aufmerksam. Er war gut gebaut. Ich fand an ihm Gefallen. Was soll er kosten? Tausend Rubel. Er gefiel mir, und ich kaufte ihn für meine Equipage. Ein solches Pferd hatte ich noch nie besessen, und auch du wirst es weder jetzt noch irgendwann aufzuweisen haben. Ein besseres Pferd ist mir, was sowohl Schnelligkeit als auch Kraft und Schönheit betrifft, nie vorgekommen. Du warst damals noch ein kleiner Junge, du hast es nicht gekannt, wirst aber, nehme ich an, von ihm gehört haben. Ganz Moskau kannte es.»

«Ja, ich habe davon gehört», bestätigte der Hausherr zurückhaltend. «Doch ich wollte dir gerade von meinen ...»

«Also auch du hast von ihm gehört. Ich kaufte den Gaul, ohne mich um seine Abstammung zu kümmern, ohne ein Attest zu verlangen. Erst nachträglich habe ich seinen Stammbaum erfahren und mit Hilfe Wojeikows alles aufgespürt. Er war ein Sohn Ljubesnys I. und hieß Leinwandmesser. Er legte beim Laufen so aus, wie man Leinwand mißt. Im Chrenower Gestüt hatte man an seinem scheckigen Fell Anstoß genommen und ihn an den Stallmeister abgetreten, der ihn verschneiden ließ und dann an einen

Pferdehändler verkaufte. Solche Pferde gibt es heutzutage nicht mehr, guter Freund! Ach, war das eine Zeit! Ach, du Jugendzeit!» stimmte er eine Melodie aus einem Zigeunerlied an. Der Alkohol begann bereits zu wirken. «Ja, es war eine schöne Zeit. Ich war fünfundzwanzig Jahre alt, hatte meine achtzigtausend Silberrubel jährlich, hatte noch kein einziges graues Haar auf dem Kopf und sämtliche Zähne – wie eine Perlenschnur anzusehn. Was ich auch unternahm, mit allem hatte ich Erfolg. Und jetzt ist alles aus...»

«Nun, eine solche Schnelligkeit wie heute kannte man damals noch nicht», fiel der Hausherr sofort ein, als Serpuchowskoi einen Augenblick innehielt. «Ich kann dir sagen, daß meine Pferde bei einem Rennen als erste pausenlos...»

«Deine Pferde! Damals gab es schnellere.»

«Wie? Schnellere?»

«Ja, schnellere. Ich erinnere mich noch, als wäre es gestern gewesen, wie ich in Moskau eines Tages zu einem Rennen fuhr. Von meinen Pferden liefen keine. Für Traber hatte ich nichts übrig, ich besaß lauter Vollblutpferde: General, Cholet, Mohammed. Vor dem Wagen hatte ich den Schecken. Mein Kutscher war ein netter Bursche, ich hatte ihn sehr gern. Der ist inzwischen auch dem Trunk erlegen. Ich kam also hin. ‚Serpuchowskoi, wann wirst du dir endlich Traber anschaffen?' wurde ich gefragt. ‚Eure Bauerngäule können mir gestohlen bleiben, die überrennt mein Kutschpferd, dieser Schecke hier, allesamt.' – ‚Na, das bezweifeln wir sehr!' – ‚Wetten wir? Tausend Rubel!' Die andern schlugen ein, und die Pferde liefen los. Mit fünf Sekunden Vorsprung kam er an, und ich hatte tausend Rubel gewonnen. Ja, das war anders als heute. Mit drei Vollblutpferden vor dem Wagen habe ich hundert Werst in drei Stunden zurückgelegt. Ganz Moskau weiß davon.»

Serpuchowskoi war so redselig geworden und setzte seine Aufschneidereien so pausenlos fort, daß der Hausherr überhaupt nicht mehr zu Worte kam, ihm mit verdrießlicher Miene gegenübersaß und nur aus Langeweile ab und zu Wein in sein und des Gastes Glas nachfüllte.

Der Morgen dämmerte bereits, und sie saßen immer noch da. Der Hausherr verging vor Langeweile. Er stand auf.

«Na, dann müssen wir wohl», sagte Serpuchowskoi, stand ebenfalls auf und taumelte jappend in das ihm zugewiesene Zimmer.

«Nein, er ist unerträglich», sagte der Hausherr, als er bei seiner Geliebten lag. «Trinkt sich einen Rausch an und schwatzt unaufhörlich dummes Zeug.»

«Und mir macht er obendrein den Hof.»

«Ich fürchte nur, er wird mich anpumpen wollen.»

Serpuchowskoi lag derweil unausgezogen auf seinem Bett und jappte nach Luft. ‚Ich glaube, ich habe ihm allerhand vorgeflunkert', dachte er. ‚Nun, wenn schon! Sein Wein ist gut, aber er selbst ist ein großer Schweinehund. So was Krämerhaftes hat er an sich. Und auch ich bin ein großer Schweinehund', bezichtigte er sich in Gedanken und brach in Gelächter aus. ‚Früher habe ich mir Mätressen gehalten, jetzt hält man mich aus. Ja, die Frau von diesem Winkler hält mich aus, ich nehme Geld von ihr. Das geschieht ihm nur recht so, geschieht ihm nur recht so! Doch ich muß mich ja noch ausziehen, aber die Stiefel werde ich nicht 'runterkriegen...'

«Heda! Heda!» rief er nach dem zu seiner Bedienung bestimmten Diener; doch der war längst schlafen gegangen.

Er richtete sich auf, zog den Rock und die Weste aus, streifte mit Ach und Krach auch die Hosen ab und strengte sich dann lange vergeblich an, die Stiefel auszuziehen, woran ihn sein wabbeliger Bauch hinderte. Den einen hatte er schließlich heruntergekommen, doch mit dem zweiten quälte er sich so lange vergeblich ab, bis ihm der Atem ausging und er vor Erschöpfung nicht mehr weiterkonnte. Und so, mit einem Fuß noch im Stiefelschaft, sank er auf das Bett zurück, begann sofort zu schnarchen und erfüllte das ganze Zimmer mit dem Geruch von Tabak, Wein und widerwärtigem Verfall.

12

Als Leinwandmesser in jener Nacht noch über das eine und andere nachdenken wollte, wurde er von Waska aus seinen Gedanken gerissen. Dieser warf ihm eine Decke über den Rücken, sprengte mit ihm los und ließ ihn vor der Tür einer Schenke bis zum Morgen neben einem Bauerngaul warten. Beide beleckten einander. Morgens kam er zur Herde zurück und mußte sich dauernd kratzen.

‚Was ist das bloß für ein schmerzhaftes Jucken?' überlegte er.

Es vergingen fünf Tage. Da wurde der Roßarzt geholt. Der erklärte erfreut: «Räude! Überlassen Sie ihn mir zum Verkauf an Zigeuner!»

«Warum diese Umstände? Am besten, man macht ihm gleich den Garaus, damit er noch heute von hier wegkommt.»

Es war ein klarer, windstiller Morgen. Die Herde begab sich auf die Weide. Leinwandmesser blieb zurück. Bald darauf erschien ein sonderbar aussehender, hagerer, finsterer und schmutziger Mann, dessen Rock Spritzer von irgendeiner dunklen Flüssigkeit aufwies. Es war der Abdecker. Er nahm Leinwandmesser, ohne ihn anzusehen, an den Zügel und führte ihn hinaus. Leinwandmesser folgte ihm ruhig, ohne sich umzusehen, wie immer mit schleppenden Schritten und sich im Stroh verhaspelnden Hinterbeinen. Nachdem sie aus dem Tor gekommen waren, reckte er sich zum Brunnen; aber der Abdecker zerrte ihn zurück und sagte: «Das brauchst du nicht mehr.»

Der Abdecker und Waska, der ihnen gefolgt war, kamen mit ihm zu einer hinter dem Ziegelschuppen liegenden kleinen Schlucht und blieben dort

stehen, als ob es mit diesem durch nichts bemerkenswerten Platz eine besondere Bewandtnis hätte. Der Abdecker übergab Waska die Zügel, zog seinen Rock aus, krempelte die Hemdsärmel auf, langte aus dem Stiefelschaft ein Messer und einen Schleifstein hervor und begann das Messer daran zu schärfen. Der Wallach reckte sich mit dem Hals nach den Zügeln, um aus Langeweile an ihnen zu nagen; da sie aber zu weit weg waren, stieß er einen Seufzer aus und schloß die Augen. Seine Unterlippe sank herab und legte die abgestumpften gelben Zähne bloß, und er schlummerte unter dem Klang des Messerschleifens ein. Nur sein krankes angeschwollenes Bein, das er ein wenig vorgestellt hatte, zuckte noch von Zeit zu Zeit. Plötzlich spürte er, daß ihn jemand an der unteren Kinnlade packte und seinen Kopf emporhob. Er schlug die Augen auf und nahm vor sich zwei Hunde wahr. Der eine von ihnen hatte die Nase schnuppernd in Richtung auf den Abdecker ausgestreckt, während der andere dasaß, den Wallach anblickte und gerade von ihm etwas zu erwarten schien. Der Wallach betrachtete die Hunde und begann den Kiefer an der Hand zu reiben, die ihn festhielt.

‚Sie wollen mich wohl kurieren', dachte er. ‚Nun, sollen sie!'

Nun spürte er auch wirklich, daß an seiner Kehle etwas vorgenommen wurde. Er empfand einen Schmerz, zuckte zusammen und wankte, konnte sich jedoch aufrecht halten und beschloß abzuwarten, was weiter geschehen würde. Als nächstes fühlte er, daß sich irgendeine Flüssigkeit in breitem Strom über seinen Hals und seine Brust ergoß. Er holte tief Atem und fühlte sich auf einmal erleichtert. Es war ihm, als sei die ganze Schwere seines Lebens von ihm genommen. Er schloß die Augen und ließ den Kopf sinken – niemand stützte ihn. Dann senkte sich der Hals, seine Beine begannen zu zittern, und der ganze Körper schwankte. Er war weniger erschrocken als verwundert. Das war ihm alles so neu. Er konnte nichts begreifen, bäumte sich auf und wollte sich vorwärts stürzen. Doch sobald er die Beine vom Boden gelöst hatte, strauchelte er, verlor das Gleichgewicht und sank, als er sich weiterbewegen wollte, nach vornüber und dann auf die linke Seite zu Boden. Der Abdecker wartete ab, bis sich die letzten Zuckungen gelegt hatten, trieb die sich nähernden Hunde zurück und drehte dann den Wallach, ihn an den Beinen fassend, auf den Rücken um. Hierauf ließ er Waska die Beine halten und begann das Fell abzuziehen.

«War auch mal ein gutes Pferd», bemerkte Waska.

«Wenn er besser bei Leibe gewesen wäre, dann wäre es ein feines Fell», sagte der Abdecker. –

Als die Herde abends den Abhang herunterkam, sahen die links am Rande gehenden Pferde in der Schlucht eine rote Masse liegen, an der sich Hunde zu schaffen machten und über der Raben und Geier kreisten. Einer der Hunde stemmte sich mit den Pfoten gegen den Kadaver und riß ihm, den Kopf hin und her bewegend, unter Geknirsch ein Stück heraus, in das er sich festgebissen hatte. Die braune Stute blieb stehen, streckte den Kopf und den Hals vor und zog lange die Luft ein. Sie war nur mit Gewalt von der Stelle zu bringen.

Beim Morgengrauen war auf dem Grunde der von Gestrüpp überwucherten Schlucht des alten Waldes das freudig erregte Geheul junger Wölfe zu hören. Es waren im ganzen fünf: vier fast gleich große und ein noch ganz kleiner, dessen Kopf größer war als der Rumpf. Eine ausgemergelte, sich haarende Wölfin kam, den aufgeblähten Bauch mit den tief herabhängenden Zitzen über die Erde schleifend, aus dem Gebüsch und setzte sich gegenüber den jungen Wölfen hin. Die jungen Wölfe stellten sich im Halbkreis vor ihr auf. Sie ging auf den kleinsten zu, ließ sich auf die Knie nieder, beugte den Kopf bis zur Erde hinunter, sperrte den mit spitzen Zähnen besetzten Rachen auf und würgte unter krampfhaften Bewegungen ein großes Stück Pferdefleisch heraus. Die vier schon etwas älteren Wölflein drängten sich an sie heran, aber sie wehrte sie drohend ab und ließ das ganze Stück dem kleinsten zukommen. Der bemächtigte sich des Fleisches, legte sich zornig knurrend darauf und begann zu fressen. In der gleichen Weise würgte die alte Wölfin auch jedem ihrer übrigen Jungen ein Stück Pferdefleisch heraus und legte sich dann vor sie hin, um auszuruhen.

Nach Verlauf einer Woche lagen am Ziegelschuppen nur noch der große Schädel und zwei dicke Knochen herum; alles übrige war fortgeschleppt worden. Ein Bauer, der sich mit dem Einsammeln von Knochen befaßte, nahm im Sommer auch diese beiden Knochen sowie den Schädel mit und machte sie zu Geld.

Der entseelte Körper Serpuchowskois, der sich auch zu Lebzeiten nur als lebender Leichnam auf der Erde bewegt und gegessen und getrunken hatte, wurde erst geraume Zeit später in die Erde gesenkt. Weder seine Haut noch das Fleisch, noch die Knochen waren zu irgend etwas nutze. Und ebenso wie sein über die Erde wandelnder Leichnam für alle schon seit zwanzig Jahren eine bedrückende Last gewesen war, bedeutete auch seine Bestattung für die Menschen nur zusätzliche Mühsal. Schon seit langem hatte niemand mehr ein Interesse an ihm, schon seit langem war er allen nur noch zur Last gefallen; nichtsdestoweniger hielten es die selbst schon abgestorbenen Menschen, die seine Beisetzung besorgten, für geboten, den aufgedunsenen, sich bereits zersetzenden Körper mit einer schönen Uniform und schönen Stiefeln auszustatten, ihn in einen prächtigen, an den vier Ecken mit schönen Quasten verzierten Sarg zu betten, diesen prächtigen Sarg in einen anderen, einen Zinksarg, zu stellen und nach Moskau zu überführen, um dort die Gebeine früher Verstorbener ausgraben zu lassen und unbedingt gerade an dieser Stelle den schon in Verwesung übergehenden, von Würmern wimmelnden Körper in seiner prächtigen Uniform und den blankgeputzten Stiefeln in die Erde zu senken und das Ganze zuzuschütten.

Friedrich Wolf
Kiki

Kiki war ein kleiner, schwarzhaariger englischer Hühnerhund. Er hatte wunderbar kluge hellbraune Augen. Seine langen, weichen Ohren pendelten bei jeder Bewegung wie Fliegenklappen um seinen Kopf. Das Wichtigste an Kiki aber war, daß er lachen konnte. Wenn man ihn streichelte oder gut mit ihm redete, dann zog er seine Oberlippe hoch, zeigte seine weißen Zähne und lachte, die Falten um seine Schnauze verzogen sich freundlich.

Niemand konnte zweifeln, daß Kiki einen anlachte.

Wie Kiki in unser teuflisches Straflager am Rande der Pyrenäen gekommen war, wußte niemand. Eines Tages war er da und machte «Dienst» wie wir. Wenn die Sektionen unserer Baracke früh zum Corvée – zum Arbeitsdienst – antraten, dann stand Kiki neben einem der Sektionsführer, die ebenfalls Gefangene waren, und sobald wir in Dreierreihen losmarschierten, setzte sich auch Kiki in Trab, sprang vor der ersten Gruppe her und bellte vor Vergnügen. Er begleitete uns zum Straßenbau, zur Feldarbeit, zum Bau unseres Friedhofes; er kehrte abends mit uns heim. Wir hielten ihn in unserer Baracke der spanischen Interbrigaden. Die zweihundert kräftigen Männer mußten an einem Wesen ihre Liebe auslassen. Es gab keine Frauen. Kiki war unser Liebling. Wir teilten mit ihm das wenige Fleisch unseres Essens, wir bürsteten sein langes, weiches Haar. Jede Gruppe in der Baracke hatte für Kiki einen besonderen Gastplatz, da Kiki es liebte, ab und zu sein Quartier zu wechseln. Am liebsten lag er bei dem jungen Berthel, einem einundzwanzigjährigen Wiener Arbeiter, der im Tschapajew-Bataillon an der Cordobafront und bei Madrid gekämpft hatte. Berthel unterhielt sich abends stundenlang in seinem Wiener Dialekt mit Kiki; Kiki schaute ihn mit seinen klugen Augen an, lachte und heulte vor Vergnügen. Bemerkenswert war auch, daß Kiki nur von der Belegschaft unserer Baracke Fressen annahm, von niemandem sonst. Er kannte jeden einzelnen Mann der Baracke. Unserer Wachmannschaft – der Garde mobile und den Sergeantchefs – ging er möglichst aus dem Wege.

Kiki hatte zweifellos «Charakter».

Eines Mittags kommt Berthel, der Wiener Junge, ganz verstört mit seiner Gruppe heim. Die Gardisten hatten versucht, draußen mit ihm «Fußball zu spielen», weil er nicht schnell genug die schweren Bruchsteine für den Straßenbau schleppte. «Fußballspielen» – das hieß, dreißig-, ja fünfzigmal einen schweren Bruchstein in schärfstem Tempo von einem Posten zum anderen und wieder zurückzuschleppen. Der eine Mobilgardist kommandiert: «Eckball!» – der Gefangene muß den Stein hinlegen; der andere kommandiert: «Tor!» – der Gefangene muß den Stein nun wieder hochnehmen und damit zu dem ersten Garde mobile rennen; das geht so lange, bis der atemlose Häftling völlig erschöpft ist. Berthel hatte sich einfach geweigert, diesen sinnlosen Sadismus zu ertragen. Einer der Gardisten hatte ihn mit dem kurzen Bambusknüppel über den Kopf geschlagen. Da sprang Kiki bellend gegen den Posten, riß ihm ein Stück aus der Hose und verschwand.

Seither haßt Kiki die Mobilgarde, er geht den Posten in weitem Bogen aus dem Wege; sie werfen mit Steinen nach ihm.

Er darf nicht mehr in die Baracke.

Außer den vier Hundertschaften schwerbewaffneter Garde mobile liegen noch zwei Kompanien eines Infanteriebataillons draußen zu unserer Bewachung. Diese Infanteristen sind im Gegensatz zu den aus den Kolonien herangezogenen alten Gardisten frisch mobilisierte Arbeiter und Bauern aus Südfrankreich, gute, lustige Kerle. Kiki war nicht dumm, als er zu ihnen übersiedelte.

Eines Morgens früh um sechs Uhr hat unsere Sektion «au drapeau!». Unsere Gefangenensektion muß gemeinsam mit einem Zug des Infanteriebataillons der am Lagereingang zu hissenden Trikolore die Ehrenbezeigung erweisen. Wir marschieren – unser Sektionsführer an der Spitze – zum Lagerausgang, schwenken ein und nehmen Aufstellung. Jetzt kommt auch das Infanteriedetachement, der Hornist mit dem Clairon und der Offizier an der Spitze. Die Infanteristen stehen uns gegenüber in Front. Der Korporal tritt zum Lagerposten, der unten die Fahne entfaltet und die Leine zum Hissen ordnet. Die Soldaten uns gegenüber zwinkern uns hinter dem Rücken des Offiziers zu; ein dicker Kerl mit rotem Kopf schneidet Grimassen, ein anderer streckt das Bein etwas vor, und Kiki beginnt seine Morgengymnastik, indem er über das vorgestreckte Bein des Soldaten hin und her springt. Wir können uns nur mühsam das Lachen verkneifen. In diesem Augenblick kommandiert der Offizier: «Garde à vous! Présentez les armes! Au drapeau!» Das Clairon des Hornisten schmettert, die Infanteristen präsentieren das Gewehr, unsere Gefangenensektion reißt die Köpfe nach rechts herum, wo langsam die Trikolore am Fahnenmast hochsteigt. Und wieder schmettert der Hornist. Diesmal beginnt Kiki, der sich am rechten Flügel neben dem Bläser postiert hat, zu «singen», er singt wie eine Operndiva in den höchsten Tönen. Die feierliche Stimmung ist zum Teufel. Wütend schaut der Offizier, die Hand am Stahlhelm, bis die Fahne die Mastspitze erreicht hat, auf den singenden Kiki. Nach dem «Repos» befiehlt er, den Hund zu erschießen, falls er sich noch einmal im Lager sehen ließe. Der Posten rennt mit dem Gewehrkolben hinter Kiki her und jagt ihn durch die Fahnenpforte hinaus ins Freie.

Natürlich ist Kiki schon mittags wieder im Lager. Sein Hundeverstand sagt ihm jedoch ganz klar, daß jetzt auf der Kasernenseite für ihn die größere Gefahr droht; also taucht er wieder zwischen unsern Baracken und dem Drahtverhau auf. Er wird mit allen Ehren von uns empfangen. Jeder bringt ihm ein Stückchen Brot mit Käse, einen Fleischrest.

Berthel ist ganz glücklich. Er nimmt Kiki sofort hinauf zu sich in seine hochgelegene Box und beginnt ein langes Gespräch mit ihm, in dem Lob und Tadel sich die Waage halten. Da ist auch der «Amerikaner», ein alter Seemann, der – wie er behauptet – in Los Angeles in einer Woche tausend Dollar verdient hat.

Der Amerikaner wendet sich zu Kiki: «Du kleiner Wahnsinniger, kannst aus dem Stacheldraht heraus und bleibst doch freiwillig bei uns, du kleiner Irrer!» Aber jetzt verteidigt Berthel den Kiki: «Er gehört eben zu uns; er ist hier ein Freiwilliger, so wie wir es in Spanien waren!» Auf jeden Fall aber wird Kiki in der oberen Etage neben Berthels Strohsack angebunden. Er soll sich vorerst nicht draußen zeigen. Bei jedem Pfiff der Garden, bei jedem Signal des Clairons, bei jedem Kommando heult er leise vor sich hin; er möchte zu gern dabeisein, wenn die Kameraden der Baracke antreten oder abmarschieren.

Und eines Mittags ist er wirklich dabei. Wir sind gerade in Sektion zum Corvée angetreten, da – wir trauen unsern Augen nicht – steht Kiki wie einst am rechten Flügel der Sektion, ein Stück der abgerissenen Leine noch um den Hals. Einer von uns nimmt ihn schnell in den Arm ins hintere Glied. Doch wie wir abmarschieren, ist zum Unglück der Offizier am Tor, der damals, als Kiki «sang», Fahnendienst hatte. Er befiehlt, den Hund abseits zu führen und zu erschießen. Wir setzen natürlich Kiki so auf die Erde, daß er entspringen kann. Und nun beginnt eine wilde Jagd sämtlicher im Quartier anwesenden Mobilgardisten nach dem Hund. Man hetzt Kiki wie einen schweren politischen Verbrecher durch den Stacheldraht hin und her und wirft mit Steinen nach ihm. Aber Kiki ist schneller. Schließlich haben ihn die Posten zwischen dem achtfachen Drahtverhau neben der Kantine unseres Quartiers gestellt. Doch sie kommen nicht an ihn heran. Das ganze Quartier – fast fünfzehnhundert Mann – hat sich am Drahtverhau versammelt. Es fliegen böse Worte gegen die Garden. Denn Kiki ist einer der Unsern.

Auch wir können eines Tages so im Stacheldraht hängen.

Jetzt tritt der Sergeantchef hinzu. Er befiehlt der Mannschaft, das Bajonett aufzupflanzen, als ginge es zum Sturm gegen eine feindliche Stellung. Kiki sitzt schweigend im Stacheldraht und schaut mit seinen klugen Augen fragend zu uns herüber. Wir wenden uns zu dem Sergeantchef: «Chef, lassen Sie uns machen! Wir locken den Hund heraus und werfen ihn auf die Straße!» Der Kolonialsergeant sieht böse auf uns, als wollte er sagen:

‚Ihr und der Hund, das ist das gleiche Kaliber!' Er nimmt jetzt selbst einen Karabiner und beginnt mit dem Bajonett nach Kiki zu stechen. Kiki weicht nach der anderen Seite aus. Auch von dort stechen die Garden jetzt nach dem Tier. Kiki heult.

Auch wir beginnen zu heulen und ein tausendfaches «Huhuhuhu!» mit Pfeifen und Drohrufen anzustimmen. Es ist ein Höllenkonzert. Die Wachposten wenden sich jetzt mit Kolben und Bajonett gegen uns. Der Sergeantchef hat seine Trillerpfeife hervorgezogen, um das Alarmsignal zu geben. Auch die Kantinenverwalterin, «la bonne mère» oder die «Wuchertante», mit ihren beiden Töchtern, der schönen, üppigen zwanzigjährigen Mimi und der fünfzehnjährigen Peppa, sind zu diesem aufregenden Schauspiel aus der Kantine an den Stacheldraht getreten. La bonne mère verschwindet sofort wieder schreiend, wie sie die auf uns gerichteten Bajonette sieht; auch Mimi zieht sich zurück und streckt nur noch den Kopf zur Tür hinaus.

Doch die kleine Peppa rennt gegen den Sergeantchef und reißt ihm die Signalpfeife vom Mund. Das alles geschieht blitzschnell.

Mit vorgehaltenem Bajonett treiben die Garden uns in die Baracken.

Aber wo ist Kiki?

In dem Tumult hat er sich gerettet.

Der Sergeantchef kommt wütend in unsere Baracke; wir müssen antreten; die Gardisten kriechen oben und unten durch unsere Plätze, sie stellen alles auf den Kopf.

Kiki ist nicht zu finden.

In unserer Baracke liegt ein Spitzel, «das Rattenmäxle»; wir hatten ihm einmal zur Belohnung für seine Schweinereien eine tote Ratte in den Rockärmel eingenäht. Er muß den Berthel verpfiffen haben. Der Chef läßt den Berthel festnehmen und abführen.

Mitten in der Nacht kommt einer unserer Köche. Er sucht den Berthel. Als er hört, daß der Berthel im Arrest ist, verlangt er einen Kameraden, der Arzt sei.

Was ist los?

Er führt mich hinter die Küche, in den Verschlag für Holz und Kohlen. Dort, hinter einem Berg von Kohlen, liegt Kiki auf zwei Säcken. Er hat einen Verband aus zusammengebundenen Taschentüchern um die rechte Hinterpfote und um die Rippen. Er atmet schwer. Er ist in dem Tumult durch das Drahtverhau gekrochen. Kameraden haben ihn schnell hochgenommen und nach hinten zu der Küche gebracht. Kiki wedelt mit dem Schwanz, wie er mich – den Insassen «seiner» Baracke – erkennt. Er zieht sogar die Lippen nach oben und versucht zu lachen. Aber es gelingt ihm nicht. Die Verletzung ist zu schwer, nicht an der Hinterpfote, wohl aber an der Brust. Ein Stich ist in die Lunge gegangen. Zwischen der fünften und sechsten Rippe klebt

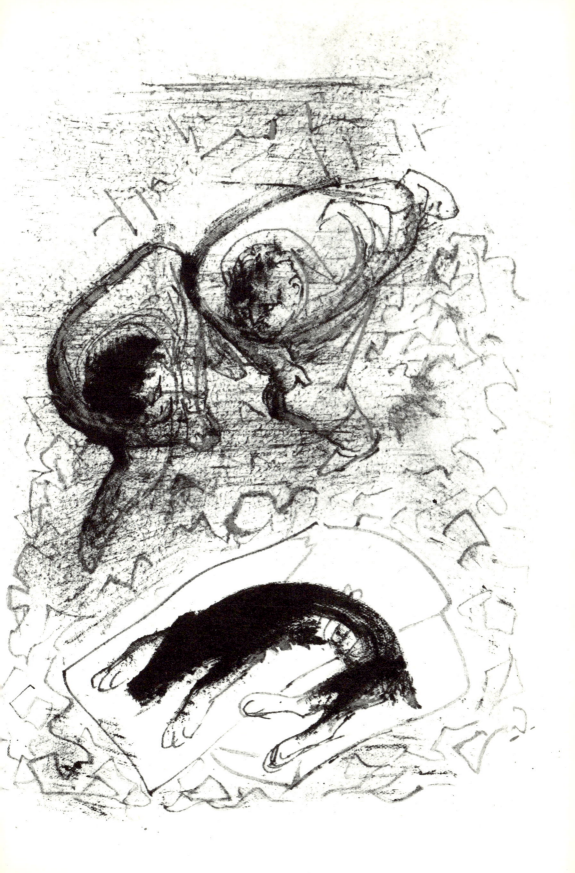

eine dicke Blutkruste. Er atmet sehr flach, um die Lunge möglichst wenig zu bewegen. Ich ordne Ruhe an, aufgelöste Büchsenmilch als Diät und – hundert Prozent Schweigen!

In der gleichen Nacht geschieht noch etwas anderes. Die obere Box, in der das «Rattenmäxle» liegt, bricht mitten in der Dunkelheit mit großem Getöse zusammen. Einige werfen sich auf den Spitzel, weil er sie im Fall verletzt habe. Mäxchen schreit, man wolle ihn töten. Er wird erst am Morgen mit gebrochenem Fuß ins Hospital gebracht. Er schwört, er wolle lieber barfuß durch die Hölle gehen als noch ein einziges Mal unser Quartier betreten.

Diesen Spitzel sind wir los. Aber um welchen Preis?

Natürlich weiß am nächsten Morgen doch unsere Baracke, wo Kiki sich befindet. Aber sonst erfährt es niemand. Kikis Zustand wechselt stark. Er trinkt nur Milchsuppe.

Nach fünf Tagen kommt Berthel endlich aus dem Cachot. Er hat einen Klebeverband um den Kopf, sein rechtes Auge ist blau und grün, auch hat er zwei Vorderzähne verloren. Wir bereiten ihm einen festlichen Empfang. Unsere Köche haben «Nockerln» und Eierkuchen gebacken.

Erst spätabends verraten wir ihm, wo Kiki liegt.

Wie der Berthel den Verschlag betritt, heult Kiki vor Freude, er springt auf, er leckt Berthels Hände und Gesicht, er lacht jetzt richtig, indem er die Lippen hochzieht und die oberen Zähne sehen läßt. Aber der Freudensprung ist teuer bezahlt.

Kiki beginnt Blut zu spucken.

Als am nächsten Mittag Berthel eine Dose Büchsenmilch in der Kantine kaufen will, steht Peppa hinter ihrer großen Schwester Mimi. Sie schaut aufmerksam auf Berthels zerschlagenes Gesicht – natürlich weiß sie, weshalb Berthel verhaftet war, und der Berthel entsinnt sich genau, wie das junge Mädel mit einem wilden «Hicho di puta!» gegen den Sergeantchef sprang und ihm die Signalpfeife aus der Hand riß. Er hatte sich gewundert, daß sie Spanisch verstand; aber auch diesseits der Pyrenäen ist katalanische und spanische Urbevölkerung. Er schaut auf Peppa, und Peppa schaut ernst auf ihn; plötzlich kneift sie das eine Auge zu wie bei einem alten Kameraden.

Nachdenklich geht der Berthel mit seiner Dose Büchsenmilch über den staubigen, schwarzgrauen Hof des Lagers zu seiner Baracke. Da faßt ihn eine Hand an der Schulter. «Du hast deine Dose Milch vergessen!» sagt Peppa; und wie der Berthel zögert, meint sie leise: «Sie ist von mir für dich! Salud!»

Sie rennt zur Kantine zurück.

Kikis Befinden hat sich seit dem Freudensprung zu Berthels Ehren erheblich verschlechtert. Er nimmt nichts mehr zu sich. Man müßte frische Milch haben. Man müßte ihn hinausschaffen zu einem Veterinär. Der Bluterguß beginnt zu vereitern!

Berthel erhält von der Baracke die Erlaubnis, Peppa zu Rate zu ziehen. Da Peppa sowieso Waren an die Küche liefert, ist das nicht schwierig. Peppa bringt jetzt täglich mit der Margarine und den Nudelpaketen einen halben Liter frische Milch. Sie hockt vor Kiki und hebt ihm das Schälchen hin, während Berthel ihm den Kopf hält. Kiki schlappert gehorsam ein paar Schlücke. Doch schon ist er zu müde. Er trinkt auch mehr seinen beiden jungen Freunden zuliebe.

Die beiden sitzen oft eine ganze Stunde lang in dem Schuppen an Kikis Lager. Erst sprechen sie nur zu Kiki, dann über Kiki, dann über das Lager, die Sergeanten; Peppa spricht über die größere Schwester Mimi, die auf Wunsch der Mutter abends zu den Offizieren gehen muß, damit die Mutter die Kantine behält; auch daß die Sergeanten sie – Peppa – einmal nachmittags in der Wachstube hochnehmen wollten; aber daß sie dem Sergeantchef ins Gesicht geschlagen und einen anderen in den Daumen gebissen hatte, bis dieses Biest brüllte vor Schmerz.

Der Berthel muß ihr von Spanien erzählen, Peppa hat noch Verwandte jenseits der Pyrenäen. Es ist ihr Volk, dessen Sprache sie spricht, für das der junge Berthel gekämpft hat, dessen Sprache auch er versteht. Weshalb er eigentlich für Spanien kämpfte? Und der Berthel muß erzählen, wie er – vor drei Jahren – nachts heimlich aus dem Hause seiner Mutter schleichen wollte (sein Vater war im ersten Weltkrieg verschollen, und die Mutter hatte nur noch ihn, ihren Sohn); aber die Mutter hörte es, sie sprang zur Tür, sie warf sich vor ihm nieder, sie umschlang seine Knie, er fiel mit ihr zu Boden, sie flehte ihn an, bei der Mutter Gottes flehte sie ihn an, sie ohrfeigte ihn, sie küßte ihn, doch es gelang ihm, sich loszureißen ... er mußte über viele Grenzen, er wollte mit dem spanischen Volk für dessen Freiheit kämpfen ... und dann kam er nach der Niederlage, schon im Januar 1939, in Saint-Cyprien hinter Stacheldraht und wieder nach einem anderen Lager hinter Stacheldraht und dann hier hinter Stacheldraht.

«Und was schreibt deine Mutter?»

Der Berthel schweigt.

«Hast du ihr nicht geschrieben?»

«Doch.»

«Und sie hat dir nicht geantwortet?»

«Vielleicht hat sie meine Briefe nicht bekommen.»

Peppa hat seine Hand gefaßt. Wie der Berthel sie anschaut, rinnen dicke Tränen aus ihren dunklen Augen. «Peccenio!» sagt sie, obwohl sie selbst kleiner ist als Berthel.

Berthel sucht verlegen sein Taschentuch und wischt ihr damit über das Gesicht. Kiki ist herangerutscht. Er stößt den Berthel leise mit seiner Schnauze. Vielleicht hält er die Handlung Berthels für zu weitgehend; vielleicht ist er eifersüchtig.

Seitdem treffen sich die beiden jungen Menschen regelmäßig bei Kiki. Es ist übrigens kein Veterinär aufzutreiben; sie befinden sich alle an der Front.

Einmal fragt Peppa den Berthel: «Möchtest du nicht frei sein? Ich könnte dir helfen. Ich kenne einen Posten, er läßt dich nachts durch, wenn ich gut zu ihm bin.»

Der Berthel erklärt ihr, daß er nicht allein sich befreien wolle, daß er allein darüber nicht zu entscheiden habe und daß er lieber dem Gardisten die Nase einschlüge, als dulde, daß Peppa «gut zu ihm sei».

«Die Nase schlägst du ihm ein, Peccenio?» lacht Peppa, und dann küßt sie den Berthel auf den Mund, immer wieder, weil ihr das guttut und weil Berthel stillehält, während Kiki leise dazu heult, diesmal, scheint es, vor Vergnügen. Aber Kiki setzt gleich wieder ab, denn sogar dies bißchen Heulen tut ihm weh, und doch hat er einst bei dem Signal des Hornisten «Au drapeau!» mühelos in den höchsten Tönen gesungen.

«Übrigens», fragt Peppa den Berthel, «weshalb darfst du nicht frei sein, auch wenn du selber möchtest?»

Und der Berthel erklärt seiner kleinen Freundin, was Kameradschaft ist, was Solidarität ist, was Disziplin und freiwilliger Gehorsam ist.

Peppa soll nachschauen, ob in der Stadt nicht doch ein Veterinär zu finden sei, der für Kiki eine Schwitzmedizin oder etwas gegen den Brusteiter verschreiben könne. Da sie nun einmal in die Stadt muß, geben wir ihr Briefe mit. Man hätte die Briefe einfach so zum Herausschmuggeln geben können, wie das oft geschah. Aber der Berthel hält es für richtig, der Peppa klar zu sagen, daß Kriegszustand herrscht, daß sie etwas riskiert. Peppa antwortet, sie würde noch mehr riskieren, wenn es nötig wäre.

Auf die Briefe erhalten wir schon nach zwei Tagen Antwort und wieder direkt durch Peppa.

Peppa ist ein mutiges, kluges und zuverlässiges Mädel. Sie ist unsere Freundin. Sie wird es noch mehr, wie Kiki stirbt.

Wir stehen – acht Mann – nachts in dem engen Kohlenverschlag. Berthel hält Kiki in seinem Schoß. Er feuchtet ihm die Schnauze mit kühlem Tee. Kiki leckt ein bißchen. Er schaut uns der Reihe nach an. Er sucht etwas.

Da sagt Alek zu Berthel: «Gib ihn mir; er will dich sehen!»

Vorsichtig gibt Berthel dem Alek den sterbenden Kiki; er stellt sich vor ihn, er spricht leise zu ihm in seinem Wiener Dialekt: «Wo ist denn unser Kiki? Wo ist denn unser Hund? Wo ist denn mein bester Freund?»

Und Kiki erkennt den Freund, er kann nicht mehr mit dem Schwanz wedeln, aber er zieht ganz deutlich die Oberlippe ein wenig hinauf, daß die weißen oberen Zähne blinken. Kiki lacht zum letztenmal. Dann schließt er seine klugen, schönen, hellbraunen Augen.

«Kiki, das verspreche ich dir, dein Tod kommt mit auf die große Abrechnungsliste!» sagt der Alek.

Die ganze Nacht nimmt die Baracke Abschied von Kiki. Immer fünf bis zehn Mann schleichen über den nächtigen Hof. Viele denken wie Alek. Die ganze Nacht liegt die Baracke wach und spricht von Kiki, dem toten Kameraden.

Peppa erfährt Kikis Tod erst am folgenden Mittag. In der Nacht ist sie am Stacheldraht. Wir werfen ihr einen kleinen Sack hinüber. Sie hat Kiki draußen in der Freiheit begraben. Sie hat uns versprochen, eines Tages wird sie uns sein Grab zeigen.

Maxim Gorki
Sasubrina

... Das runde Fenster meiner Zelle sah auf den Gefängnishof hinaus. Es lag sehr hoch über dem Fußboden, aber wenn ich den Tisch an die Wand stellte und hinaufkletterte, konnte ich alles sehen, was auf dem Hofe vor sich ging. Über dem Fenster, unter dem Überhang des Daches, hatten sich Tauben ein Nest gebaut. Und wenn ich dann aus meinem Fenster auf den Hof hinunterblickte, gurrten sie über meinem Kopf.

Ich hatte ausreichend Zeit, mich mit den Bewohnern meines Gefängnisses bekannt zu machen; und ich wußte, daß der fröhlichste Mann von seinen finsteren Insassen Sasubrina hieß.

Er war klein, stämmig und dick, mit rotem Gesicht und einer hohen Stirn, unter der stets lebendig zwei große leuchtende Augen hervorblitzten.

Die Mütze trug er im Nacken; lustig standen die Ohren von seinem rasierten Schädel ab. Die Schnüre seines Hemdkragens band er nie zu, und ebenso trug er die Jacke immer offen. Jede Bewegung seiner Muskeln ließ eine Seele in ihm erkennen, die zu Trauer und Bitterkeit nicht fähig war.

Stets lachend, quicklebendig und lärmend war er im Gefängnis Idol; immer umringte ihn ein Grüppchen seiner grauen Genossen. Er machte Späße und zerstreute die Gefährten mit allerlei kuriosen Streichen, und seine echte Fröhlichkeit machte das düstere langweilige Gefängnisleben erträglicher.

Einmal kam er zum Spaziergang aus seiner Zelle mit drei Ratten heraus, die er schlau in Bindfäden geschirrt hatte. Sasubrina lief hinter ihnen drein, im Hofe umher, und schrie, er führe eine Troika. Die Ratten wurden von seinem Geschrei verrückt und wollten nach allen Seiten auseinanderstürzen. Die Gefangenen lachten wie die Kinder, als sie den dicken Mann mit seiner Troika sahen.

Offenbar war Sasubrina der Meinung, er sei ausschließlich zur Erheiterung der Menschen da; seine Mittel, dies zu erreichen, waren nicht wählerisch. Und bisweilen nahm seine Findigkeit grausame Formen an. So geschah Folgendes: Einem Jungen aus dem Kreis der Gefangenen, der zu ebener Erde an einer Mauer saß und döste, klebte er die Haare an dieser Mauer fest. Als die Haare angetrocknet waren, weckte er ihn schnell auf. Der Junge sprang rasch auf, faßte mit seinen dünnen mageren Händen nach dem Kopf und stürzte weinend auf die Erde nieder. Die Gefangenen lachten, und Sasubrina war zufrieden. Danach, ich sah es aus meinem Fenster, streichelte Sasubrina den Jungen, der eine dicke Haarsträhne an der Mauer gelassen hatte.

Außer Sasubrina gab es im Gefängnis einen zweiten Favoriten – einen rostroten kleinen Kater, ein verspieltes, von allen gehätscheltes Tierchen. Wenn die Gefangenen ihren Spaziergang machten, stöberten sie ihn immer irgendwo auf und balgten sich mit ihm herum. Sie reichten ihn von Hand zu Hand, liefen hinter ihm über den Hof her, ließen es geschehen, daß er ihnen Fäuste und Backen zerkratzte, und lebten auf vom Spiel mit diesem Schmierkätzchen.

Immer lenkte der kleine Kater alle Aufmerksamkeit auf sich, und Sasubrina konnte sich mit solcher Benachteiligung nicht abfinden. Sasubrina war mit ganzer Seele Künstler und, als ein Künstler, in einem solchen Maße von sich angetan, wie es seinem Talente nicht zukam. Wenn das kleine Tier ihm sein Publikum abgeworben hatte, blieb er ganz allein; er setzte sich in eine Ecke des Hofes und betrachtete von dort aus die Gefährten, die ihn in diesen Minuten gewöhnlich vergaßen. Und ich betrachtete ihn von meinem Fenster aus. Ich fühlte alles, wovon in diesen Augenblicken sein Herz voll war. Es schien mir unvermeidlich, daß Sasubrina bei der ersten passenden Gelegenheit den Kater erschlagen würde; es tat mir leid um den lustigen Gefangenen. Das Streben eines Menschen, im Mittelpunkt der Aufmerksamkeit zu stehen, ist stets verhängnisvoll für ihn; denn nichts läßt die Seele so rasch verkümmern wie die Sucht, den Leuten zu gefallen.

Wenn du im Gefängnis sitzt, fesselt dich sogar das Leben der Schimmelpilze an den Wänden. Darum wohl ist die Spannung begreiflich, mit der ich aus meinem Fenster die kleine Tragödie dort unten verfolgte, dieses Eifersuchtsdrama zwischen Mensch und Kater, und begreiflich auch die Ungeduld, mit der ich der Lösung harrte. Und diese kam.

Es war ein klarer sonniger Tag. Die Gefangenen strömten aus ihren Zellen hinaus in den Hof. Da erblickte Sasubrina in einem Winkel des Hofes einen Eimer mit grüner Farbe. Er war von den Malern, die das Gefängnisdach gestrichen hatten, zurückgelassen worden. Sasubrina ging zu dem Eimer, überlegte, steckte einen Finger hinein und malte seinen Schnurrbart mit der grünen Farbe an. Alle lachten über diesen grünen Bart in der roten Fratze. Irgend so ein Jüngling wollte Sasubrina nacheifern; er machte sich schon daran, seine Oberlippe zu beschmieren, aber Sasubrina tauchte die Hand in den Eimer und fuhr ihm flink über die ganze Visage. Der Jüngling spuckte und schüttelte den Kopf, Sasubrina tanzte um ihn herum, und das Publikum lachte und feuerte seinen Liebling mit beifälligem Geschrei an.

Gerade in diesem Augenblick erschien der kleine rote Kater. Ohne zu eilen und graziös die Pfoten hebend, kam er über den Hof, er streckte den Schwanz in die Höhe und schien nicht im geringsten besorgt, der Menge unter die Füße zu geraten. Wie toll tobten sie um Sasubrina und den von ihm gefärbten Jüngling herum, der das klebrige Gemisch aus Öl und Grünspan immer mehr über sein Gesicht breitstrich.

«Leute!» rief da einer. «Mischka ist da!»

«Ah, Mischka, der Strolch!»

«Unsre rote Mieze!»

Sie packten das Kätzchen, und es wechselte, von allen getätschelt, aus einer Hand in andere über.

«Hoh, hat der sich dick gefressen! Was der für einen Fettwanst hat!»

«Und wie schnell er wächst.»

«Es kratzt, das kleine Biest!»

«Laß ihn los! Soll er selber herumspringen!»

«Ich halt' ihm meinen Buckel hin ... Mischka, spring!»

Um Sasubrina wurde es still. Er stand allein, rieb mit den Fingern die Farbe aus dem Schnurrbart und schaute auf den kleinen Kater, der über Schultern und Rücken der Gefangenen sprang. Sie waren alle sehr vergnügt; ununterbrochen ertönte ihr Gelächter.

«Leute! Streichen wir den Kater an!» Sasubrinas Stimme klang so, als wollte er mit seiner Forderung die Zustimmung zu diesem Spaß gleichzeitig erbitten.

Der Haufen begann zu lärmen.

«Ich sag' euch, der verreckt davon!» meinte einer.

«Von der Farbe? Red keinen Unsinn!»

«Na los, Sasubrina! Hau 'ran, färb ihn ein!»

Ein kleiner stämmiger Kerl mit feuerrotem Bart rief entzückt:

«Was der sich ausgedacht hat, dieser Satan! Das ist ein Ding!»

Sasubrina hielt die Katze schon in den Händen und ging mit ihr zu dem Farbkübel.

«Seht, ihr Leute, das Theater»,
sang er, «wie der dicke rote Kater
grün gefärbt wird bis zum Schwanz.
Brüderchen, das wird ein Tanz!»

Gelächter brach los, sie hielten sich die Bäuche vor Lachen. Die Häftlinge traten ein wenig auseinander, und ich konnte sehen, wie Sasubrina die Katze am Schwanz packte und in die Farbe tauchte.

Singend tanzte er um den Kübel herum:

«Hör zu mauzen auf,
schick dich in die Taufe!»

Johlendes Lachen folgte. Einer winselte mit dünner Stimme:

«Ojojoj, du schiefwanstiger Judas, du!»

«Ach, ihr Heiligen!» stöhnte ein anderer.

Sie rangen nach Luft, verschluckten sich; das Lachen krümmte ihre Leiber, bog sie nieder, prasselte und dröhnte – ein mächtiges, sorgloses, schwellendes, fast schon hysterisches Lachen. Aus den Fenstern der Frauenabteilung sahen lächelnde, von weißen Tüchern umrahmte Gesichter auf den Hof hinunter. Der Aufseher stemmte sich mit dem Rücken an die Wand, reckte seinen dicken Bauch heraus, hielt ihn mit beiden Händen fest und stieß ein fettes, baßtiefes, ersticktes Lachen aus.

Das Lachen riß die Männer hin und her. Sasubrina, der mit seinen Beinen wunderliche Bewegungen vollführte, tanzte am Boden herum und sang:

«Ei, wie ist das Leben heiter!
Lebte eine graue Katze,
Katersohn mit rotem Latze –
lebe grün ab heute weiter!»

«Genug, hör auf! Der Teufel soll dich holen!» schrie stöhnend der Rotbärtige.

Aber Sasubrina war im Rausch. Um ihn toste das irrsinnige Lachen der grauen Menge. Und Sasubrina wußte, daß eben er es war, der sie so zu lachen zwang. Jede seiner Gesten, jede Grimasse seines in Bewegung geratenen närrischen Gesichtes war von diesem Bewußtsein durchdrungen. Sein ganzer Leib zuckte im Genuß dieses Sieges. Er hielt die Katze am Kopf fest, schüttelte sie, damit die überflüssige Farbe vom Fell abtropfte, und sang und tanzte, erregt wie der Künstler, der sich seiner Macht über die Menge bewußt wird.

«Freunde, Brüder, liebe Männer,
holt den Heiligenkalender,
seht doch mal, auf welchen Nam'n
Mischka wir zu taufen hab'n.»

Alles war von dieser wahnsinnigen Fröhlichkeit ergriffen, alles, was die lachenden Häftlinge umgab – es lachte die Sonne auf den Scheiben der eisenvergitterten Fenster, es lachte der blaue Himmel über dem Hof des Gefängnisses, sogar die alten schmutzigen Mauern lächelten ein wenig, so, als müßten sie die Fröhlichkeit, wie sehr sie auch in ihnen tobte, unterdrücken. Alles war wie neugeboren, hatte das überdrüssige graue Gewand der Ergebung abgeworfen und lebte auf in diesem reinigenden Lachen, das wie die Sonne sogar den Schmutz reiner zu werden zwingt.

Sasubrina setzte die grüne Katze ins Gras, das in kleinen Inseln zwischen den Steinen des Gefängnishofes leuchtete. Aufgeregt, schnaufend und schwitzend tanzte er noch immer seinen Tanz.

Aber das Lachen war schon verloschen. Es hatte sich selbst überwuchert und die Menschen erschöpft. Irgendwer kreischte noch einmal hysterisch auf, einige lachten noch, aber schon seltener... Und endlich schwiegen alle, außer dem tanzenden und singenden Sasubrina und der Katze, die leise und kläglich schreiend durchs Gras kroch. Man konnte das Grün kaum unter-

scheiden, und sicherlich machte die Farbe sie blind und hinderte sie in ihren Bewegungen. Großköpfig, verschmiert, kroch sie ziellos auf zitternden Pfoten umher, hielt an, als ob das Gras wie Leim sie festhalte, und schrie ...

> «Was, ihr braven Christenseelen,
> mag der grünen Katze fehlen?
> Find't das früher rote Kätzchen
> sich vielleicht kein ruhiges Plätzchen?»

kommentierte Sasubrina die Bewegungen des Tieres.

«Ach, was bist du für ein gerissener Hund», sagte der Rotbärtige.

Mit übersatten Augen blickte das Publikum auf seinen Künstler.

«Wie er mauzt», meinte der Jüngling. Er wies mit dem Kopf auf die Katze und sah seine Gefährten an. Sie schauten auf das kleine Tier und schwiegen.

«Was denn, bleibt der etwa sein ganzes Leben lang grün?» fragte der Jüngling.

«Was denkst du, wie lange der noch zu leben hat?» entgegnete ein grauhaariger, hochgewachsener Gefangener und kauerte sich neben Mischka nieder. «Es trocknet ein, das Fell verklebt, und er erstickt ...»

Das durchdringende Schreien der Katze bewirkte bei den Häftlingen einen Stimmungsumschwung.

«Er erstickt?» fragte der Jüngling. «Und wenn wir ihn abwaschen?»

Niemand antwortete. Kläglich in seiner Hilflosigkeit wand sich das kleine grüne Knäuel zu Füßen der rauhen Männer.

«Pf-f! Bin ich ins Schwitzen gekommen!» rief Sasubrina und ließ sich auf die Erde fallen. Niemand beachtete ihn.

Der Jüngling trat zu der Katze und nahm sie in die Hände. Er legte sie aber sogleich wieder ins Gras und sagte:

«Der ist ja ganz heiß ...»

Dann sah er von einem zum anderen und sprach traurig:

«Das ist nun unser Mischka! Vorbei ist's mit ihm, wir werden keinen Mischka mehr haben! Warum haben sie das Tier bloß umgebracht? Nein, so was ...»

«Na ja, vielleicht wird er wieder», sagte der Rotbärtige.

Das formlose grüne Wesen kroch noch immer im Gras umher. Zwanzig Augenpaare folgten ihm, und auf keinem der Gesichter war auch nur der Schatten eines Lächelns zu sehen. Alle schwiegen sie verdüstert, und allen war ebenso erbärmlich zumute wie diesem kleinen Kater, als ließe der sie an seinen Qualen teilhaben, so daß sie seinen Schmerz fühlten.

«Vielleicht wird er wieder!» Der Jüngling lachte schrill auf. «Nein, so was ... Mischka war einmal ... alle hatten ihn gern ... Warum schindet ihr ihn denn so? Erschlagt ihn doch, oder ...»

«Und wer hat das alles gemacht?» schrie erbost der rotbärtige Häftling los. «Der da. Dieses Aas, der Spaßmacher!»

«Nu –», sagte Sasubrina begütigend. «Immer langsam. Alle zusammen waren dafür.»

Und er kroch in sich zusammen, als ob er fröre.

«Alle zusammen!» fiel der Jüngling ihm bissig ins Wort. «So was. Du allein bist schuld ... jawohl!»

«Ach, du kleines Kälbchen, du, blöke doch nicht so!» rief ihm Sasubrina friedfertig.

Der grauhaarige Alte nahm die Katze, betrachtete sie von allen Seiten und meinte:

«Wenn wir sie in Petroleum baden, geht die Farbe ab.»

«Und ich sage: am Schwanz packen und über die Mauer schmeißen!» Lachend fügte Sasubrina hinzu: «Das ist am einfachsten.»

«Wa-as?» brüllte der Rotbärtige los. «Ich werde dich selber so – he, willst du?»

«Dieses Aas!» heulte der Jüngling auf. Er riß dem Alten die Katze aus den Händen und rannte weg. Der Alte und zwei, drei andere Männer gingen ihm nach.

Abgesondert stand Sasubrina im Kreis der Männer, die ihn mit bösen, finsteren Blicken maßen. Sie schienen von ihm etwas zu erwarten.

«Aber ich war's doch nicht allein, Brüder!» klagte Sasubrina.

«Sei still!» fuhr ihn der Rotbärtige an und sah sich im Hofe um. «Nicht allein! Wer denn noch?»

«Na, alle waren doch dabei!» preßte der Künstler mit gedehnter Stimme hervor.

«Du Hund, du!»

Der Rote schlug ihm die Faust in die Zähne. Sasubrina wankte zurück, aber von dort begegnete ihm ein Genickstoß.

«Brüder! ...» bettelte er trübselig.

Doch seine Brüder sahen, daß die beiden Aufseher weit von ihnen entfernt standen; sie schlossen einen engen Kreis um ihren Liebling und warfen ihn mit einigen Hieben zu Boden. Aus der Ferne konnte man die dichtgedrängte Gruppe für eine lebhaft plaudernde Gesellschaft halten. Von ihnen umringt und verborgen lag Sasubrina zu ihren Füßen. Bisweilen erklangen dumpfe Laute: Sie traten Sasubrina in die Rippen, sie taten es ohne Eile und ohne Erbitterung, warteten immer ab, bis der Mann, der sich vor ihnen auf der Erde wand, ihren Füßen eine besonders geeignete Stelle freigab.

Wohl drei Minuten setzten sie dies fort, bis plötzlich die Stimme eines Aufsehers ertönte:

«Hehe, ihr Teufel! Treibt's nicht zu toll!»

Die Häftlinge stellten die Folter mit einem Male ein. Einer nach dem anderen verließen sie Sasubrina, und jeder verabschiedete sich von ihm mit einem Fußtritt.

Als sie alle auseinandergegangen waren, blieb Sasubrina auf der Erde liegen. Die Brust berührte den Boden, seine Schultern zitterten – er weinte wohl – und hustete und spie fortwährend aus. Dann erhob er sich, ganz vorsichtig, als fürchte er zu zerbrechen, stützte sich mit der linken Hand auf, zog ein Bein an und setzte sich wie ein kranker Hund winselnd auf die Erde.

«Tu nicht so!» rief drohend der Rotbärtige. Sasubrina erschrak und sprang rasch in die Höhe.

Dann ging er wankend auf die Gefängnismauer zu. Die eine Hand preßte er an die Brust, die andere streckte er nach vorn. Er stützte sich gegen die Mauer, blieb stehen, neigte seinen Kopf zur Erde nieder. Er hustete ...

Ich sah, wie dunkle Tropfen zur Erde fielen, sie hoben sich deutlich ab, leuchteten auf dem grauen Hintergrund der Gefängnismauer.

Sasubrina gab sich alle Mühe, mit seinem Blut nicht das Amtsgebäude zu beschmieren, und er ließ es so auf den Boden tropfen, daß kein Spritzer an die Mauer geriet.

Sie lachten über ihn ...

Der kleine Kater war seit jener Zeit verschwunden. Und Sasubrina hatte mit keinem mehr die Aufmerksamkeit der Gefängnisbewohner zu teilen.

Bernhard Kellermann
Säng

Im Industal, nahe der tibetischen Grenze, sah ich die wildesten, imposantesten Hunde, denen ich je in meinem Leben begegnete. Es waren Tibeter, herkulische Burschen, schwarzen Bären ähnlich, der Kopf breit, die kleinen, bösen Augen heimtückisch dicht zusammengerückt, die Schnauze spitz. Liefen sie frei, so hatte man nicht das geringste Verlangen, vom Pferd zu steigen, ehe der Besitzer die Hunde gebändigt hatte. Waren sie festgemacht, so empfahl es sich, recht genau den Radius der Kette zu beachten und den Daumen zu drücken, daß die Kette nicht riß. Es waren eigentlich keine Hunde mehr, sondern richtige, achtunggebietende Teufel.

Einem derartigen Satan begegnete ich eines Tages ganz unvermutet in einer der Basargassen von Leh. Es war die Gasse der Fleischhauer: drei, vier Schlächterläden nebeneinander mit Schaf- und Ziegenkadavern, die mit Fliegen bedeckt sind. Von den Abfällen dieser Gasse lebt das herrenlose Rudel der räudigen Basarhunde, alle Mischungen, richtige schamlose Bettler ohne jeglichen Charakter, Gesindel, das unter Fußtritten groß geworden ist. Hier also begegnete ich zuerst meinem Satan, an den ich noch heute mit Schmerz denke wie an einen Freund, den ich in weiter Ferne gelassen habe und nie wiedersehen werde.

Er knurrte mich böse an wie ein Raubtier, und zwar so wild und drohend, daß ich unwillkürlich einen Schritt zurücktrat und mich nach einem Stein oder Prügel umsah. Seine blutunterlaufenen Augen sprühten grüne, wütende Funken und einen geradezu gespenstischen Menschenhaß. Diese Augen standen nahe beisammen, ganz wie bei den tibetischen Kötern, die Bären ähnlich sehen, aber sie waren nicht klein und dunkel, sondern groß und hell wie die eines Wolfes. Im übrigen sah er aus wie ein echter Tibeter, wenn auch sein wolliger Pelz nicht völlig schwarz war, sondern dunkelbraun. Bären, Tiger, Wölfe, alle reißenden Tiere der wilden Berge schienen ihr Blut gemischt zu haben, und das Resultat war dieser Hund, der sein Gebiß einladend bloßlegte und die Größe eines Kalbes besaß. Der Basar nannte ihn «Säng», das heißt auf tibetisch Tiger. Er war eine wahre Bestie, aber von unbeschreiblicher, wilder Schönheit. Niemals habe ich mich auf den ersten Blick derart in ein Tier verliebt und nie schmerzlicher.

Säng lag geduckt wie ein Tiger vor dem Sprung, die Schulterblätter stachen kantig durch den dicken Pelz, die Haare auf seinem dicken Nacken sträubten sich, und zwar jedes einzeln. Aber er sprang nicht. Er konnte nicht springen, denn Säng war ein unglücklicher Krüppel. Sein rechter Vorderfuß war gebrochen, zermalmt in einem Kampf mit den Wölfen, die zersplitterte Knochenröhre sah aus der Haut hervor. Er war ein ehemaliger Karawanenhund, der noch vor kurzem die Karawanen aus Jarkent über die vereisten Pässe des Karakorumgebirges begleitet hatte, bis ihn sein Unglück zu dieser unwürdigen Gesellschaft mit den räudigen Basarhunden von Leh degradierte. Nun begriff ich seine unsinnige Wut, die nichts war als ein Protest gegen das Schicksal, das ihn so fürchterlich tief demütigte.

Säng verstand Turkestanisch, Ladacki und Tibetisch sehr wohl, aber ich versuchte es immerhin, mich mit ihm in deutscher Sprache zu unterhalten. Ich erklärte ihm, daß ich sein Unglück zu würdigen wisse, er, der unter den spitzen Hörnern der Yaks einhergegangen sei über die Gletscher. Seine Tapferkeit sei über jeden Zweifel erhaben, und die Wölfe griffen bekanntlich nur im Rudel an. Ich drückte ihm meine Hochachtung und mein Bedauern aus. Und Säng verstand. Er lauschte angespannt, gierig, ganz wie die Neugierigen lauschten, die sich angesammelt hatten und darüber staunten, daß es ein Europäer nicht unter seiner Würde fand, mit einem von Wölfen zerschundenen Karawanenhund zu sprechen. Vielleicht verstand ich überhaupt die Hundesprache? Jedenfalls, wir, Säng und ich, verstanden uns sehr gut! Das böse Feuer in Sängs Augen erlosch, seine gesträubten Haare legten sich. Er entblößte zwar noch immer sein Wolfsgebiß, aber mehr und mehr verwandelte er sich aus einer reißenden Bestie in einen Hund mit allen Eigenschaften eines Hundes. Als ich mich ihm aber nähern wollte, drängten mich die Neugierigen erschrocken zurück. Säng werde mich augenblicklich in Stücke reißen!

Die Fleischerläden waren zu dieser Tagesstunde geschlossen, aber neben den Schlächtern hausten die Bäcker. Also erstand ich einige Brote für Säng und lockte ihn damit. Er kroch mißtrauisch und ungläubig heran, vielleicht wollte ich ihn durch einen üblen Scherz der Lächerlichkeit preisgeben? Dann aber fraß er mit dankbarem Blick und sah mich aufmerksam und etwas verblüfft mit blanken Augen an. Er begriff sehr wohl, daß meine Handlungsweise etwas ganz und gar Außergewöhnliches bedeutete und in seinem Hundedasein gleichsam eine neue Epoche begonnen hatte. Gedemütigt und vom Schicksal in die Gosse getreten, hatte ihm ein Mensch zum erstenmal wieder Achtung erwiesen.

Da mich der Weg fast täglich durch den Basar führte, so sah ich Säng häufig, manchmal sogar zweimal am Tage. Er erhielt seine Brote oder Knochen, die ich ihm aus dem Bungalow mitbrachte. Zuweilen schlief er im Schatten eines Hauses, das Gesicht selbst im Schlaf gramvoll gerunzelt und zuckend von den Schmerzen des zersplitterten Fußes. Sobald er mich aber kommen hörte, erwachte er augenblicklich. Er kannte meinen Schritt. Schließlich einigten wir uns auf einen kleinen, scharfen Pfiff, und es dauerte stets nur wenige Sekunden, bis Säng von irgendwoher auftauchte. Er drückte mir seine Dankbarkeit und Ergebenheit aus, indem er mit prüfenden Augen vor mir stehenblieb und ganz leicht den buschigen Schwanz hin und her

schwang. Manchmal auch, anfangs etwas zögernd und unsicher, ob es wohl nicht aufdringlich sei, begleitete er mich ein Stückchen. Der Basar staunte über unsere merkwürdige Freundschaft. Die Kaufleute, die in ihren Läden hockten und Sängs wachsende Vertraulichkeit beobachteten, waren der Ansicht, daß ich über ganz besondere Kräfte verfügen müsse, denn Säng hatte bisher aller Welt nur Feindseligkeit entgegengebracht. Auf diese Weise wurde ich in den Augen der Einwohner Lehs zu einer Art Sadhu, und etwas wie Heiligkeit umstrahlte mich. Zum großen Teil waren die Leute auch Lamaisten, und für sie war es eine ausgemachte Sache, daß in Sängs zerschundenem Körper die Seele irgendeines Verdammten litt, eines Kaufmanns vielleicht, der falsche Gewichte benutzte, oder eines rohen Karawanenführers, der seine Tiere peinigte. Eine geheimnisvolle Beziehung aus einer früheren Existenz mußte mich mit der Seele des Verdammten verknüpfen.

Eines Tages nun ereignete sich etwas wirklich Außergewöhnliches: Mein Freund erschien plötzlich am Tor des Bungalows. Er war mir, ohne daß ich es beobachtete, gefolgt und mit dem verwundeten Fuß den steilen Weg hinaufgehumpelt. Die Heilung seines Fußes machte übrigens, dies ganz nebenbei bemerkt, in letzter Zeit große Fortschritte. Wo der Knochen zersplittert war, hatte sich ein faustgroßer, abscheulich anzusehender Knoten gebildet. Zuweilen machte Säng schon den Versuch, mit der kranken Pfote den Boden zu berühren. Als sein breiter, verwegener Schädel im Hof des Bungalows auftauchte, entstand die größte Aufregung unter meinen Dienern.

«Sahib, Säng ist gekommen!» Das klang fast, als beehre mich der König des Landes mit seinem Besuch. Ich begrüßte Säng erfreut und lud ihn ein, einzutreten. Dazu war er aber nicht zu bewegen. Irgend etwas in seiner Erinnerung sträubte sich gegen den Gedanken, einen geschlossenen Hof zu betreten. Einige Leckerbissen wurden vom Koch herbeigeschafft, und Säng genoß Bewirtung und gute Aufnahme. Seine Visite dauerte ziemlich lange, denn schließlich hatte er ja nicht viel zu versäumen. Ich wagte bei dieser Gelegenheit zum ersten Male, Säng zu berühren. Als ich meine Hand seinem Kopf näherte, schielte er unbehaglich und beunruhigt. Er knurrte, kräuselte die Nase und stieß den Atem erregt durch das leicht geöffnete Gebiß. Er wollte mich warnen, denn schließlich wußte er selbst nicht, was geschehen würde. Aber als ich ihm gut zuredete, begann er mit dem Schwanz auf den Boden zu schlagen, und nun war es geschehen. Eine Menschenhand hatte ihn nach langer, langer Zeit wieder berührt! Anfangs war er unruhig, aufgewühlt, er konnte es nicht fassen, dann gab er sich der Liebkosung völlig hin. Er brummte, um seiner Behaglichkeit und seinem Dank Ausdruck zu geben. Dazwischen ging sein Brummen in ein grollendes Knurren über, denn schließlich hatte ja alles seine Grenzen. Im übrigen war er ein Karawanenhund und kein Pekinese, der die Zunge aus dem Maul hängt, wenn man ihn hinter den Ohren krault. Eine halbe Stunde hockte er noch vor der Tür des Bungalows, nachdem ich gegangen war, und niemand wagte in den Hof hereinzukommen oder hinauszugehen. Dann humpelte er langsam davon. Vielleicht, dachte ich, war er in seiner Jugend einmal im Lager eines Europäers gewesen, irgendeines Reisenden oder Jägers, und seine Zuneigung zu mir entsprang dieser Erinnerung.

Säng besuchte mich einige Male. Schließlich wagte er sich bis an die Veranda des Bungalows heran. Meine Diener aber wichen ihm immer noch in respektvollem Bogen aus.

Endlich aber hieß es Abschied nehmen von dem gastfreundlichen Leh. Es fiel mir nicht leicht, von meinen Freunden zu scheiden, aber ich muß offen gestehen, daß es mir am schwersten wurde, mich von Säng zu trennen. Als ich im Hof des Bungalows in den Sattel stieg, unterlag ich der Versuchung, mich von Säng französisch zu empfehlen, um ihm und besonders mir den Abschied zu ersparen. Das war sicherlich das bequemste. Wenn er mich im Bungalow suchen sollte, so war ich einfach fort, und er wußte recht gut, daß die Karawanen kommen und gehen. Ich ritt also mit Absicht nicht durch die Gasse der Schlächter, wo mein Freund sich zumeist aufhielt, sondern über die große Basarstraße.

Ich hielt Umschau. Es war früh am Tag, die Straße noch ziemlich verlassen von Menschen und Tieren, alles schien gut zu gehen. Plötzlich aber entdeckte ich Säng! Er schlief neben einem Rudel von verwahrlosten Hunden aller Mischungen, das lahme Bein mit dem dicken Knoten steif von sich gestreckt. Ich war erfreut und erregt, ihn noch einmal zu sehen. Hoffentlich kam ich vorüber, ohne daß er mich bemerkte. Die Hufe der Pferde trappelten, die Zeltstangen klapperten gegen die Kisten, die Pferdeleute schrien – Säng müßte nicht ein Karawanenhund gewesen sein, wenn er diesen Lärm nicht bis in den tiefsten Schlaf hinein gehört hätte. Selbst nahe am Tod würde er die Ohren spitzen und die brechenden Augen nochmals aufschlagen. Natürlich, er erwachte. Als ich im Sattel mich umdrehte, verstohlen und mit sehr schlechtem Gewissen, beobachtete ich, wie er den Kopf mit einem Ruck in die Höhe warf.

Plötzlich schien er mein Pferd zu erkennen, denn er erhob sich, so schnell es ihm sein kranker Fuß erlaubte, auf die Hinterfüße und begann regungslos auszuspähen. Ich aber, schon eine gute Strecke entfernt, brachte mich in Sicherheit und tat, als sähe ich ihn nicht. Das war gewiß treulos und verräterisch, ich weiß es, ich schäme mich heute noch, aber es schien mir in diesem Augenblick die beste Lösung. Weshalb sollte ich Säng unnötigerweise Schmerz bereiten? Schließlich hatte ich natürlich auch noch andere Dinge im Kopf, nicht nur Säng. Ich ritt also weiter, durch das Stadttor von Leh hindurch, und mein Pferd kletterte vorsichtig den steilen Felspfad zu der trostlosen Steinwüste hinab, die Leh vom Indus trennt. Sobald man den Rand der Steinwüste erreicht hat, beginnt die Reise. Die Karawane sammelt sich und nimmt ihren langsamen Trott auf, den sie viele Tage und Wochen beibehalten wird.

Am Rande der Wüste angelangt, wandte ich noch einmal das Pferd, um einen letzten Blick auf die hoch oben am Berge hängende Stadt zu werfen. Wie erstaunt aber war ich, als oben auf dem steinigen Pfad unvermutet Säng auftauchte. Er stand mit hochgestellten Ohren und blickte zu mir herunter, ohne sich zu regen. Nun war es natürlich ganz und gar unmöglich, ohne Abschied von ihm zu gehen. Die Sehnsucht packte mich heftig, noch einmal in seine klaren, wilden Augen zu sehen und mit ihm zu reden. Ich pfiff den gewohnten Pfiff und ritt den steilen Pfad wieder in die Höhe. Mühsam kam mir Säng entgegen. Er humpelte und kletterte von Fels zu Fels, so schnell es eben ging, und schließlich war er bei mir und sah mit fragenden Augen zu mir empor, während er aufgeregt mit dem Schwanz wedelte.

Er begann augenblicklich laut zu kläffen, als ich auf ihn einsprach, und ich verstand recht gut, was er sagen wollte. Er klagte mich des Verrats und der Treulosigkeit an, er wußte ja alles. Dutzendemal hatte er mich durch den Basar reiten sehen und gewußt, daß ich wiederkommen würde. Heute aber, da die Pferde die schweren Lasten trugen, wußte er, daß der Marsch dauern würde, bis die Sonne sank, und wo war ich dann? Und am nächsten Tage wurden wieder die Pferde beladen, und weiter ging es. Nein, nein! Niemals würde ich zurückkehren, niemals, niemals. Der Gram saß in dicken Runzeln auf seiner Stirn. Hatte ich denn kein Erbarmen? War meine Freundschaft nichts als Lüge gewesen? Er wollte mitkommen, natürlich, mitkommen wollte er. Ja, ja! Er wollte mich begleiten, wohin es ging, und mein Zelt bewachen. Das wollte er, so wahr Gott lebt. Die Sehnsucht blendete aus seinen Augen, die Sehnsucht nach dem Getrappel der Karawane, nach dem Geklapper der Zeltstangen und Knirschen der Seile, nach dem Geruch der Pferde und dem Lärm des Lagers. Mitkommen, ja, ja! Es würde schon gehen, auch wenn er zur Zeit etwas humpelte.

So sei vernünftig, Säng, höre mich doch. Immer lauter kläffte Säng, sein Schwanz peitschte hin und her. Nein, nein, er wollte nicht hören.

So höre doch, Säng, höre mich an. Was verstehst du von der Welt. Hier in den Bergen geht es natürlich, aber die Länder mit ihren Grenzen, die Schiffahrtsgesellschaften – was weißt du davon?

Es ist besser für dich und für mich, ich habe es lange überlegt, glaube mir, sonst hätte ich dich ja mitgenommen, auf mein Wort, Säng, das schwöre ich dir!

Säng machte die Ohren ganz scharf, er hing an meinen Lippen und Mienen. Er wedelte, grollte, wurde ruhiger. Irgend etwas wie ein Hoffnungsfunke flackerte in seinen Augen. Oh, er verstand mich nicht, das

Unglück wollte es, daß wir uns nicht verständigen konnten. Es gab keinen Dolmetscher zwischen uns, und so konnte Säng nicht begreifen.

Aber als ich mich zu ihm nochmals tief herabbeugte und dabei mein Pferd wandte, begriff er. Es war vorbei mit seiner Hoffnung! Eine Weile blieb er ohne jede Regung. Das Unfaßbare versteinerte ihn. Dann fing er an, hinter mir her zu humpeln. Ich trieb mein Pferd an, um die Karawane einzuholen, die winzig durch die Endlosigkeit der Steinwüste glitt. Säng blieb rasch zurück.

Dann aber begann er hinter mir her zu kläffen, heiser und furchtbar. Ich sah, wie das Bellen seinen mächtigen Körper schüttelte. Seine furchtbare Enttäuschung, seinen Gram, seine Verzweiflung kläffte er in die steinige Wüste hinaus, seine Anklage, seine Vorwürfe. Meine Freundschaft war ihm Trost und Freude gewesen, und nun mußte er zurückbleiben, allein, ohne jede Hoffnung. Nein, nein, kehre zurück! Der Schmerz zerriß seine tapfere Seele.

Ich hörte ihn noch lange kläffen, als die Felstrümmer ihn schon längst meinen Blicken entzogen hatten. Sowenig Säng mich verstehen konnte, so gut verstand ich ihn. Ich habe keines seiner Worte vergessen, die er mir durch die Einsamkeit der steinigen Wüste nachrief.

Mein Freund, der Schulmeister von Leh, begleitete mich eine Tagereise weit. Viele Wochen später erhielt ich einen Brief von ihm. Er hätte Säng auf dem Heimweg angetroffen, in der Nähe des Klosters Spittug, das drei Stunden Ritt von Leh entfernt liegt. Säng war mir also gefolgt. Wie lange humpelte er wohl den steinigen Pfad entlang, bis er die Hoffnungslosigkeit seines Beginnens begriff und umkehrte?

Konstantin Paustowski
Der letzte Teufel

Der Großvater war zum Stummen See gegangen, um wilde Himbeeren zu sammeln. Mit angstverzerrtem Gesicht kehrte er zurück. Lange Zeit schrie er im Dorfe herum, daß auf dem See Teufel ihr Unwesen trieben. Zum Beweis zeigte der Großvater auf seine zerrissenen Hosen: Der Teufel habe ihn, den Großvater, mit dem Schnabel ins Bein gehackt, dann ein Stück Tuch herausgerissen und sein Knie zerschunden.

Niemand glaubte dem Großvater. Sogar die bösen alten Weiber brabbelten, daß die Teufel noch nie im Leben einen Schnabel hatten, daß Teufel sich nicht auf Seen herumtreiben und – schließlich – daß es nach der Revolution überhaupt keine Teufel mehr gab und gar keine geben konnte – die Bolschewiki haben sie bis aufs letzte Haar ausgerottet.

Aber trotzdem hörten die Weiber auf, zum Stummen See Beeren sammeln zu gehen. Sie schämten sich zuzugeben, daß sie sich im zwanzigsten Jahr der Revolution vor Teufeln fürchteten, daher gaben sie auf Vorhaltungen gedehnt und mit niedergeschlagenen Augen zur Antwort: «Ach, mein Guter, Beeren gibt's heuer gar keine nicht, nicht mal am Stummen See. So einen dürren Sommer hat's unser Leben noch nicht gegeben. Na, sag doch selber, sollen wir unnütz 'rumlaufen und uns die Latschen kaputt machen?»

Dem Großvater glaubte man auch darum nicht, weil er ein wunderlicher Kauz und Pechvogel war. Man nannte ihn «Zehnprozent». Diesen Spitznamen verstanden wir nicht.

«Man nennt mich deswegen so, mein Lieber», erklärte einmal der Großvater, «weil in mir alles in allem bloß noch zehn Prozent der früheren Kraft geblieben sind. Eine Sau hat mich geschunden. Naja, das war schon gar keine Sau mehr – das war ein richtiger Löwe. Sowie die auf die Straße kam, grunzte – war ringsum alles wie weggeblasen! Die Weiber packten die Kinder und steckten sie in die Hütte. Und das Mannsvolk ging gar nicht anders 'raus, als mit Gabeln bewaffnet, und wer schüchtern war, der ging überhaupt nicht 'raus. Eine richtige Völkerschlacht war das! Und wie sich dieses Schwein 'rumgeschlagen hat.

Na, hör zu, wie's weiterging. Kommt doch das Schwein mal zu mir in die Hütte gekrochen, schnieft 'rum und guckt mich böse an. Ich, natürlich, haue drauflos, mit dem Krückstock. ‚Geh zum Teufel, meine Beste', sag' ich, ‚na los!' Aber da ging was los! Da hat sich das Schwein auf mich gestürzt! Rennt mich über den Haufen! Ich liege da, ich brüll' mir die Zunge aus dem Hals, und die Sau zerrt an mir und zerfetzt mich! Wasjka Shukow schreit: ‚Holt die Feuerspritze, wir jagen sie mit Wasser fort! Wir können doch jetzt kein Schwein totmachen, das ist verboten!' Die Leute drängeln sich, lamentieren, und das Schwein zerrt an mir und zerfetzt mich! Mit Ach und Krach haben mich die Männer mit Dreschflegeln losgehauen. Ich lag im Krankenhaus. Der Doktor hat einfach gestaunt. ‚Von dir', sagt er, ‚Mitri, sind – medizinisch betrachtet – nicht mehr als zehn Prozent geblieben.' Und jetzt schlag' ich mich eben mit diesen Prozenten durch. Das ist ein Leben, sag' ich dir, mein Lieber! Aber diese Sau da, die haben sie mit einer Dumdumkugel umgebracht – eine andere hat's nicht geschafft.»

Am Abend luden wir den Großvater zu uns ein – um ihn über den Teufel auszufragen. Staub und der Geruch frischer Milch hingen über der Dorfstraße – von den Waldwiesen wurden die Kühe eingetrieben. Die Weiber an den Pforten riefen ihre Kälber zusammen, mit wehmütig-zärtlicher Stimme lockend: «Tjalusch, tjalusch, tjalusch...»

Der Großvater erzählte, daß er dem Teufel an einem Wasserarm unmittelbar beim See begegnet war. Dort hatte dieser sich auf den Großvater gestürzt und ihm so mit dem Schnabel zugesetzt, daß er, der Großvater, in die Himbeersträucher gefallen war und zu kreischen begonnen hatte, wobei ihm seine Stimme gar nicht gehorchen wollte. Dann aber war er aufgesprungen und bis ans Brandmoor gerannt.

«Das Herz wär' mir bald zerplatzt. So ein Ding ist mir da passiert!»

«Und, was war denn das eigentlich für ein Teufel?»

Der Großvater kratzte sich am Nacken.

«Na, so wie ein Vogel», sagte er unentschlossen. «Seine Stimme macht einen krank. Sie war heiser, als ob er sich verkühlt hätte. Vielleicht war's ein Vogel – vielleicht auch nicht – weiß der Kuckuck!»

«Wollen wir nicht zum Stummen See gehen? Ich bin doch neugierig», sagte Ruwim, als der Großvater gegangen war, nachdem er eine Tasse Tee und gebackene Kringel verzehrt hatte.

«Da wird schon irgendwas dran sein», erwiderte ich, «wenn man diesen Großvater auch für das unbedeutendste Männlein zwischen Spas-Klepiki und Rjasan hält.»

Und am folgenden Tag machten wir uns auf den Weg. Ich nahm die Zwillingsbüchse mit.

An den Stummen See gingen wir zum erstenmal, und darum holten wir uns den Großvater als Begleiter. Anfangs war er gar nicht einverstanden, wobei er auf seine «Prozente» verwies, dann aber stimmte er zu, doch bat er, daß man ihm dafür im Kolchos zwei Arbeitseinheiten anschriebe. Lenja Ryshow, Komsomolze und Kolchosvorsitzender, brach in Gelächter aus:

«Das wird sich zeigen! Wenn du mit dieser Expedition den Weibern die Flausen aus dem Kopf treibst, dann schreib' ich dir's an. Aber erst – marschiere!»

Und der Großvater bekreuzigte sich und marschierte los. Nur mit Unlust erzählte er unterwegs vom Teufel, und meist hüllte er sich in Schweigen.

«Na, und was ißt er denn, der Teufel?» fragte Ruwim grinsend.

«Man sollte meinen, daß er sich leidlich von Fischen nährt und daß er auf der Erde herumkrabbelt und Beeren frißt» sagte der Großvater naseschneuzend. «Irgend so ein Gewerbe muß er ja haben, wenn er auch ein Unreiner ist.»

«Sieht er schwarz aus?»

«Wenn du ihm begegnest – wirst du's schon merken», orakelte der Großvater. «Wie er sich gibt, so wird er sich zeigen.»

Den ganzen Tag gingen wir durch Kiefernwälder, ohne die Wege zu benutzen, schlugen uns durch trockene Sümpfe, Moore, in denen die Beine bis zum Knie in wurzelbraunem Moos versanken.

Schwer lag die sonnendurchglühte Luft zwischen den Stämmen. Maulwurfsgrillen lärmten. Auf den trockenen Waldwiesen sprühte ein Regen von Grashüpfern unter den Füßen hervor. Matt ließ das Gras seine Halme hängen. Es duftete nach heißer Kiefernrinde und nach Erdbeeren. Am Himmel über den Kiefernwipfeln hingen unbeweglich die Habichte.

Die Hitze quälte uns. Der Wald war wie ausgeglüht, und es schien, daß er von den feurigen Strahlen der Sonne sacht zu glimmen begann. Uns war sogar, als rieche es ein wenig brandig. Wir rauchten nicht. Wir hatten Sorge, vom ersten Streichholz schon könnte der Wald auflodern und wie ausgedörrter Wacholder prasseln, und weißer Rauch würde träge zur Sonne hinaufkriechen.

Hin und wieder ruhten wir im dichten Gestrüpp von Espen und Birken aus. Wir schlugen uns durch das Unterholz zu feuchten Plätzen durch, atmeten den schwammig-fauligen Geruch von Gras und Wurzeln.

Lange Zeit lagen wir da und lauschten: die Wipfel der Kiefern rauschten wie die Brandung des Ozeans – hoch über uns wehte ein träger Wind. Glutheiß mußte er sein.

Erst gegen die Dämmerstunde fanden wir ans Ufer des Sees. Lautlose Nacht kam in stumpfer Bläue über die Wälder. Kaum merklich, Tropfen silbernen Wassers gleich, blitzten die ersten Sterne auf. Mit schwerem Pfeifen flogen die Enten zu ihrem Nachtlager.

Der See, umschlossen von einem Gürtel undurchdringlichen Dickichts, leuchtete funkelnd unter uns. Weite Kreise zerflossen auf seinem schwarzen Wasser – Fische trieben ihr abendliches Spiel.

Die Nacht erhob sich über dem Waldrand, in den Büschen verdichteten sich die langen Dämmerschatten. Nur das Lagerfeuer knisterte und loderte, drängte sich in die Stille des Waldes.

Der Großvater saß am Feuer und kratzte sich mit allen fünf Fingern die schmächtige Brust.

«Na, wo ist dein Teufel, Mitri?» fragte ich.

«Na, dort» – unbestimmt wies er mit der Hand auf das Espengebüsch.

«Wohin zieht's dich denn so? Wir werden in der Frühe suchen. Heute ist's schon dunkel, Schlafenszeit – mußt abwarten!»

Ich erwachte zur Morgendämmerung. Von den Kiefern tropfte warmer Nebel.

Der Großvater saß am Feuer, hastig bekreuzigte er sich. Sein feuchter Bart zitterte ein wenig.

«Was hast du, Großvater?» fragte ich.

«Mit euch werd' ich noch in die Hölle kommen!» murmelte der Großvater. «Horch, er ruft. Der Bann über ihn! Hörst du? Weck alle!»

Ich lauschte. Verschlafen plätscherte im See ein Fisch, und plötzlich ertönte ein durchdringender und wilder Schrei.

«Uäk!» schrie es. «Uäk! Uäk!»

Wirrer Lärm hob an in der Dunkelheit. Irgendein Lebewesen hieb mit schweren Schlägen im Wasser um sich, und wieder erklang laut und triumphierend die boshafte Stimme:

«Uäk! Uäk!»

«Rett uns, Heilige Mutter Gottes!» stammelte der Großvater. «Hörst du, wie er die Zähne fletscht? Der Teufel hat mich alten Dussel geritten, daß ich mich mit euch hierher geschleppt hab'!»

Vom See her drang ein sonderbares Klappern und hölzernes Klopfen, als ob sich ein paar Bürschchen mit Knüppeln herumbalgten.

Ich rüttelte Ruwim wach.

«Jetzt», sagte der Großvater, «könnt ihr machen, was ihr wollt. Ich weiß von nichts mehr. Jetzt soll ich für euch vielleicht noch die Verantwortung tragen. Zum Kuckuck mit euch!»

Der Großvater hatte vor Angst völlig den Kopf verloren.

«Geh, schieß!» brummte er böse. «Die Sowjetregierung wird schon keine Kopfschmerzen davon kriegen. Kann man denn überhaupt auf den Teufel schießen? Was die da ausgeheckt haben!»

«Uäk!» rief fürchterlich der Teufel.

Der Großvater zog sich den Kittel über den Kopf und sagte keinen Ton mehr. Wir krochen zum Seeufer. Nebel rauschte durchs Gras. Ruhig stieg über dem Wasser die riesige weiße Sonne empor.

Am Ufer schob ich das Seidelbastgebüsch auseinander, starrte auf den See und zog langsam das Gewehr hervor.

«Was ist?» fragte flüsternd Ruwim.

«Eigenartig. Was das für ein Vogel sein soll, weiß ich nicht.»

Vorsichtig standen wir auf. Ein mächtiger Vogel schwamm auf dem schwarzen Wasser. Zitronengelb und rosa floß die Farbe seines Gefieders ineinander. Der Kopf war nicht zu sehen, samt dem langen Hals steckte er unter Wasser. Wir standen wie erstarrt. Der Vogel zog aus dem Wasser seinen Kopf hervor, so groß wie ein Ei, von kräuseligem Flaum überwachsen. Wie angeklebt an den Kopf schien der mächtige Schnabel mit einem rothäutenen Sack.

«Ein Pelikan!» rief Ruwim.

«Uäk!» antwortete vorsichtgebietend der Pelikan und betrachtete uns aus seinen roten Augen.

Aus dem Schnabel des Pelikans ragte der Schwanz eines fetten Barsches hervor. Der Pelikan schüttelte seinen Hals, um den Barsch in den Magen zu pressen.

Da erinnerte ich mich der Zeitung – in die wir die Räucherwurst eingewickelt hatten. Ich stürzte zum Lagerfeuer, schüttelte die Wurst aus dem Rucksack, strich die schmierige Zeitung glatt und las die fettgedruckte Mitteilung:

«Während des Kleinbahntransportes einer Tierschau entfloh der afrikanische Vogel Pelikan. Kennzeichen: rosafarbenes und gelbes Gefieder, großer Schnabel mit einem Sack für Fische, auf dem Kopfe Flaum. Der Vogel ist alt, er liebt Kinder nicht und schlägt sie. Erwachsene geht er selten an. Über den Verbleib ist der Tierschau gegen angemessene Belohnung Mitteilung zu machen.»

«Nun», fragte ich, «was wollen wir tun? Ihn zu schießen wäre schade, und im Herbst wird er vor Hunger umkommen.»

«Der Großvater teilt es der Tierschau mit», meinte Ruwim. «Dabei verdient er sogar noch etwas.»

Wir machten uns auf zum Großvater. Dieser konnte lange Zeit nicht begreifen, worum es ging. Er schwieg, zwinkerte mit den Augen und kratzte sich fortwährend die hagere Brust. Dann, als er verstanden hatte, ging er mit Zittern und Zagen zum Ufer, um den Teufel zu besichtigen.

«Da ist er, dein Höllengeist», sagte Ruwim. «Sieh dir ihn an!»

«I-hi-hi-hi-hi», kicherte der Großvater. «Hab' ich's denn nicht gesagt, mein Guter! Klarer Fall – es ist gar kein Teufel. Mag der da ruhig im Freien leben und Fischlein fangen. Euch aber dank' ich. Ihr habt das Volk vom Schrecken erlöst. Jetzt werden die Mädel haufenweise hierherkommen und Beeren holen – daß es nicht mehr auszuhalten ist. Das ist ein Vogel, ein verrückter, von der Art hab' ich noch keinen gesehen.»

Am Tage fingen wir Fische und brachten sie zum Feuer. Der Pelikan kletterte eilig ans Ufer und watschelte an unser Lager heran. Er sah den Großvater aus zusammengekniffenem Auge an, als ob er angestrengt über etwas nachdächte. Der Großvater begann zu zittern. Aber da erblickte der Pelikan den Fisch, er riß den Schnabel auf, schlug ihn mit hölzernem Klappern zusammen, schrie sein ‚Uäk!' und begann, wild mit den Flügeln zu schlagen und mit seinen Entenfüßen herumzupatschen. Von der Seite sah es gerade so aus, als ob der Pelikan einen schweren Pumpenschwengel hoch- und niederzerrte.

Glühende Kohlen und Funken stoben vom Feuer.

«Was macht der denn da?» fragte der Großvater erschreckt. «Ist der verrückt, oder was ist?»

«Er bettelt um Fisch», erklärte Ruwim.

Wir gaben dem Pelikan Fisch. Er verschlang ihn, und dann begann er wieder, mit den Flügeln Luft zu pumpen und zu strampeln – also um Fisch zu betteln.

«Hau ab, hau ab!» knurrte der Großvater ihn an. «Geb dir's Gott! Macht der einen Wind.»

Den ganzen Tag trieb sich der Pelikan bei uns herum, zischte und schrie. Aber fangen ließ er sich nicht.

Gegend Abend gingen wir fort. Der Pelikan kletterte auf ein Hügelchen, schlug mit seinen Flügeln um sich und schrie uns erbost «Uäk! Uäk!» nach.

Offensichtlich war er unzufrieden, daß wir ihn am See allein ließen, und forderte unsere Umkehr.

Nach zwei Tagen fuhr der Großvater in die Stadt, fand auf dem Basar die Tierschau und erzählte von dem Pelikan. Ein trübsinniger pockennarbiger Mann kam aus der Stadt und holte den Pelikan.

Der Großvater erhielt von der Tierschau vierzig Rubel und kaufte sich dafür eine neue Hose.

«Hosen hab' ich – erste Wahl», sagte er und zog ein Hosenbein hoch. «Von meinen Hosen wird schon überall geredet, von Spas-Klepiki bis Rjasan. Die Leute sagen, sogar in der Zeitung steht's. Unser ganzer Kolchos ist berühmt geworden durch diesen albernen Vogel. Jaja, so ist das, unser Leben, mein Lieber!»

Alexander L. Kielland
Treu

1

Fräulein Thyra ging ans Sprachrohr und rief: «Sind die Koteletten für Treu nicht bald fertig?»

Jungfer Hansens Stimme ertönte aus der Küche: «Sie stehen im Fenster, um abzukühlen; sobald sie recht sind, wird Stine sie hinaufbringen.»

Treu hatte es gehört und ging ruhig hin und legte sich auf den Teppich vor dem Kamin.

«Er hat viel mehr Verstand als ein Mensch», pflegte der Großhändler zu sagen.

Am Frühstückstisch saß außer den Hausbewohnern ein alter Feind von Treu – der einzige, den er hatte. Übrigens war cand. jur. Viggo Hansen vielen Dingen dieser Welt feind; und seine bissige Zunge war in ganz Kopenhagen wohlbekannt.

Hier in der Familie hatte er sich als langjähriger Hausfreund eine besondere Offenherzigkeit zugelegt; und wenn er übellaunig war, was er immer war, ließ er schonungslos seine Bitterkeit an allen und allem aus.

Vorzugsweise war er immer hinter Treu her.

«Dieses große, gelbe Beest», pflegte er zu sagen, «hier geht es und wird verhätschelt und verwöhnt und mit Braten und Fleischklößen gefüttert, während sich manches Menschenkind nach einem Stück trocknen Brot alle Finger leckt.»

Das war indessen der wunde Punkt, vor dem sich der Herr Kandidat ein wenig in acht zu nehmen hatte. Sobald jemand Treu mit einem Wort, das nicht voller Bewunderung war, zu nahe trat, warf die gesamte Familie ihm einen entrüsteten Blick zu; und der Großhändler hatte sogar Kandidat Hansen unverblümt zu verstehen gegeben, daß er leicht eines Tages ernstlich böse werden könnte, wenn der andere sich nicht in gebührender Weise über Treu äußern würde.

Aber Fräulein Thyra haßte Kandidat Hansen geradezu aus diesem Grunde; und obgleich Waldemar jetzt erwachsen war – wenigstens schon Student geworden –, war es ihm immer noch eine Freude, dem Kandidaten die Handschuhe aus den Rocktaschen zu stehlen und sie Treu zum Zerreißen zu geben. Ja, selbst die Frau des Hauses, die so mild und süß wie Teewasser war, mußte bisweilen den Kandidaten beiseite nehmen und ihm ernstlich Vorwürfe machen, daß er es über sich gewinnen könnte, so häßlich von dem süßen Tier zu reden.

Dies alles verstand Treu sehr gut; aber er verachtete Kandidat Hansen und nahm keinerlei Notiz von ihm. Er ließ sich herab, die Handschuhe zu zerreißen, weil es nun einmal seinen Freund Waldemar freute; aber im übrigen tat er, als ob er den Kandidaten nicht sähe.

Als die Koteletten kamen, fraß Treu sie geräuschlos und diskret; er zermalmte die Knochen nicht, sondern nagte sie ganz rein und leckte den Teller ab. Darauf ging er zum Großhändler hin und legte ihm seine rechte Pfote aufs Knie.

«Wohl bekomm's, wohl bekomm's, alter Junge!» rief der Großhändler gerührt; er wurde gleich gerührt jeden Morgen, wenn dies sich wiederholte.

«Du kannst doch Treu nicht alt nennen, Vater», sagte Student Waldemar ein wenig überlegen.

«Na, weißt du was – er ist doch bald seine acht Jahr.»

«Ja, aber – Männchen», sagte seine Frau sanft, «ein Hund von acht Jahren ist doch kein alter Hund.»

«Nein, nicht wahr, Mutter!» rief Waldemar eifrig. «Gibst du mir nicht recht? Ein Hund von acht Jahren ist kein alter Hund.»

Und in einem Nu war die ganze Familie in zwei Parteien gespalten – in zwei sehr eifrige Parteien, die in einem unaufhörlichen Strom von Worten zu debattieren anfingen: ob man einen Hund von acht Jahren einen alten Hund nennen könne oder nicht. Man erhitzte sich auf beiden Seiten, aber obgleich ein jeder immer von neuem seine Meinung unverändert wiederholte, wobei sie alle durcheinanderredeten, sah es doch nicht aus, als ob eine Einigung erzielt werden würde – nicht einmal, als die alte Großmutter aus ihrem Stuhl auffuhr und durchaus etwas von dem Leibmops der hochseligen Königinwitwe erzählen wollte, den sie die Ehre gehabt hatte, von der Straße her zu kennen.

Aber das unentwirrbare Durcheinander von Worten brach plötzlich ab, als einer auf die Uhr sah und sagte: «Das Dampfschiff»; alle erhoben sich, die Herren, die nach der Stadt sollten, stürzten fort, die ganze Gesellschaft zerstreute sich in alle Winde, und die Frage, ob man einen Hund von acht Jahren einen alten Hund nennen kann oder nicht, blieb ungelöst in der Luft schweben.

Nur Treu rührte sich nicht. Er war an diesen Familienlärm gewöhnt, und die ungelösten Fragen interessierten ihn nicht. Er ließ seine klugen Augen über den verlassenen Frühstückstisch wandern, legte dann seine schwarze Schnauze auf seine mächtigen Pfoten und schloß die Augen zu einem kleinen Frühstücksschläfchen. Solange man hier draußen auf dem Lande war, gab es nicht viel anderes für ihn zu tun, als zu fressen und zu schlafen.

Treu gehörte zu den echten dänischen Rassehunden aus dem Zoologischen Garten; der König hatte sogar seinen Bruder gekauft, was ausdrücklich einem jeden, der ins Haus kam, erzählt wurde.

Aber er hatte trotzdem eine ziemlich harte Jugend verlebt; denn es war seine ursprüngliche Bestimmung gewesen, draußen bei dem großen Kohlenlager des Großhändlers in Kristianshavn Wachhund zu sein.

Draußen betrug Treu sich mustergültig. In der Nacht wild und wütend wie ein Tiger, war er am Tage so still und freundlich – ja unterwürfig, daß der Großhändler auf ihn aufmerksam wurde und ihn vom Wachhund zum Zimmerhund beförderte.

Und von diesem Augenblick an hatte das edle Tier erst alle seine Vollkommenheiten entwickelt.

Gleich von Anfang an hatte es eine eigene bescheidene Manier, an der Tür stehenzubleiben und den, der hineinging, so unterwürfig anzusehen, daß es ganz unmöglich war, ihn nicht mit in den Salon zu nehmen; und hier fand er sich bald zurecht, im Anfang unter dem Sofa und später auf dem weichen Teppich vor dem Kamin.

Und je mehr die übrigen Mitglieder der Familie es lernten, seine seltenen Eigenschaften zu schätzen, desto mehr avancierte Treu, bis Kandidat Hansen behauptete, daß er der eigentliche Herr im Hause sei.

Sicher ist, daß Treus ganzes Auftreten ein Gepräge annahm, das kundgab, er sei sich der Stellung, die er einnahm, wohl bewußt. Er blieb nicht länger unterwürfig an der Tür stehen, sondern ging selbst zuerst hinein, sobald geöffnet wurde. Und machte man ihm nicht gleich auf, wenn er an die Tür kratzte, so hob sich das mächtige Tier auf die Hinterbeine, legte die Pfoten auf die Türklinke und öffnete selbst.

Als er zum erstenmal dieses Kunststück ausführte, rief die gnädige Frau entzückt:

«Ist er nicht reizend? – Ganz wie ein Mensch, nur so viel besser und treuer.»

Es war auch die Meinung der andern im Hause, daß Treu besser als ein Mensch sei. Jeder einzelne schien etwas von seinen eignen Sünden und Schwächen abzuziehen, während er das edle Tier bewunderte und verehrte, und jedesmal, wenn einer mit sich oder andern unzufrieden war, bekam Treu die allervertraulichsten Mitteilungen und die heiligsten Versicherungen, daß er doch der einzige wäre, auf den man sich verlassen könnte.

Aber wenn Fräulein Thyra enttäuscht von einem Ball kam oder wenn ihre beste Freundin treulos ein furchtbar großes Geheimnis verraten hatte, da warf sie sich weinend über Treu: «Jetzt habe ich nur noch dich, Treu, es gibt niemand – niemand – niemand auf der Welt, der sich was aus mir macht außer dir. Jetzt sind wir zwei ganz allein in der weiten – weiten Welt; aber du wirst deine arme, kleine Thyra nicht verraten – das mußt du mir versprechen, Treu!» Und dann weinte sie, so daß es über Treus schwarze Nase niederträufelte.

Darum war es nicht zu verwundern, daß Treu zu Hause mit einer gewissen Würde auftrat. Aber auch auf der Straße konnte man ihm ansehen, daß er sich sicher fühlte und stolz darauf war, Hund zu sein in einer Stadt, wo die Hunde die Macht hatten.

Wenn sie im Sommer auf dem Lande wohnten, pflegte Treu nur einmal die Woche mit in die Stadt zu gehen, um alte Bekannte zu beschnüffeln. Hier draußen auf dem Lande lebte er ausschließlich seiner Gesundheit; er badete, wälzte sich in den Blumenbeeten und ging dann in die Stube, um sich an den Möbeln, den Damen und schließlich an dem Teppich vor dem Kamin trockenzureiben.

Aber den übrigen Teil des Jahres stand ganz Kopenhagen zu seiner Verfügung, und er verfügte mit großer Unbefangenheit über die Stadt.

Was war es nicht für ein Genuß, im zeitigen Frühjahr, wenn das zarte Gras auf den öffentlichen Rasen, die kein menschlicher Fuß betreten durfte, zu sprossen anfing, mit einigen guten Freunden auf und ab und rings im Kreis zu rennen, so daß die Grasbüschel in der Luft herumstoben.

Oder wenn die Leute des Gärtners zu Mittag nach Hause gegangen waren, nachdem sie sich den ganzen Vormittag mit den feinen Blumen und Büschen abgemüht hatten, was war es da für ein Vergnügen, zu tun, als ob man nach Maulwürfen grübe: die Schnauze mitten im Blumenbeet in die Erde zu stecken, zu prusten und zu blasen, und dann die Erde mit den Vorderpfoten aufzuwühlen; ein wenig innezuhalten, die Schnauze wieder hineinzustecken, zu blasen, um dann wieder aus allen Kräften in der Erde zu wühlen, bis das Loch so tief war, daß ein einziger kräftiger Stoß mit den Hinterbeinen genügte, einen ganzen Rosenstock mit Wurzel und allem Zubehör hoch – hoch in die Luft zu schleudern.

Wenn Treu nach einer solchen Heldentat still mitten auf dem Rasen in der warmen Frühlingssonne lag und die Menschen so bescheiden auf den

staubigen oder aufgeweichten Wegen draußen hintraben sah, da wedelte er in aller Stille sich selbst zu.

Dann hatte man noch die große Rauferei in den Anlagen oder rings um das Pferd auf dem Königs-Neumarkt, von da ging es, naß und beschmutzt, in rasender Eile die Östergade hinauf, zwischen den Beinen der Menschen hindurch, wobei man sich an den Kleiderröcken und den Beinkleidern der Männer rieb, während man mit uneingeschränktem Recht auf dem Trottoir alte Damen und Kinder umwarf, bald in einen Hof hineinstürzte und nach einer Katze die Küchentreppe hinaufjagte, bald Schrecken und Verwirrung um sich verbreitete, indem man einem alten Feind, dem man begegnete, an die Kehle fuhr; oder bisweilen konnte es Treu auch einfallen, mitten vor einem kleinen Mädchen, das für seine Mutter Besorgungen machte, stehenzubleiben, ihr seine schwarze Nase ins Gesicht zu stecken und dann mit offenem Maul zu brüllen: «Wau – wau – wau!»

Man mußte die Kleine sehen! Sie wurde ganz blau im Gesicht, die Arme hingen steif herunter, und sie trippelte mit den Füßen, ganz außerstande, einen Schrei hervorzubringen.

Aber die erwachsenen Damen auf der Straße lachten sie aus und sagten: «Was für ein Närrchen du bist! – Wie kannst du vor einem solchen schönen, guten Hund Angst haben! Er will doch nur mit dir spielen; sieh, wie groß und gut er ist – willst du ihn nicht streicheln?»

Aber das wollte die Kleine auf keinen Fall; und als sie zu ihrer Mutter nach Hause kam, schluchzte sie immer noch leise. Aber weder ihre Mutter noch der Arzt konnten später begreifen, daß das frische und gesunde Kind bei jedem Erschrecken blau und steif wurde und nicht imstande war, einen Schrei hervorzubringen.

Aber alle diese Vergnügen waren doch nur blaß und zahm im Vergleich mit *les grandes cavalcades d'amour*, und dabei war Treu immer einer der ersten. Sechs – acht, zehn, zwölf große, gelbe, schwarze und rote Hunde mit einem langen Gefolge von kleineren und ganz kleinen, die so zerbissen und beschmutzt waren, daß man gar nicht sehen konnte, woraus sie gemacht waren, aber die nichtsdestoweniger sehr mutig waren, den Schwanz in die Luft streckten und ganz außer Atem vor Eifer waren; obgleich sie gar keine andere Aussicht hatten, als wieder Prügel zu bekommen und im Schmutz herumgewälzt zu werden – und dann fort in wildem Galopp durch Straßen, über Plätze, Gärten und Blumenbeete, mit Prügeleien und Geheul, blutig und beschmutzt, mit heraushängenden Zungen – fort mit den Menschen und Kinderwagen, Platz für die Kämpfe und Liebe der Hunde – so schossen sie wie die wilde Jagd durch die unglückliche Stadt.

Von den Menschen auf der Straße beachtete Treu niemand als die Schutzleute. Denn mit seinem scharfen Verstand hatte er schon längst eingesehen, daß die Polizei da sei, um ihn und seine Mithunde gegen die vielen Übergriffe der Menschen zu schützen. Darum blieb er immer wohlwollend stehen, wenn er einem Schutzmann begegnete, um sich hinterm Ohr krauen zu lassen. Besonders hatte er einen guten, dicken Freund, den er oft in Aabenraa traf, wo Treu eine langjährige Liaison hatte.

Wenn der Schutzmann Frode Hansen aus einem Keller emporstieg – was er sehr oft tat, denn er war ein gemütlicher Kerl, den man mit Vergnügen zu einem Glas Bayrisch einlud –, da hatte sein Gesicht viel Ähnlichkeit mit der aufgehenden Sonne, denn es war rund und rot, warm und strahlend.

Aber wenn er dann in voller Figur auf dem Trottoir stand und einen strengen Blick nach beiden Seiten der Straße warf, um zu untersuchen, ob ein übelgesinnter Mensch gesehen hätte, woher er kam, da tauchte in uns die Erinnerung an etwas auf, das wir als junge Menschen in der Physik gelernt hatten und das wir, wie ich glaube, den Ausdehnungskoeffizienten nannten. Denn wenn man den tiefen Einschnitt betrachtete, den sein fester Gürtel vorn und hinten und an den Seiten machte, bekam man unwillkürlich den Eindruck, daß sich drin in Schutzmann Frode Hansens Magen ein solcher Koeffizient mit einem außerordentlich starken Drang, sich auszudehnen, befände.

Und Leute, die ihm begegneten, besonders wenn er einen seiner tiefen Bierseufzer ausstieß, wichen ängstlich einen Schritt zur Seite, denn sollte es einmal geschehen, daß der Koeffizient da drinnen über den festen Gürtel siegte, dann würden die Stücke – und besonders die Schnalle über dem Magen – mit einer Heftigkeit umherfliegen, daß die Schaufenster in Gefahr gerieten.

Im übrigen war es nicht so gefährlich, Frode Hansen nahe zu kommen; er galt sogar für einen der unschädlichsten Schutzleute; äußerst selten erstattete er irgendwelche Meldung. Trotzdem war er bei seinen Vorgesetzten wohl angeschrieben; denn wenn erst von anderer Seite etwas gemeldet worden war, brauchte man nur Frode Hansen zu fragen, er konnte immer über alles mögliche irgendeine Auskunft erteilen.

So ging es ihm gut in der Welt; er war fast beliebt in Aabenraa und in der ganzen Stellmacherstraße; ja selbst Madame Hansen leistete es sich bisweilen, ihn zu einem Glas Bayrisch einzuladen.

Und sie hatte doch selber nicht viel zu verschenken. Arm und dem Trunk ergeben, wie sie war, hatte sie genug damit zu tun, sich mit ihren beiden Kindern durchzuschlagen.

Nicht so zu verstehen, daß Madame Hansen arbeitete, geschweige denn, daß sie versuchte, sich emporzuarbeiten; wenn es ihr nur gelang, die Miete zu bezahlen und ein wenig für Kaffee und Branntwein übrigzubehalten, dann machte sie sich sonst keine Illusionen.

In Wirklichkeit war es – selbst in Aabenraa – die allgemeine Meinung, daß Madame Hansen ein Schwein sei; und wenn man sie fragte, ob sie Witwe wäre, pflegte sie zu antworten: «Ja, sehen Sie – das ist wahrhaftig schwer zu sagen.»

Die Tochter war ungefähr fünfzehn Jahre alt, der Sohn ein paar Jahre jünger. Auch von diesen war die allgemeine Meinung in und um Aabenraa, daß selten ein paar schlimmere Rangen in dieser Gegend aufgewachsen wären.

Waldemar war ein kleiner, blasser, dunkeläugiger Bursche, glatt wie ein Aal, voller Bosheit und Verschlagenheit, mit einem Gesicht wie von Gummi, das in einem Augenblick den Ausdruck der wildesten Frechheit mit dem der dämlichsten Unschuld vertauschen konnte.

Auch von Thyra war nichts andres Gutes zu sagen, als daß sie ein hübsches Mädchen zu werden versprach. Aber allerhand häßliche Geschichten wurden schon von ihr erzählt, und sie trieb sich in sehr verschiedenen Geschäften in der Stadt herum.

Madame Hansen hörte nicht drauf, wenn diese Geschichten erzählt wurden, sie wollte nichts davon wissen. Ebensowenig nahm sie sich den Rat der Nachbarn und Freundinnen zu Herzen: die Kinder sich selbst zu überlassen – sie wären wahrhaftig ruchlos genug dazu – und lieber ein paar Mieter, die bezahlten, zu sich zu nehmen.

«Nein – nein», antwortete Madame Hansen, «solange sie sozusagen ein Heim bei mir haben, bekommt die Polizei sie nicht ganz in ihre Klauen, und da gehen sie doch nicht ganz zugrunde.»

Dies – daß die Kinder nicht ganz zugrunde gehen sollten – war der letzte Punkt, um den sich alles sammelte, was nach einem Leben wie das ihrige von einer Mutter übrig sein konnte.

Und darum hastete sie sich weiter ab, schimpfte und schlug die Kinder, wenn sie spät nach Hause kamen, ordnete ihre Betten und gab ihnen ein wenig Essen und fesselte sie auf ihre Weise an sich – so wie es nun einmal war.

Madame Hansen hatte viele Dinge in ihrem Leben versucht, und alles hatte sie stufenweise tiefer heruntergebracht. Vom Dienstmädchen zur Kellnerin, an der Waschfrau vorbei bis zu dem herunter, was sie jetzt war.

Jeden Morgen früh, ehe es hell wurde, kam sie über die Knippelsbrücke nach der Stadt mit einem schweren Korb auf jedem Arm. Aus den Körben guckten Kohlblätter und Mohrrübenkraut hervor, so daß man meinen könnte, sie mache sich ein Geschäft daraus, bei den Bauern draußen in Amager Grünwaren zu kaufen, um sie dann in Aabenraa und da in der Nähe zu verkaufen.

Trotzdem trieb Madame Hansen keinen Handel mit Grünwaren, dagegen aber einen Kohlenhandel; sie trieb ihn halb im geheimen und in kleinen Portionen, und ihre Kunden waren lauter arme Leute wie sie selbst.

Diese scheinbare Inkonsequenz wurde in Aabenraa nicht weiter beachtet; nicht einmal Schutzmann Frode Hansen schien an Madame Hansens Geschäft etwas Auffallendes zu finden. Wenn er ihr am Morgen begegnete, wo sie mit den schweren Körben angeschleppt kam, konnte er vielmehr ganz freundlich fragen:

«Nun, Madame Hansen, waren die Rüben billig heute?»

Und war sein Gruß weniger freundlich, wurde er im Laufe des Tages mit einem Glas Bayrisch bewirtet.

Dies war eine stehende Ausgabe für Madame Hansen, und sie hatte noch eine solche. Jeden Abend kaufte sie ein großes Stück Kuchen, mit dickem Zucker bestreut. Sie aß es nicht selbst; auch war es nicht für die Kinder; niemand wußte, was sie damit machte, und es gab auch niemand, der es weiter beachtete. –

Gab es keine Aussicht auf ein Glas Bier, so führte Schutzmann Frode Hansen seinen Koeffizienten mit Würde die Straße auf und ab spazieren.

Wenn er dann Treu oder einem anderen seiner Freunde unter den Hunden begegnete, so blieb er immer lange stehen, um ihn hinter den Ohren zu krauen. Und wenn er die große Ungeniertheit sah, mit der die Hunde sich auf der Straße aufführten, so war es ihm ein wahres Vergnügen, sich mit Strenge auf eine unglückliche Mannsperson zu werfen und sich ihren vollen Namen und ihre Adresse zu notieren, weil sie sich erlaubt hatte, ein Kuvert in die Gosse zu werfen.

2

Eines Tages im Spätherbst war eine Mittagsgesellschaft beim Großhändler; die Familie war schon längst wieder nach der Stadt gezogen.

Die Unterhaltung floß lange matt und stockend, bis sie sich plötzlich löste und zu einem wilden Wasserfall wurde. Denn unten an der Seite des Tisches, wo die Frau des Hauses saß, war die Frage aufgetaucht, ob man eine Dame eine feine Dame – eine wirklich feine Dame nennen könnte, von der man wüßte, daß sie auf einem Dampfschiff ihre Füße auf ein Taburett gelegt hätte – niedrige Schuhe, gestickte Strümpfe.

Und – seltsam genug, als ob jeder einzelne in der Gesellschaft sein halbes Leben damit verbracht habe, diese Frage zu erwägen – alle warfen ihre vollständig fertige, unerschütterliche Meinung auf den Tisch; es bildeten sich in einem Nu zwei Parteien; die unerschütterlichen Meinungen prallten aufeinander, fielen zu Boden, wurden wieder aufgenommen, um dann mit immer zunehmendem Eifer wieder verworfen zu werden.

Oben an dem anderen Ende des Tisches nahm man nicht an diesem lebhaften Gespräch teil. In der Nähe des Wirtes saßen meist ältere Herren, und wie brennend auch ihre Damen wünschen mochten, jener Frage dadurch ihre endgültige Lösung zu geben, daß sie ihre unerschütterliche

Meinung aussprächen, mußten sie doch darauf verzichten, weil der Brennpunkt des lebhaften Gesprächs von einigen jungen Kandidaten ganz unten bei der Wirtin gebildet wurde und die Entfernung zu groß war.

«Es scheint mir, daß ich das große, gelbe Biest heute nicht hier sehe», sagte Kandidat Hansen in seinem übellaunigen Ton.

«Nein, leider! – Treu ist heute nicht hier. Der arme Kerl – ich habe ihn ersuchen müssen, mir einen unangenehmen Dienst zu erweisen.»

Der Großhändler sprach immer von Treu wie von einem geschätzten Geschäftsfreund.

«Sie machen mich ganz neugierig. Wo ist das süße Tier?»

«Ach – meine Gnädige – das ist, weiß Gott, eine langweilige Geschichte. Denn – sehen Sie – draußen auf unserm Kohlenlager in Kristianshavn ist gestohlen worden.»

«Wie! – Allmächtiger Gott – gestohlen!»

«Vermutlich ist die Sache schon längere Zeit hindurch im Schwange gewesen.»

«Haben Sie denn bemerkt, daß die Vorräte abnahmen?»

Doch da mußte der Großhändler lachen, was er selten tat: «Nein, nein – bester Herr Doktor! – Entschuldigen Sie, daß ich lache; aber Sie sind wirklich naiv. Es liegen wohl ziemlich hunderttausend Tonnen Kohlen da draußen, Sie werden wohl begreifen, daß es schwer wäre...»

«Da müßte schon die ganze Nacht mit zwei Pferden gestohlen werden», fiel ein jüngerer Geschäftsmann, der witzig war, ein.

Der Großhändler fuhr, als er ausgelacht hatte, fort: «Nein, sehen Sie! Der Diebstahl ist dadurch entdeckt worden, daß gestern ein wenig Schnee fiel.»

«Was sagen Sie? Schnee – gestern? Davon habe ich nichts gemerkt.»

«Es war auch nicht zu einer Zeit, wo wir wach sind – gnädige Frau, sondern ganz früh am Morgen fiel gestern ein wenig Schnee. Und als meine Leute an den Platz kamen, wo die Kohlen liegen, entdeckten sie Fußspuren des Diebes oder der Diebe. Es stellte sich heraus, daß einige Planken im Zaun lose waren, aber mit so viel Kunst wieder zusammengefügt, daß niemand darauf aufmerksam werden konnte. Und so findet also der Diebstahl Nacht für Nacht durch den Zaun statt; ist das nicht empörend?»

«Aber halten Sie denn keinen Wachhund, Herr Großhändler?»

«Doch, natürlich; aber es ist ein junges Tier – übrigens ausgezeichnete Rasse – halb Bluthund – und wie es diese Schurken fertigbringen, weiß ich nicht, aber jedenfalls sieht es aus, als ob sie mit dem Tier auf freundschaftlichem Fuße stehen; denn man fand die Fußspuren des Hundes mitten unter denen der Diebe.»

«Das ist doch merkwürdig; und jetzt soll Treu also versuchen...»

«Ja, ganz recht! – Heute habe ich Treu hinausgeschickt, er wird mir schon die Schurken erwischen.»

«Könnte man die losen Bretter ordentlich festnageln?»

«Das könnte man schon, Herr Kandidat Hansen! – Aber ich will die Kerls fassen; sie sollen ihre wohlverdiente Strafe haben; mein Rechtsbewußtsein ist aufs tiefste verletzt.»

«Es ist doch herrlich, ein so treues Tier zu haben.»

«Ja – nicht wahr, meine Gnädigste? Wir Menschen müssen zu unserer Schande gestehen, daß wir in so mancher Hinsicht vor den unvernünftigen Tieren zurückstehen.»

«Ja – aber Herr Großhändler! Treu ist auch eine Perle. Er ist ohne Zweifel der schönste Hund in ganz – Konstantinopel», unterbrach Kandidat Hansen.

«Das ist ein alter Witz von Herrn Hansen», erklärte der Großhändler, «er hat das Athen des Nordens in das Konstantinopel des Nordens umgetauft, weil er findet, daß hier zu viel Hunde sind.»

«Das ist gut für die Hundesteuer», meinte einer.

«Ja, wenn die Hundesteuer nicht so ungerecht verteilt würde», brummte Kandidat Hansen, «es hat doch keinen Sinn, daß eine gute alte Dame, die sich einen Hund in einem Nähbeutel hält, daß sie ebensoviel bezahlen muß wie jemand, der seine Mitmenschen dadurch zu belästigen beliebt, daß er der Besitzer eines halbwilden Tieres von der Größe eines kleinen Löwen ist.»

«Wie würden – wenn ich fragen darf – der Herr Kandidat die Hundesteuer berechnet haben wollen?»

«Nach dem Gewicht, natürlich», antwortete Herr Viggo Hansen, ohne sich zu besinnen.

Die alten Großhändler und Stadtverordneten lachten so herzlich bei dem Gedanken, die Hunde zu wägen, daß die untere Hälfte des Tisches, wo man noch immer eifrig mit unerschütterlichen Meinungen um sich warf, aufmerksam wurde und ihre Meinungen fallenließ, um dem Gespräch über die Hunde zuzuhören.

Und die Frage, ob man eine Dame eine feine Dame – eine wirklich feine Dame nennen kann, von der man weiß, daß sie auf einem Dampfschiff ihre Füße auf ein Taburett gelegt hat – niedrige Schuhe, gestickte Strümpfe –, sie blieb auch ungelöst in der Luft schweben.

«Sie scheinen die Hunde geradezu zu hassen, Herr Kandidat!» sagte seine Tischdame noch lachend.

«Ich will Ihnen was sagen – Frau Hansen», rief der Doktor über den Tisch, «er hat so furchtbare Angst vor Hunden.»

«Aber eins müssen Sie doch zugeben – Herr Kandidat», fuhr Frau Hansen fort, «daß der Hund zu allen Zeiten der treue Begleiter des Menschen gewesen ist.»

«Ja – das ist wahr – gnädige Frau, und ich könnte Ihnen erzählen, sowohl was der Hund vom Menschen wie was der Mensch vom Hunde gelernt hat.»

«Oh, erzählen Sie bitte!» rief man von mehreren Seiten.

«Mit Vergnügen! – Zunächst hat der Mensch den Hund das Schweifwedeln gelehrt.»

«Das wäre doch höchst merkwürdig», rief die alte Großmutter.

«Dann hat der Hund sich alle die Eigenschaften angeeignet, die die Menschen niedrig und unzuverlässig machen: kriechende Schmeichelei nach oben und Roheit und Verachtung nach unten. Das engherzige Beharren am Eignen und Mißtrauen und Feindschaft gegen alles andere. Ja, so gelehrig ist das edle Tier gewesen, daß es sogar die rein menschliche Kunst versteht: die Leute nach den Kleidern zu beurteilen; wohlgekleidete Menschen läßt er unbehelligt, aber den Zerlumpten fährt er ohne weiteres in die Waden.»

Hier wurde der Kandidat durch einen vielstimmigen Ausruf der Entrüstung unterbrochen, und Fräulein Thyra ballte erbittert ihre kleine Hand um das Obstmesser.

Aber es gab doch einige, die hören wollten, was denn der Mensch vom Hunde gelernt habe, und Herr Viggo Hansen fuhr fort, immer eifriger und bitterer werdend.

«Der Mensch hat vom Hunde gelernt, auf die kriechende, unverdiente Verehrung Wert zu legen. Wenn weder Ungerechtigkeit noch Mißhandlung je etwas anderem als diesem ewigen Schweifwedeln, Auf-dem-Bauch-Liegen und Speichellecken begegnet sind, so endet es damit, daß der Herr sich für einen prächtigen Kerl hält, dem all diese Anhänglichkeit mit Recht zuteil wird. Und indem er die am Hund gemachten Erfahrungen auf seinen menschlichen Verkehr überträgt, legt er sich weniger Zwang auf – in der Erwartung, wedelnden Schweifen und leckenden Zungen zu begegnen. Und wird er dabei enttäuscht, so verachtet er den Menschen und wendet sich mit hohen Lobreden dem Hunde zu.»

Zum zweitenmal wurde er unterbrochen; einige lachten, aber die meisten waren empört. Viggo Hansen war indes in Zug gekommen, seine kleine, scharfe Stimme drang durch die Einwendungen hindurch, und er behielt das Wort.

«Und während wir von Hunden reden, möchte ich eine außerordentlich tiefsinnige Hypothese von mir selbst vorbringen. Sollte es nicht ein für unsern Nationalcharakter bezeichnender Zug sein, daß gerade wir hierzulande diese edle Hunderasse hervorgebracht haben: die berühmten dänischen Hunde? Dieses starke, breitbrüstige Tier mit den gewaltigen Tatzen, dem schwarzen Rachen und den fürchterlichen Zähnen, aber dabei so gutmütig, unschädlich und liebenswürdig – erinnert es nicht an die berühmte, unverwüstliche dänische Loyalität, die der Ungerechtigkeit und Mißhandlung nie anders als mit ewigem Schweifwedeln, Auf-dem-Bauch-Liegen und Speichellecken begegnet ist? Und wenn wir dieses Tier bewundern, das nach unserm eignen Bild geschaffen ist, streicheln wir ihm dann nicht mit einem wehmütigen Selbstlob den Kopf: Du bist doch ein guter, treuer Hund, ein richtig großes, prächtiges Tier.»

«Hören Sie, Herr Kandidat Hansen, ich will nicht unterlassen, Sie darauf aufmerksam zu machen, daß es in meinem Hause gewisse Dinge gibt, die ...»

Der Wirt war zornig; aber ein gutmütiger Verwandter des Hauses beeilte sich, ihn zu unterbrechen: «Ich bin Landmann, und Sie werden doch wohl zugeben, Herr Kandidat, daß für uns ein guter Hofhund geradezu eine Notwendigkeit ist – he?»

«O ja – ein kleiner Köter, der kläffen kann, so daß der Knecht aufwacht.»

«Nein, ich danke, wir müssen schon einen ordentlichen Hund haben, der die Schurken am Schlafittchen kriegen kann. Ich für meinen Teil habe einen Bluthund.»

«Und wenn dann ein braver Kerl gelaufen kommt, um Ihnen zu melden, daß es im Hintergebäude brennt, und ihm dann ihr prächtiger Bluthund an die Kehle fährt – was dann?»

«Ja – dann hat er Pech gehabt», lachte der Landmann, und die andern lachten auch.

Herr Viggo Hansen war jetzt eifrig geworden, er antwortete nach allen Seiten hin und stellte die unsinnigsten Paradoxa auf, so daß besonders die Jugend sich köstlich amüsierte, ohne die zunehmende Bitterkeit weiter zu bemerken.

«Aber die Wachhunde – die Wachhunde müssen Sie uns doch lassen, Herr Kandidat!» rief ein Kohlenhändler lachend.

«Keineswegs! Es gibt nichts Unsinnigeres, als daß ein armer Mann, der keine Kohlen hat, der kommt, um seinen Sack an einem Kohlenberg zu füllen – daß der von wilden Tieren zerrissen werden soll. Zwischen einem so geringen Versehen und einer so fürchterlichen Strafe besteht gar kein vernünftiges Verhältnis.»

«Dürfen wir nicht erfahren, wie Sie Ihren Kohlenberg beschützen würden, wenn Sie einen hätten?»

«Ich würde einen sichern Bretterzaun errichten lassen, und wenn ich sehr ängstlich wäre, würde ich einen Wächter halten, der höflich, aber bestimmt denen, die mit dem Sack kämen, sagen müßte: ‚Entschuldigen Sie! – Aber mein Herr ist sehr genau. Sie dürfen Ihren Sack nicht füllen; machen Sie, daß Sie fortkommen.'»

Durch das allgemeine Gelächter, das diesem letzten Paradoxon folgte, machte sich die Stimme eines würdigen Geistlichen, der am unteren Ende des Tisches bei den Damen saß, bemerkbar.

«Es kommt mir vor, als ob in dieser Diskussion – etwas fehle – etwas, was ich das ethische Moment nennen möchte. Ist es nicht so, daß wir alle, die wir hier sitzen, in unserm Herzen ein bestimmtes, deutliches Gefühl haben für das Empörende, das in dem Verbrechen liegt, das wir Diebstahl nennen.» Allgemeine und warme Zustimmung.

«Und muß es uns des weiteren nicht aufs tiefste empören, wenn wir hören, wie ein Verbrechen, das sowohl nach göttlichem wie nach menschlichem Gesetz als eins der schlimmsten genannt wird, wie das zu einem geringen und unbedeutenden Versehen herabgesetzt wird? Muß das nicht in hohem Grade umwälzend und gemeingefährlich wirken?»

«Erlauben Sie auch mir», antwortete der unverdrossene Kandidat Hansen, «ein ethisches Moment hervorzuheben. Ist es nicht so, daß Unzählige, die nicht hier sitzen, in ihrem Herzen ein bestimmtes und deutliches Gefühl für das Empörende haben, das in dem Verbrechen liegt, das wir Reichtum nennen? Und ob es wohl des weiteren nicht die, die selbst keine andere Kohle als einen leeren Sack besitzen, empören muß, wenn sie sehen, wie einer, der sich erlaubt, zwei- bis dreihunderttausend Tonnen zu besitzen, wilde Tiere zur Bewachung seines Kohlenberges losläßt und zu Bett geht, nachdem er an das Tor geschrieben hat: ‚Die Wachhunde werden bei hereinbrechender Dunkelheit losgelassen.' Muß das nicht in hohem Grade aufwiegelnd und gemeingefährlich wirken.»

«Oh, du mein Gott und Vater! Er ist ja ein Sansculotte!» rief die alte Großmutter.

Die meisten Versammelten murmelten auch unzufrieden vor sich hin; er ging zu weit; das war kein Vergnügen mehr. Nur einige wenige lachten noch: «Er meint kein Wort von dem, was er sagt; es ist nur seine Art; prosit Hansen.»

Aber der Wirt nahm es ernster. Er dachte an sich selbst, und er dachte an Treu. Mit einer unheimlichen Höflichkeit fing er an:

«Darf ich zunächst fragen, was Sie, Herr Kandidat, unter einem vernünftigen Verhältnis zwischen Verbrechen und Strafe verstehen?»

«Zum Beispiel», antwortete Herr Viggo Hansen, der jetzt ganz wild geworden war, «wenn ich hörte, daß ein Großhändler, der zwei- bis dreihunderttausend Tonnen Kohlen besitzt, einem armen Teufel verwehrt hätte, einen Sack davon zu füllen, und daß eben dieser Großhändler zur Strafe von wilden Tieren zerrissen worden wäre – seht, das wäre etwas, was ich sehr leicht verstehen könnte; denn zwischen einer so großen Herzlosigkeit und einer so grausamen Strafe bestünde doch ein vernünftiges Verhältnis ...»

«Meine Damen und Herren! Meine Gattin und ich bitten Sie, fürliebzunehmen. Gesegnete Mahlzeit!»

Es entstand ein heimliches Flüstern und Reden, und eine gedrückte Stimmung herrschte unter den Gästen, als man sich in den Salons verteilte.

Der Wirt ging mit einem gezwungenen Lächeln umher, und sobald er damit fertig war, jedem einzelnen gesegnete Mahlzeit zu wünschen, ging er Kandidat Hansen aufzusuchen, um ihm mit unzweideutigen Worten für immer die Tür zu weisen.

Aber es war nicht mehr nötig; Herr Viggo Hansen hatte sie schon gefunden.

3

Es hatte seine Richtigkeit mit dem Schnee, wie der Großhändler erzählt hatte. Obgleich man noch ganz im Anfang des Winters war, fiel mehrere Tage nacheinander gegen Morgen ein wenig nasser Schnee; aber es wurde ein feiner Regen daraus, wenn die Sonne aufging.

Das war übrigens fast das einzige Zeichen, daß die Sonne aufgegangen war; denn viel heller wurde es den ganzen Tag nicht, auch nicht viel wärmer.

Die Luft war von dickem Nebel erfüllte – es war nicht der weißgraue Meernebel, sondern braungrauer, dichter, toter Russennebel, der beim Hinziehen über Schweden nicht leichter geworden war; der Ostwind brachte ihn mit sich und packte ihn gut und sicher zwischen die Häuser von Kopenhagen ein.

Unter den Bäumen längs des Kasteilgrabens und in den Anlagen war es ganz schwarz infolge des Tropfenfalls von den Zweigen. Aber mitten auf den Straßen und oben auf den Dächern der Häuser hatte der Schnee eine dünne weiße Decke gebildet.

Es war noch ganz still drüben bei Burmeister & Wain; der schwarze Morgenrauch wirbelte aus den Schornsteinen empor, und der Ostwind warf ihn auf die weißen Dächer herab, so daß er noch schwärzer wurde, und wehte ihn über den Hafen hin zwischen die Takelung der Schiffe, die düster und schwarz in der Dämmerung dalagen mit weißen Schneestreifen die ganze Reihe entlang. Auf dem Zollamt sollten die Bluthunde bald eingesperrt und die Tore geöffnet werden.

Der Ostwind war heftig und wälzte die Wogen gegen die Lange Linie, wo sie sich in graugrünem Schaum zwischen den schlüpfrigen Steinen brachen, lange Dünungen kamen bis an den Hafen hinein, plätscherten gegen die Zollschranke und rollten im Hafen der Kriegsflotte, wo die alten Holzfregatten abgetakelt und in all ihrer imponierenden Unbrauchbarkeit unter Dach lagen, große Namen und schwere Erinnerungen hin und her.

Der Hafen war noch voll von Schiffen, auf den Landungsbrücken und in den Lagerhäusern lagen die Waren hoch aufgestapelt. Niemand konnte wissen, was man für einen Winter bekommen würde; ob man monatelang von der Welt abgesperrt werden oder ob man mit Nebel- und Schneematsch davonkommen würde.

Darum lagen Reihen von Petroleumfässern da, die zusammen mit den ungeheuern Kohlenbergen auf einen strengen Winter lauerten; und es lagen Fässer und Oxhofte voll Wein und Kognak da, die geduldig auf neue Verfälschungen warteten; Tran und Talg und Kork und Eisen – alles lag da und wartete, ein jedes auf das Seine.

Überall lag Arbeit und wartete – schwere Arbeit, grobe Arbeit und feine Arbeit unten vom Boden der gewaltigen englischen Kohlendampfer an bis hinauf zu den drei vergoldeten Rettichen auf der neuen Kirche des Kaisers von Rußland in der Breiten Straße.

Aber noch gab es niemand, der anfing. Die Stadt schlief so schwer, die Luft war so schwer, der Winter hing über der Stadt; und in den Straßen war es so still, daß man hörte, wie das Wasser aus dem Schnee, der auf den Dächern schmolz, mit tiefem Glucksen in die Wasserrinnen fiel, als ob die großen Steinhäuser noch im Halbschlaf stöhnten.

Eine kleine, schläfrige Morgenglocke ertönte drüben auf der Insel, hier und dort öffnete sich eine Tür, und ein Hund kam heraus, um zu bellen. Rollos wurden in die Höhe gezogen, und Fenster wurden geöffnet, in den Zimmern sah man das Stubenmädchen herumgehen und bei einer flakkernden Kerze rein machen; in einem Fenster im Palais lag ein betreßter Lakai und bohrte sich in der Nase in der frühen Morgenstunde.

Ein dichter Nebel lag über dem Hafen und blieb in der Takelung der großen Schiffe wie in einem Wald hängen; Regen und nasse Schneeflocken machten ihn noch dichter; aber der Ostwind preßte ihn zwischen die Häuser hinein und füllte den ganzen Amalienplatz mit Nebel, so daß Friedrich V. wie in den Wolken saß und die stolze Nase unbekümmert seiner halbfertigen Kirche zuwandte.

Mehrere schläfrige Glocken ließen sich jetzt hören; eine Dampfschiffspfeife setzte mit einem höllischen Gekreisch ein. In den Kneipen, die «vor dem Glockenschlag geöffnet werden», wurde schon bei warmem Kaffee und Schnaps Frühmesse gehalten; Mädchen mit hängenden Haaren nach einer wilden Nacht kamen aus den Seemannshäusern bei Nyhavn heraus und machten sich halb im Schlaf daran, die Fenster zu putzen. Es war bitter kalt, und wer über Königs-Neumarkt mußte, eilte an Öhlenschläger vorüber, den sie vor das Theater gesetzt hatten, barhaupt und den Kragen voller Schnee, der schmolz und ihm in den offenen Halsbund hineinrann.

Jetzt kamen die langen, unerbittlichen Pfiffe aus den Dampfpfeifen der Fabriken rings in der ganzen Stadt, und auf dem Hafen liefen die kleinen Dampfschiffe herum und pfiffen für nichts und wieder nichts.

Die Arbeit, die überall lag und wartete, fing an, die vielen kleinen, dunklen Gestalten zu verschlingen, die schläfrig und verfroren herauskamen und rings in der Stadt verschwanden. Und es entstand ein stilles Gewimmel auf den Straßen, einige liefen, andere schlenderten langsam – sowohl die, die in die Kohlendampfer hinunter, wie die, die hinauf sollten und die Rettiche des Kaisers von Rußland vergolden, und tausend andere, die von allerhand Arbeit verschlungen werden sollten.

Und die Wagen begannen zu rasseln, die Ausrufer zu schreien, die Maschinen hoben ihre ölglänzenden Schultern und drehten die sausenden Räder; und nach und nach vibrierte die schwere, dicke Luft in einem gedämpften Summen von der vereinten Arbeit der vielen Tausende von Menschen; der Tag hatte angefangen; das fröhliche Kopenhagen war erwacht.

Der Schutzmann Frode Hansen fror bis in seinen innersten Koeffizienten hinein; es war eine außergewöhnlich rauhe Wache gewesen, und er ging ungeduldig auf und ab in Aabenraa und wartete auf Madame Hansen. Sie pflegte um diese Zeit oder sogar noch früher zu kommen, und heute war er fest entschlossen, es bis zu einem Glas Bayrisch oder einer warmen Tasse Kaffee zu bringen.

Doch Madame Hansen kam nicht; und er fing an zu überlegen, ob es nicht trotz allem seine Pflicht sei, sie zu melden; sie trieb es gar zu weit; es konnte nicht mehr weitergehen mit dieser Spiegelfechterei mit den Kohlblättern und dem Kohlenhandel.

Auch Thyra und Waldemar hatten mehrmals in die kleine Küche hinausgeguckt, ob die Mutter nicht gekommen sei und den Kaffee aufgesetzt habe. Aber es war schwarz unter dem Kessel und so dunkel in der Luft und so kalt in der Stube, daß sie wieder zu Bett gingen, sich ins Stroh verkrochen und sich damit amüsierten, sich gegenseitig nach dem Bauch zu treten.

Als sie die großen Tore zu Großhändler Hansens Kohlenlager in Kristianshavn öffneten, saß Treu da und blickte beschämt zur Seite; es war aber auch eine widerwärtige Arbeit, die man ihm da aufgetragen hatte.

In einer Ecke fand man zwischen zwei leeren Körben ein Bündel Lumpen, aus dem ein schwaches Stöhnen kam, auf dem Schnee waren einige Tropfen Blut, und dicht dabei lag unangerührt ein Stück Kuchen, dick mit Zucker bestreut.

Als der Werkführer den Zusammenhang begriff, sah er sich nach Treu um, um ihn zu loben; aber Treu war schon nach Hause gegangen; die Sache war ihm zu unangenehm.

Dann lasen sie sie auf, so wie sie war – naß und eklig, und der Werkführer bestimmte, daß sie auf dem ersten Kohlenwagen, der nach der Stadt ging, hineingefahren werden sollte, dann könnten sie am Krankenhaus halten, und der Professor könnte selbst sehen, ob sie der Reparatur wert sei. –

Gegen zehn Uhr begann die Familie des Großhändlers sich um den Frühstückstisch zu versammeln. Thyra kam zuerst. Sie eilte zu Treu hin, streichelte und küßte ihn und überschüttete ihn mit Koseworten.

Aber Treu rührte seinen Schwanz nicht, er hob kaum die Augen; sondern fuhr fort, seine Pfoten zu lecken, die von den Kohlen ein wenig schwarz waren.

«Gott – liebe Mama!» rief Fräulein Thyra. «Treu ist sicherlich krank, er hat sich natürlich heute nacht erkältet; es war auch abscheulich von Vater.»

Aber als Waldemar kam, erklärte er mit Kennermiene, daß Treu beleidigt sei.

Sie warfen sich jetzt alle drei über ihn mit Bitten, Entschuldigungen und guten Worten; aber Treu blickte kalt von einem zum andern; es war klar, daß Waldemar recht hatte.

Thyra lief hinaus, um den Vater zu holen, und der Großhändler kam ernst, etwas feierlich herein. Sie hatten ihm gerade durchs Telefon erzählt, wie gut Treu aufgepaßt hatte, und indem er jetzt vor Treu auf dem Teppich vor dem Kamin niederkniete, dankte er ihm gerührt für den großen Dienst.

Das besänftigte Treu etwas.

Der Großhändler erzählte jetzt, noch immer auf den Knien, Treus Pfote in seiner Hand, wie es in der Nacht zugegangen war. Daß der Dieb ein ruchloses Frauenzimmer sei, eins der allerschlimmsten, die sogar – man sollte es kaum für möglich halten – einen ziemlich bedeutenden Handel mit den gestohlenen Kohlen getrieben habe. Sie war so gewitzigt gewesen, den jungen Wachhund mit einem Stück Kuchen zu bestechen, doch das nützte ihr natürlich bei Treu nichts.

«Und das bringt mich darauf, daran zu denken, wie oft eine gewisse Person, deren Namen ich nicht nennen möchte, mit solchen Redensarten kam wie, daß es eine Schande wäre, daß ein Tier etwas verschmähen sollte, wofür ein Mensch Gott danken würde. Haben wir nicht eben gesehen, wozu das gut war? Gerade durch diese – hm – durch diese Eigentümlichkeit wurde Treu in den Stand gesetzt, ein abscheuliches Verbrechen zu offenbaren, zu der gerechten Strafe des Bösen beizutragen und auf diese Weise uns und der Gesellschaft zu nützen.»

«Aber hör mal, Vater», rief Fräulein Thyra, «willst du mir eins versprechen?»

«Was denn, Kind?»

«Du sollst nie mehr so etwas von Treu verlangen; laß sie lieber ein wenig stehlen.»

«Das verspreche ich dir, Thyra! – Und dir auch, mein braver Treu», sagte der Großhändler und erhob sich mit Würde.

«Treu ist hungrig», sagte Waldemar mit Kennermiene.

«Gott, Thyra, hol doch seine Koteletten!»

Thyra wollte in die Küche hinunterstürzen, aber im selben Augenblick brachte Stine sie atemlos an.

Der Professor muß vermutlich nicht gefunden haben, daß Madame Hansen der Reparatur wert sei; denn sie kam nie mehr zum Vorschein, und die Kinder gingen ganz zugrunde. Ich weiß nicht, was aus ihnen geworden ist.

Iwan Turgenew
Mumu

In einer entlegenen Straße Moskaus, in einem grauen Hause mit weißen Säulen, einem Treppenhaus und schiefem Balkon wohnte einst eine vornehme alte Dame, Witwe, von zahlreichem Gesinde umgeben. Ihre Söhne waren als Beamte in Petersburg tätig, ihre Töchter hatten geheiratet; sie verließ ihr Haus selten und brachte die letzten Jahre ihres kargen und öden Alters in stiller Einsamkeit hin. Ihr freudloser und trüber Tag war längst vergangen; aber auch ihr Abend war schwärzer als die Nacht.

Unter ihren Dienstboten fiel am meisten der Hausknecht Garasim auf, ein Mann von fast zwei Metern Länge und reckenhaftem Körperbau, aber taubstumm von Geburt. Die gnädige Frau hatte ihn aus dem Dorf geholt, wo er in einer kleinen Hütte getrennt von seinen Brüdern hauste und nahezu als der tüchtigste Fronbauer galt. Mit ungeheurer Kraft begabt, arbeitete er für vier – es ging bei ihm alles wie von selbst, und es war eine Freude, ihm zuzuschauen, wenn er etwa pflügte und, die riesigen Handflächen gegen den Hakenpflug stemmend, scheinbar allein, ohne Hilfe des Gauls, die widerstrebende Brust der Erde aufriß, oder wenn er um St. Peter mit der Sense so gewaltig hin und her fuhr, daß es aussah, als wäre es ihm ein leichtes, ein ganzes junges Birkenwäldchen glatt wegzufegen, oder wenn er flink und ohne zu verschnaufen mit dem vier Ellen langen Dreschflegel dreinschlug und die länglichen festen Muskeln seiner Schultern sich wie ein Hebel hoben und senkten. Sein ewiges Schweigen verlieh seiner unermüdlichen Arbeit eine feierliche Würde. Ein prachtvoller Kerl war er, und hätte er nicht das eine Gebrechen gehabt, so hätte jedes Mädchen ihn gern zum Manne genommen. Doch nun brachte man Garasim nach Moskau, kaufte ihm Stiefel, nähte ihm einen Kaftan für den Sommer und einen Schafpelz für den Winter, gab ihm Besen und Schaufel in die Hand und machte ihn zum Hausknecht.

Anfangs wollte ihm das neue Leben ganz und gar nicht behagen. Von klein auf war er an Feldarbeit, an Landleben gewöhnt. Durch sein Gebrechen von der Gemeinschaft der Menschen ausgeschlossen, war er stumm und mächtig emporgewachsen, wie ein Baum auf fruchtbarem Boden aufwächst ... In die Stadt versetzt, wußte er nicht, was mit ihm vorging – er langweilte sich und staunte, wie ein junger gesunder Stier verwundert um sich schaut, den man eben vom Felde, wo das saftige Gras ihm bis an den Bauch reichte, fortgetrieben und in einen Eisenbahnwagen gesteckt hat: und nun wirbeln bald Rauchwolken und Funken, bald wogender Dampf um seinen gewaltigen Leib, und man schleppt ihn fort, mit rasender Eile, mit Rasseln und Dröhnen – wohin? Das mag Gott wissen!

Die mit dem neuen Amt verbundene Arbeit schien Garasim ein Kinderspiel nach der schweren Bauernarbeit; in einer halben Stunde war er mit allem fertig, und dann stand er mitten im Hofe mit aufgerissenem Mund und sah den Vorübergehenden nach, als erwarte er von ihnen eine Deutung seines rätselhaften Loses, oder er ging in irgendeinen Winkel, schleuderte Besen und Schaufel weit von sich, warf sich mit dem Gesicht auf die Erde und lag so lange Zeit unbeweglich wie ein gefangenes Tier. Aber an alles gewöhnt sich der Mensch, und auch Garasim gewöhnte sich zu guter Letzt an das Stadtleben. Zu tun hatte er wenig, seine ganze Pflicht bestand darin, den Hof rein zu halten, zweimal täglich eine Tonne mit Wasser heranzuschaffen, Holz für das Haus und die Küche herbeizuschleppen und klein zu machen, keine Fremden einzulassen und nachts Wache zu halten. Und man muß gestehen, daß er seine Pflicht gewissenhaft ausübte: Auf dem Hof sah man nie Unrat oder Kehricht herumliegen; wenn bei Schmutzwetter der seiner Führung anvertraute Gaul mit der Wassertonne steckenblieb und nicht weiterkonnte, brauchte Garasim bloß mit der Schulter zu rücken – und nicht nur der Wagen, auch das Pferd selbst geriet wieder in Bewegung; wenn er Holz hackte, klirrte das Beil, als wenn es von Glas wäre, und Späne und Scheite flogen nach allen Seiten; was aber die Fremden anbelangt – seit er in einer Nacht zwei Diebe gefangen und ihre beiden Köpfe gegeneinandergestoßen hatte, so kräftig gestoßen, daß es kaum noch nötig war, sie auf die Polizeiwache zu bringen –, seitdem empfand die ganze Nachbarschaft die größte Hochachtung vor ihm; sogar die bei Tage Vorübergehenden, keine Diebe, sondern einfache Fremde, machten, wenn sie den grimmigen Hausknecht erblickten, abwehrende Handbewegungen und schrien ihn an, als ob er ihr Geschrei hören konnte. Mit dem ganzen übrigen Gesinde stand sich Garasim zwar nicht gerade sehr freundschaftlich – alle hatten etwas Angst vor ihm –, aber doch gut: er hielt sie für seinesgleichen. Man verständigte sich durch Zeichen, die er richtig deutete; er erfüllte gewissenhaft alle Befehle, kannte aber auch seine Rechte, und niemand durfte es wagen, etwa seinen Platz am Mittagstisch einzunehmen. Überhaupt war Garasim streng und hielt auf Ordnung; nicht einmal die Hähne durften in seiner Gegenwart zanken – es ging ihnen dann schlimm! Wenn er sie streiten sah, packte er sie sofort an den Beinen, wirbelte sie mindestens zehnmal in der Luft im Kreise herum und warf sie dann in weitem Bogen nach verschiedenen Seiten. Auf dem Hofe der gnädigen Frau gab es auch Gänse; aber die Gans ist bekanntlich ein vornehmer und vernünftiger Vogel; Garasim empfand eine gewisse Hochachtung vor ihnen, pflegte und fütterte sie; er selbst erinnerte an einen würdevollen Gänserich. Er hauste in einer kleinen Kammer über der Küche; er hatte sie sich nach seinem eigenen Geschmack eingerichtet, sich ein Bett aus Eichenbrettern auf vier mächtigen Klötzen aufgeschlagen – ein richtiges Reckenbett; man hätte hundert Zentner darauf legen können, und es hätte sich nicht gebogen; unter dem Bett stand eine gewichtige Truhe; in einer Ecke stand ein Tisch von ebenso kräftiger Art, und neben dem Tisch ein Stuhl auf drei Beinen, aber so durabel und schwer, daß Garasim selbst ihn mitunter aufhob, fallen ließ und behaglich grinste. Vor der Kammertür hing ein Schloß, das wie ein Kalatsch aussah, nur war es schwarz; den Schlüssel trug Garasim immer an seinem Gürtel. Er sah es nicht gern, wenn man in seine Behausung ging.

So verging ein Jahr, nach dessen Ablauf Garasim ein kleines Erlebnis hatte.

Die alte Dame, deren Haus er hütete, hielt sich in allem an die Sitten der guten alten Zeit und hatte daher ein zahlreiches Gesinde; in ihrem Hause gab es nicht nur Wäscherinnen, Näherinnen, Tischler, Schneider und Schneiderinnen, sondern sogar einen Sattler, der zugleich als Tierarzt galt und auch die Dienstboten zu kurieren hatte; die gnädige Frau hatte daneben ihren eigenen Hausarzt; endlich war auch noch ein Schuster da, namens Kapiton Klimow, ein verzweifelter Trinker. Klimow hielt sich für ein zu Unrecht mißachtetes Wesen, einen feinen, gebildeten Mann, dem es nicht zukam, in einer entlegenen Vorstadt Moskaus ohne eine seiner würdige Beschäftigung zu leben, und der, wenn er trank – er sagte dies stets in feierlichem Tone, sich an die Brust schlagend –, es nur aus Herzeleid tat.

Eines Tages nun kam in einem Gespräch der gnädigen Frau mit ihrem Haushofmeister, Gawrila, einem Mann, der schon durch seine gelben Äuglein und seine Entennase vom Schicksal zum Befehlshaber bestimmt schien, die Rede auf diesen Schuster. Die gnädige Frau beklagte die sittliche Verderbtheit des Kapiton, den man tags vorher irgendwo auf der Straße aufgelesen hatte.

«Was meinst du, Gawrila», sagte sie plötzlich, «sollte man ihn nicht verheiraten? Vielleicht kommt er dann zur Vernunft.»

«Verheiraten? Warum nicht?» antwortete Gawrila. «Das wäre sogar sehr gut.»

«Ja, aber wer wird ihn haben wollen?»

«Freilich, übrigens ganz, wie Sie befehlen. Immerhin ist er doch sozusagen zu etwas zu gebrauchen; man kann ihn nicht so einfach auf die Straße werfen.»

«Ich glaube, die Tatjana gefällt ihm?»

Gawrila wollte etwas erwidern, kniff aber die Lippen zusammen.

«Ja! ... Er soll um die Tatjana werben», beschloß die gnädige Frau und nahm vergnügt eine Prise, «hörst du?»

«Zu Befehl», sagte Gawrila und entfernte sich.

In sein Zimmer zurückgekehrt – es befand sich im Hinterhaus und war fast ganz mit eisenbeschlagenen Truhen vollgestellt –, schickte Gawrila erst seine Frau hinaus, setzte sich dann ans Fenster und versank in Gedanken.

Die unerwartete Verfügung der gnädigen Frau hatte ihn sichtlich verblüfft. Endlich stand er auf und ließ den Kapiton holen. Kapiton erschien... Doch ehe wir dem Leser die Unterredung der beiden mitteilen, halten wir es für geraten, in kurzen Worten zu berichten, wer diese Tatjana war, die Kapiton heiraten sollte, und warum die Verfügung der gnädigen Frau den Haushofmeister in Verlegenheit gebracht hatte.

Tatjana, die, wie wir oben bemerkt hatten, das Amt einer Wäscherin bekleidete – übrigens wurde ihr, da sie ihr Handwerk sehr gut kannte, nur die feine Wäsche anvertraut –, war eine Person von etwa achtundzwanzig Jahren, klein, mager, blond, mit einem Muttermal auf der linken Wange. Ein Muttermal auf der linken Wange gilt in Rußland als böses Zeichen – es soll ein unglückliches Leben bedeuten... Tatjana konnte nicht als Günstling des Schicksals gelten. Von früher Jugend an hatte sie sich plagen müssen; sie arbeitete für zwei, hörte aber nie ein freundliches Wort; man kleidete sie schlecht; der Lohn, den sie bezog, war ganz gering; Verwandte hatte sie so gut wie keine: ein alter Türschließer, den man, weil er zu nichts zu brauchen war, auf dem Lande gelassen hatte, war ihr Onkel; ihre andern Onkel waren Bauern; weiter hatte sie niemand. Einmal hatte sie als schön gegolten, doch ihre Schönheit war sehr bald verschwunden. In ihrem Wesen war sie sehr sanft, oder richtiger gesagt, verschüchtert; gegen sich selbst verhielt sie sich vollkommen gleichgültig, vor den andern hatte sie eine tödliche Angst; sie dachte nur daran, wie sie ihre Arbeit rechtzeitig zu Ende bringen könnte, redete nie mit jemandem ein Wort und zitterte bei dem bloßen Namen der gnädigen Frau, obgleich diese kaum wußte, wie sie aussah. Als Garasim vom Lande gekommen war, erstarrte sie vor Entsetzen beim Anblick seiner Riesengestalt, gab sich die größte Mühe, ihm aus dem Wege zu gehen, kniff sogar die Augen zusammen, wenn sie auf dem Wege von der Waschküche zum Hause an ihm vorüberlaufen mußte. Garasim beachtete sie zuerst gar nicht, bald aber fing er an zu schmunzeln, wenn er ihr begegnete, dann sah er ihr immer häufiger nach, und endlich konnte er die Augen gar nicht mehr von ihr wenden. Sie hatte es ihm angetan: ob nun mit dem sanften Ausdruck ihres Gesichts, der Schüchternheit ihrer Bewegungen – das mochte Gott wissen! Eines Tages ging sie über den Hof, auf den ausgespreizten Fingern die gesteifte Nachtjacke der gnädigen Frau behutsam emporhaltend... Da packte sie jemand plötzlich kräftig am Ellenbogen; sie wandte sich um und schrie laut auf: Hinter ihr stand Garasim. Blöde lachend und freundlich grunzend streckte er ihr einen Hahn aus Pfefferkuchenteig entgegen, dessen Schwanz und Flügel golden glänzten. Sie wollte die Gabe zurückweisen, er stopfte sie ihr aber gewaltsam in die Hand, schüttelte den Kopf, trat zurück, drehte sich noch einmal um und brummte noch etwas sehr Freundliches. Von dem Tage an ließ er ihr keine Ruhe mehr; wohin sie auch gehen mochte, immer war er da, kam ihr entgegen, lächelte, brummte, winkte mit den Händen, zog ein Seidenband aus der Tasche und drückte es ihr in die Hand, fegte mit dem Besen den Staub von ihrem Wege. Das arme Mädchen wußte gar nicht, was es machen sollte. Bald war das ganze Haus von den Abenteuern des stummen Hausknechts unterrichtet; Spottworte, Scherze, Anzüglichkeiten regneten auf Tatjana. Über Garasim zu spotten wagten aber nicht alle: Er liebte keinen Spaß, und in seiner Gegenwart ließ man auch sie in Ruhe. Ob nun zu ihrem Heil oder Unheil – das Mädchen war sein Schützling geworden. Wie alle Taubstummen war er sehr scharfsinnig und bemerkte sehr gut, wenn man über ihn oder über sie lachte. Einmal am Mittagstisch begann die Haushälterin, Tatjanas Vorgesetzte, an ihr, wie man es nennt, zu bohren, und brachte die Arme so weit, daß sie nicht mehr wußte, wo sie hin sollte, und vor Ärger fast zu weinen anfing. Da erhob sich Garasim plötzlich, streckte seine riesige Hand aus, legte sie der Haushälterin auf den Kopf und sah ihr so grimmig ins Gesicht, daß sie ganz zusammenknickte. Alle verstummten. Garasim griff wieder nach seinem Löffel und aß seine Suppe weiter. «Sieh doch nur einer, der taube Teufel!» brummten alle leise, die Haushälterin aber stand auf und ging ins Mädchenzimmer. Ein anderes Mal, als Garasim bemerkt hatte, daß Kapiton – derselbe Kapiton, von dem eben die Rede war – sich gar zu liebenswürdig mit Tatjana unterhielt, winkte er ihm mit dem Finger, führte ihn in den Wagenschuppen, ergriff eine in der Ecke stehende Deichselstange und drohte dem Schuster mit ihr leicht, aber bedeutungsvoll. Seitdem wagte niemand mehr, Tatjana anzureden. Und alles das durfte er sich ungestraft leisten. Die Haushälterin war freilich kaum bis zum Mädchenzimmer gekommen, als sie auch schon in Ohnmacht fiel; sie ging überhaupt so geschickt zu Werke, daß die gnädige Frau schon am selben Tage von der Roheit Garasims unterrichtet war; doch die wunderliche Alte lachte bloß und ließ die Haushälterin zu ihrem großen Ärger mehrere Male hintereinander schildern, wie der Riesenkerl sie mit seinem schweren Pfötchen niedergedrückt hatte – und am Tage darauf schickte sie Garasim einen Rubel. Sie schätzte ihn als treuen und starken Wächter. Garasim hatte großen Respekt vor ihr, hoffte aber doch auf ihre Güte und wollte sich schon zu ihr begeben, um sie zu bitten, sie möge ihm die Heirat mit der Tatjana gestatten. Er wartete nur auf den neuen Kaftan, den der Haushofmeister ihm versprochen hatte, damit er sich in anständiger Gewandung der gnädigen Frau vorstellen könne; da fiel es der gnädigen Frau plötzlich ein, die Tatjana mit dem Kapiton zu verheiraten.

Der Leser wird nun begreifen, warum der Haushofmeister Gawrila nach dem Gespräch mit der gnädigen Frau in so große Verlegenheit geriet. ‚Die gnädige Frau', dachte er, am Fenster sitzend, ‚will dem Garasim unzweifelhaft wohl' (Gawrila wußte das sehr genau, und darum begünstigte er den Garasim auch), ‚immerhin aber ist er ein stummes Wesen; ich kann der gnädigen Frau doch nicht melden, daß Garasim der Tatjana den Hof macht. Und schließlich ist es doch wahr: was ist er für ein Ehemann? Andrerseits freilich braucht dieser wilde Teufel – Gott verzeih' mir die Sünde! – bloß zu erfahren, daß die Tatjana den Kapiton heiraten soll – und er schlägt alles im Hause kurz und klein! Man kann mit ihm doch nicht reden, man kann diesen Teufel – Gott verzeih' mir die Sünde! – doch auf keine Weise zur Vernunft bringen ... Wirklich!»

Kapitons Erscheinen zerriß den Faden von Gawrilas Betrachtungen. Der leichtsinnige Schuster trat ein, die Hände auf den Rücken gelegt, lehnte sich nachlässig an einen Vorsprung der Wand neben der Tür, schob den rechten Fuß vor und warf den Kopf zurück. «Da bin ich! Was steht zu Diensten?» schien er zu sagen.

Gawrila sah Kapiton an und klopfte mit dem Finger an den Fensterrahmen. Kapiton kniff seine grauen Äuglein nur leicht zusammen, ohne sie niederzuschlagen, lachte sogar leise auf und fuhr mit der Hand durch sein flachsgelbes Haar, das sich wirr nach allen Seiten sträubte. «Nun ja, ich bin's! Was starrst du mich an?»

«Ein feiner Kerl!» sagte Gawrila und schwieg wieder. «Ein feiner Kerl, wahrhaftig!»

Kapiton zuckte bloß die Achseln. ‚Du bist wohl schöner?' dachte er für sich.

«Sieh dich doch an», fuhr Gawrila vorwurfsvoll fort, «wie schaust du aus?»

Kapiton maß mit gleichgültigem Blick seinen abgetragenen, zerfetzten Rock, seine geflickten Beinkleider, betrachtete die löcherigen Stiefel sehr aufmerksam, vor allem jenen, auf dessen Spitze sich sein rechter Fuß so elegant stützte, und sah wieder den Haushofmeister an.

«Na, und was soll's denn geben?»

«Was es geben soll?» wiederholte Gawrila. «Was es geben soll? Du fragst noch? Wie ein Teufel siehst du aus – Gott verzeih' mir die Sünde –, wie ein Teufel!»

Kapiton zwinkerte heftig mit den Augen. ‚Fluchen Sie nur, Gawrila Andrejewitsch, fluchen Sie nur', dachte er wieder.

«Du bist schon wieder betrunken gewesen», fing Gawrila an, «schon wieder! He? So antworte doch!»

«Meine schwache Gesundheit zwang mich in der Tat, Spirituosen zu mir zu nehmen», erwiderte Kapiton.

«Schwache Gesundheit? ... Du wirst nicht streng genug behandelt – das ist's! Und bist doch noch in Piter in der Lehre gewesen ... Viel hast du da gelernt! Nur füttern muß man dich und hat nichts von dir!»

«In dieser Hinsicht, Gawrila Andrejewitsch, ist Gott der Herr allein mein Richter und sonst niemand. Der weiß allein, was ich für ein Mensch bin und ob ich tatsächlich mich nur füttern lasse. Und was das Trinken anbelangt, so bin auch nicht ich daran schuld, sondern ein Genosse; er hat mich verlockt und dann sitzengelassen, der verdammte Politiker, und ich ...»

«Du bliebst auf der Straße, Schafskopf. An dir ist Hopfen und Malz verloren! Aber es handelt sich nicht darum», fuhr der Haushofmeister fort, «sondern um folgendes: die gnädige Frau» – hier schwieg er einen Augenblick –, «die gnädige Frau wünscht, daß du dich verheiratest. Hörst du? Sie meint, du würdest zur Vernunft kommen, wenn du eine Frau bekämest. Hast du verstanden?»

«Wie soll ich nicht verstehen?»

«Nun freilich. Meiner Ansicht nach wäre es wohl besser, man nähme dich gründlich in Zucht. Aber darüber hat nun mal die Herrschaft zu entscheiden. Nun? Bist du einverstanden?»

Kapiton grinste.

«Heiraten ist heilsam für den Menschen, Gawrila Andrejewitsch; und ich bin meinerseits mit dem größten Vergnügen dazu bereit.»

«Nun ja», sagte Gawrila und dachte im stillen: ‚Das muß man sagen: zu reden versteht der Kerl.' Dann fuhr er laut fort: «Bloß die Braut, die man für dich ausgesucht hat, paßt nicht so recht.»

«Wer ist es denn, wenn man fragen darf?»

«Die Tatjana.»

«Tatjana?»

Kapiton riß die Augen auf und trat einen Schritt vor.

«Nun, was ist in dich gefahren? Gefällt sie dir nicht?»

«Wie soll sie mir nicht gefallen, Gawrila Andrejewitsch! Ein braves Mädchen, arbeitsam, von sanftem Gemüt ... Aber Sie wissen doch selbst, Gawrila Andrejewitsch, der Kerl, der Steppenteufel, ist hinter ihr her.»

«Ich weiß, mein Lieber, ich weiß alles», unterbrach ihn der Haushofmeister ärgerlich, «allein ...»

«Erbarmen Sie sich, Gawrila Andrejewitsch! Er schlägt mich ja tot, bei Gott, wie man eine Fliege an die Wand klatscht; sehen Sie doch bloß, was er für Hände hat – rein wie Minin und Posharski. Er ist doch taub; er schlägt drein und hört nicht, wie es kracht! Wie im Schlaf fuchtelt er mit seinen Fäusten hin und her. Und es ist ja keine Möglichkeit, ihn zur Räson zu bringen; warum? Sie wissen doch, Gawrila Andrejewitsch, er ist taub und dazu noch dumm wie ein Stiefel! Er ist ja ein wildes Tier, ein Heidengötze, Gawrila Andrejewitsch – schlimmer als ein Götze! Ein Espenpfahl! Warum soll ich nun seinetwegen leiden? Natürlich, auf mich kommt es nicht mehr an; ich bin abgenutzt und abgehetzt, schmierig wie ein alter Topf. Aber schließlich bin ich doch auch ein Mensch und nicht ein elender Lehmkloß ...»

«Ich weiß, ich weiß, laß das Geschwätz!»

«Du lieber Gott!» fuhr der Schuhmacher hitzig fort. „Wann soll denn das enden? Wann denn, lieber Gott! Ich Unglückswurm komme nie auf einen grünen Zweig! Wie hat das Schicksal mit mir gespielt, wenn ich's mir recht überlege! In jungen Jahren prügelte mich mein deutscher Lehrmeister; in meiner besten Zeit wurde ich von meinen eigenen Genossen geprügelt; und nun im reifen Alter muß ich so etwas erleben ...»

«Ach du Schlappschwanz», sagte Gawrila, «was predigst du bloß!»

«Wie meinen Sie das, Gawrila Andrejewitsch? Nicht die Schläge sind's, die ich fürchte. Die Herrschaft mag mich in ihren vier Wänden abstrafen, aber vor den Leuten soll sie mich freundlich grüßen, dann kann ich immer noch mit Ehren bestehen ... Aber von so einem sich alles gefallen lassen ...»

«Pack dich hinaus!» fiel ihm Gawrila ungeduldig ins Wort.

Kapiton drehte sich um und schlich hinaus.

«Wenn aber der Stumme nicht wäre», rief ihm der Haushofmeister nach, «hättest du dann was einzuwenden?»

«Nicht das geringste», erwiderte Kapiton und verschwand. Selbst in der äußersten Not wußte er sich gebildet auszudrücken.

Der Haushofmeister ging einige Male im Zimmer auf und ab.

«Holt mir jetzt die Tatjana», sagte er endlich.

Nach einigen Minuten trat Tatjana kaum hörbar ein und blieb an der Schwelle stehen.

«Was befehlen Sie, Gawrila Andrejewitsch?» sagte sie mit leiser Stimme.

Der Haushofmeister sah sie scharf an.

«Nun», sagte er, «Tanjuscha, willst du heiraten? Die gnädige Frau hat einen Bräutigam für dich gefunden.»

«Zu Befehl, Gawrila Andrejewitsch. Wen haben die gnädige Frau mir denn zum Ehegemahl bestimmt?» fügte sie zaghaft hinzu.

«Kapiton, den Schuhmacher.»

«Zu Befehl.»

«Er ist ein leichtsinniger Mensch, das ist richtig. Aber die gnädige Frau hofft auf dich.»

«Zu Befehl.»

«Eins ist nur schlimm. Dieser taube Kerl, der Garasim, läuft dir nach. Wodurch hast du bloß diesen Bären verhext. Er schlägt dich am Ende noch tot, der plumpe Riese ...»

«Das tut er, Gawrila Andrejewitsch, ganz bestimmt schlägt er mich tot.»

«Meinst du? ... Na, das wollen wir noch sehen. Wie kommst du übrigens darauf, so etwas zu sagen? Hat er denn das Recht, dich totzuschlagen?»

«Das weiß ich nicht, Gawrila Andrejewitsch, ob er das Recht hat oder nicht.»

«So ein Frauenzimmer! Du hast ihm doch nichts versprochen...»

«Wie befehlen Sie?»

Der Haushofmeister schwieg und lachte: ‚Du reine Seele.'

«Gut», sagte er dann laut, «wir reden noch darüber; geh jetzt, Tanjuscha. Ich sehe, du bist in der Tat die Sanftmut selber.»

Tatjana drehte sich um, stützte sich leicht gegen den Türpfosten und ging hinaus.

‚Vielleicht hat die gnädige Frau bis morgen die ganze Heiratsgeschichte vergessen', dachte der Haushofmeister, ‚was rege ich mich bloß so auf? Den frechen Kerl bringen wir schon zur Räson; im äußersten Fall holt man die Polizei. «Ustinja Fedorowna», rief er mit lauter Stimme seiner Frau zu, «machen Sie mal den Samowar bereit, meine Verehrteste.»

Tatjana kam an diesem Tage fast gar nicht aus der Waschküche heraus. Erst weinte sie ein wenig, dann wischte sie die Tränen weg und ging wieder an ihre Arbeit. Kapiton saß bis tief in die Nacht hinein mit einem finster blickenden Freunde in der Kneipe und erzählte ihm ausführlich, wie er in Piter bei einem gnädigen Herrn gewohnt hätte, der alle guten Eigenschaften besessen hätte; bloß auf Ordnung hätte er gar zu streng gesehen, und in einem Punkt wäre er nicht ganz ohne Sünde gewesen: Er hätte gar zu gern eins über den Durst getrunken, und was das weibliche Geschlecht anbelange, da hätte er ein Auge auf die kleinste Kleinigkeit gehabt... Der finstere Genosse sagte zu allem bloß ja; als aber Kapiton erklärte, er müsse aus einem gewichtigen Grunde morgen Hand an sich legen, bemerkte der finstere Genosse, es wäre Zeit, schlafen zu gehn. Und sie schieden unwirsch und stumm.

Die Erwartungen des Haushofmeisters erfüllten sich nicht. Der Gedanke an die Heirat des Kapiton beschäftigte die gnädige Frau so lebhaft, daß sie sogar in der Nacht nur darüber mit einer ihrer Gesellschafterinnen redete, die eigens für schlaflose Nächte im Hause gehalten wurde und wie ein Nachtkutscher tagsüber schlief. Als Gawrila nach dem Frühstück bei ihr erschien, um Bericht zu erstatten, war ihre erste Frage: «Wie steht's mit unsrer Hochzeit? Macht sich's?» Er antwortete selbstverständlich, es ginge alles ausgezeichnet, Kapiton werde noch heute bei ihr erscheinen, um ihr seinen Dank auszusprechen. Die gnädige Frau fühlte sich nicht wohl; sie gab sich nicht lange mit den Geschäften ab. Der Haushofmeister kehrte in sein Zimmer zurück und berief eine Ratsversammlung. Die Sache mußte in der Tat eingehend besprochen werden. Tatjana widersetzte sich natürlich nicht; Kapiton jedoch erklärte mit lauter Stimme, er hätte nur einen Kopf und nicht zwei oder drei... Garasim sah alle grimmig an, ging keinen Schritt von der Tür des Mägdehauses weg und schien zu erraten, daß etwas gegen ihn im Schilde geführt würde. Die Versammelten (unter ihnen befand sich auch der alte Büfettier, der Onkel Schwanz genannt wurde und den alle mit besonderer Hochachtung um Rat fragten, obgleich sie nichts von ihm zu hören bekamen als: «So ist es, ja! Ja, ja! Ja freilich!») fingen damit an, daß sie den

Kapiton in Sicherheit brachten, indem sie ihn in die Kammer zum Wasserfiltrierapparat einschlossen; dann überlegten sie hin und her. Es wäre natürlich ein leichtes gewesen, Gewalt anzuwenden; aber Gott behüte! Wenn dann Lärm geschlagen würde, die gnädige Frau in Aufregung geriete! Das wäre ein Unglück ohnegleichen!... Was tun? Man grübelte und überlegte und dachte endlich folgendes aus. Oft schon war bemerkt worden, daß Garasim Betrunkene nicht ausstehen konnte... Wenn er vor dem Tor saß, wendete er sich jedesmal mit Entrüstung ab, sobald ein Angesäuselter mit unsichern Schritten und schiefsitzender Mütze an ihm vorüberging. Man beschloß der Tatjana vorzuschlagen, sie solle sich betrunken stellen und schwankenden Schritts an Garasim vorübergehen. Das arme Mädchen weigerte sich lange, ließ sich zuletzt aber doch überreden; zudem sah sie selbst, daß sie auf andere Weise ihren Anbeter nicht loswerden könnte. Sie ging. Kapiton wurde aus seiner Haft befreit; die Sache ging doch auch ihn an. Garasim saß auf einem Prellstein vor dem Tor und stocherte mit der Schaufel im Boden... Aus allen Winkeln, hinter allen Fenstervorhängen guckten neugierige Augen nach ihm.

Die List gelang vortrefflich. Als er Tatjana bemerkte, nickte er ihr zuerst nach seiner Gewohnheit freundlich brummend zu; dann sah er genauer hin, ließ die Schaufel fallen, sprang auf, hielt sein Gesicht dicht an das ihre... Sie wankte vor Schreck noch stärker und schloß die Augen... Er packte sie am Arm, zerrte sie durch den ganzen Hof, trat mit ihr in das Zimmer, in dem der hohe Rat beisammensaß, und stieß sie dem Kapiton zu. Tatjana war starr... Garasim stand einen Augenblick da, betrachtete sie, machte eine abwehrende Bewegung, lachte auf und ging mit schweren Schritten in seine Kammer... Den ganzen nächsten Tag kam er nicht heraus. Der Vorreiter Antipka erzählte später, er hätte durch den Türspalt gesehen, wie Garasim, auf dem Bett sitzend, die Hand an die Wange gepreßt, gesungen hätte – das heißt, er bewegte sich schaukelnd hin und her, schloß die Augen und warf den Kopf zurück, wie die Postillione und Kahnzieher, wenn sie ihre eintönig-wehmütigen Lieder anstimmen. Antipka wurde bange, und er trat von dem Spalt zurück. Als Garasim dann am nächsten Tag aus seiner Kammer trat, konnte man keinerlei Veränderung an ihm bemerken. Er schien nur noch finsterer dreinzuschauen, und Tatjana und Kapiton beachtete er überhaupt nicht mehr. Am selben Abend begaben sich beide – jedes eine Gans unter dem Arm – zur gnädigen Frau, und nach einer Woche feierten sie Hochzeit. Am Hochzeitstag selbst änderte Garasim sein Benehmen nicht im geringsten; nur vom Fluß kam er ohne Wasser zurück: unterwegs war ihm die Tonne entzweigegangen; und abends im Stall putzte und striegelte er sein Pferd so gründlich, daß es unter seinen eisernen Fäusten wie ein Grashalm im Winde schwankte und zitternd von einem Fuß auf den anderen trat.

Alles das spielte sich im Frühling ab. Es verging noch ein Jahr, in dessen Verlauf Kapiton endgültig dem Schnapsteufel verfiel und als ein völlig unbrauchbarer Mensch in ein entferntes Dorf abgeschoben wurde; seine Frau mußte mit. Am Tage der Abreise tat er anfangs noch sehr groß und versicherte, man könne ihn schicken, wohin man wolle, sei's auch dahin, wo die Weiber beim Wäschewaschen die Rollen auf den Himmelsrand legen – er werde doch nicht zugrunde gehen. Dann aber wurde er kleinmütig, klagte, daß er zu ungebildeten Leuten müsse, und wurde schließlich so schwach, daß er nicht einmal seine Mütze aufsetzen konnte; eine mitleidige Seele stülpte sie ihm auf den Kopf, schob den Schirm zurecht und gab ihm zum Schluß noch einen Schlag auf den Scheitel. Als alles fertig war und der Bauer, der den Karren lenkte, schon die Zügel in der Hand hielt und nur noch auf den Zuruf «Mit Gott! Vorwärts!» wartete, kam Garasim aus seiner Kammer, ging auf Tatjana zu und schenkte ihr zum Andenken ein rotes baumwollenes Tuch, das er schon vor einem Jahr für sie gekauft hatte. Tatjana, die bis zu jenem Augenblick alle Unbill ihres Lebens mit größter Gleichgültigkeit getragen hatte, konnte sich diesmal doch nicht beherrschen; Tränen traten in ihre Augen, und als sie in den Karren stieg, küßte sie Garasim nach christlicher Sitte dreimal. Er wollte sie bis zur Stadtgrenze begleiten und ging erst neben ihrem Karren her; beim Krymski-Brod blieb er aber plötzlich stehen, ließ die Arme sinken und ging am Wasser entlang.

Es war gegen Abend. Er ging langsam und sah auf das Wasser. Plötzlich schien es ihm, als zapple etwas im Schlamm dicht am Ufer. Er bückte sich und erblickte ein kleines Hündchen, weiß mit schwarzen Flecken, das trotz aller Bemühungen nicht aus dem Wasser heraus konnte; es krabbelte, glitt aus, rutschte und bebte an seinem ganzen magern und nassen Leibe. Garasim betrachtete das unglückliche Tierchen, packte es dann mit einer Hand, schob es sich vorn in die Brust und eilte mit großen Schritten nach Hause. Er ging in seine Kammer, legte das gerettete Hündchen auf sein Bett, bedeckte es mit seinem schweren Leibrock, lief erst in den Pferdestall nach Stroh, dann in die Küche nach einem Schüsselchen Milch. Er schob den Rock vorsichtig zurück, breitete das Stroh aus und stellte die Milch auf das Bett. Das arme Hündchen war kaum drei Wochen alt, seine Augen hatten sich erst vor kurzem geöffnet, das eine schien sogar etwas größer als das andere; es verstand noch nicht aus der Schale zu trinken und zitterte nur und kniff die Augen zusammen. Garasim faßte es leise mit zwei Fingern am Kopf und steckte seine Schnauze in die Milch. Das Hündchen fing plötzlich gierig zu trinken an, schnaufte, zitterte und verschluckte sich. Garasim sah eine Zeitlang zu und brach plötzlich in ein wildes Gelächter aus... Die ganze Nacht machte er sich mit dem Hunde zu schaffen, bettete ihn, wischte ihn ab und schlief endlich selbst neben ihm sanft und zufrieden ein.

Keine Mutter gibt sich so mit ihrem Kinde ab, wie Garasim sich mit seinem Pflegling abgab. Das Tierchen erwies sich als Hündin. In der ersten Zeit war sie sehr schwach, hilflos und häßlich, nach und nach aber machte sie sich heraus, und nach etwa acht Monaten hatte sie sich dank den unermüdlichen Bemühungen ihres Retters in eine sehr ansehnliche Hündin spanischer Rasse verwandelt, mit langen Ohren, buschigem, stolz geringeltem Schwanz und großen, ausdrucksvollen Augen. Sie hing leidenschaftlich an Garasim und wich keinen Schritt von ihm, lief ihm überall nach und wedelte dabei freundlich mit dem Schweif. Er hatte ihr auch einen Namen gegeben – die Taubstummen wissen, daß ihr Brummen von den anderen bemerkt wird –, das Tierchen hieß Mumu. Alle im Hause gewannen es lieb und nannten es ebenfalls Mumunja. Mumu war sehr klug und freundlich gegen alle, aber nur den Garasim hatte sie wirklich lieb. Garasim seinerseits liebte sie über alles, und es war ihm unangenehm, wenn andere sie streichelten. Fürchtete er für sie, oder war er eifersüchtig? Das mag Gott wissen! Sie weckte ihn morgens, indem sie ihn am Rockzipfel zerrte, führte den Karrengaul, mit dem sie eng befreundet war, am Zaun zu ihm hin, begleitete ihn mit wichtiger Miene zum Fluß, bewachte seine Besen und Schaufeln und ließ keinen an seine Kammer heran. Er hatte eigens für sie eine Öffnung in die Tür gesägt, und sie schien zu empfinden, daß sie nur in Garasims Kammer unumschränkt zu gebieten hatte; darum sprang sie, sobald sie den Raum betreten hatte, gleich mit zufriedenem Gesicht auf das Bett. Nachts schlief sie gar nicht, bellte aber nicht wahllos, wie mancher dumme Hofhund, der, auf den Hinterpfoten sitzend, die Schnauze emporreckend und die Augen zukneifend, einfach aus Langeweile den Mond und die Sterne ankläfft – und dann immer gleich dreimal hintereinander. Nein! Das feine Stimmchen Mumus ertönte nie umsonst! Entweder kam ein Fremder dem Zaun zu nahe, oder es ließ sich irgendwo ein verdächtiger Lärm oder ein Rascheln vernehmen... Mit einem Wort, sie hielt ausgezeichnet Wache. Freilich war außer ihr noch ein alter Hund auf dem Hof, gelb mit braunen Flecken, namens Woltschok, aber der wurde niemals, auch nachts nicht, von der Kette losgelassen; er war auch so altersschwach, daß ihn gar nicht nach

Freiheit verlangte. Er lag zusammengekrümmt in seiner Hütte und gab nur hin und wieder ein heiseres, kaum hörbares Bellen von sich, das er sofort wieder einstellte, als fühlte er selbst seine ganze Nutzlosigkeit. In das Herrenhaus kam Mumu nicht, und wenn Garasim das Brennholz in die Stuben trug, blieb sie immer draußen und erwartete ihn ungeduldig vor der Tür, die Ohren gespitzt und den Kopf beim geringsten Laut, der von innen kam, bald nach rechts, bald nach links wendend...

So verging noch ein Jahr. Garasim tat nach wie vor seine Pflicht als Hausknecht und war mit seinem Schicksal sehr zufrieden, als plötzlich ein unerwartetes Ereignis eintrat... An einem schönen Sommertag ging nämlich die gnädige Frau mit ihren Gesellschafterinnen im Salon auf und ab. Sie war guter Laune, lachte und scherzte; die Gesellschafterinnen lachten und scherzten auch, empfanden aber keine besondere Freude: Im Hause sah man es nicht gerade gern, wenn die gnädige Frau einen guten Tag hatte, denn erstens verlangte sie dann von allen, sie sollten ihr sofort und rückhaltlos beistimmen, und ärgerte sich, wenn irgend jemandes Gesicht nicht vor Wonne strahlte; zweitens aber waren diese Anwandlungen bei ihr stets nur von kurzer Dauer und wurden meist durch finstere, sauertöpfische Stimmungen abgelöst. An jenem Morgen war sie gleich in guter Stimmung aufgestanden; beim Kartenlegen hatte sie vier Buben in die Hand bekommen: das bedeutete Erfüllung der Wünsche (sie pflegte jeden Morgen Karten zu legen); der Tee schmeckte ihr besonders gut, wofür das Stubenmädchen ein paar lobende Worte und zehn Kopeken in barem Gelde erhielt. Mit süßem Lächeln auf den faltigen Lippen wandelte die gnädige Frau durch den Salon und trat an das Fenster. Unter dem Fenster befand sich ein Vorgarten, und auf dem mittelsten Beet unter einem Rosenstrauch lag Mumu und nagte eifrig an einem Knochen. Die gnädige Frau bemerkte sie.

«Mein Gott!» rief sie plötzlich. «Was ist denn das für ein Hund?»

Die Gesellschafterin, an die diese Frage gerichtet wurde, geriet in jene peinvolle Aufregung, die sich gewöhnlich des Untergebenen bemächtigt, wenn er noch nicht ordentlich weiß, wie er die Äußerung des Vorgesetzten aufzufassen hat.

«Ich w-w-weiß nicht», murmelte sie, «ich glaube, er gehört dem Taubstummen.»

«Mein Gott!» fiel ihr die gnädige Frau ins Wort. «Das ist ja ein reizendes Hündchen! Lassen Sie es hereinbringen. Hat er es schon lange? Wie kommt es, daß ich es noch nie gesehen habe?... Lassen Sie es hereinbringen.»

Die Gesellschafterin schlüpfte eilig ins Vorzimmer.

«Leute! Leute!» rief sie. «Bringt gleich die Mumu herein! Sie ist im Garten!»

«Ah, es heißt Mumu», sagte die gnädige Frau, «ein hübscher Name.»

«Oh, sehr», erwiderte die Gesellschafterin. «Schneller, Stepan!»

Stepan, ein kräftiger Bursche, der den Posten eines Lakaien innehatte, stürzte in größter Eile in den Vorgarten und wollte Mumu packen, doch sie entwand sich geschickt seinen Fingern und rannte mit aufgerolltem Schwanz, so schnell sie konnte, auf Garasim zu, der gerade vor der Küche die Tonne leerte und sie dabei schüttelte und drehte, als hätte er eine Kindertrommel in den Händen. Stepan lief hinter Mumu her, suchte sie dicht vor ihrem Besitzer zu fangen, aber das gewandte Hündchen ließ sich von einem Fremden nicht anfassen, sprang und wand sich. Garasim sah dem Treiben mit spöttischem Lächeln zu; endlich richtete sich Stepan ärgerlich auf und gab ihm hastig durch Zeichen zu verstehen, daß die gnädige Frau den Hund zu betrachten wünsche.

Garasim schien etwas erstaunt, rief aber Mumu zu sich heran, hob sie vom Boden auf und gab sie dem Stepan. Stepan brachte sie in den Salon und setzte sie auf den Parkettboden. Die gnädige Frau suchte sie mit freundlicher Stimme zu sich zu locken. Mumu, die noch nie in so vornehmen Gemächern gewesen war, erschrak sehr und wollte zur Tür hinausstürzen, aber der diensteifrige Stepan stieß sie zurück, und zitternd drückte sie sich an die Wand.

«Mumu, Mumu, komm doch her, komm doch zu Frauchen», sagte die Dame, «komm, Närrchen, fürchte dich nicht.»

«Komm, komm, Mumu, zu Frauchen», fielen die Gesellschafterinnen ein, «komm doch!»

Aber Mumu schaute sich traurig um und rührte sich nicht vom Fleck.

«Bringen Sie ihr etwas zu essen», sagte die gnädige Frau. «Wie sie dumm ist! Kommt nicht, wenn man sie ruft. Wovor fürchtet sie sich?»

«Sie ist es noch nicht gewohnt», sagte eine von den Gesellschafterinnen zaghaft und sanft.

Stepan brachte eine Schale mit Milch und stellte sie vor Mumu hin, allein Mumu roch nicht einmal daran, sondern zitterte und schaute um sich wie vorher.

«Du bist aber auch sonderbar!» sagte die gnädige Frau, ging auf sie zu, bückte sich und wollte sie streicheln, aber Mumu wandte zuckend den Kopf und fletschte die Zähne. Die gnädige Frau riß ihre Hand geschwind zurück...

Es trat eine kurze Stille ein. Mumu winselte leise, als ob sie klagen und sich entschuldigen wollte... Die gnädige Frau trat zurück und verzog das Gesicht. Die plötzliche Bewegung des Hundes hatte sie erschreckt.

«Ach», riefen alle Gesellschafterinnen wie aus einem Munde, «sie hat Sie doch nicht gebissen, Gott behüte!» (Mumu hatte in ihrem ganzen Leben noch nie jemand gebissen.) «Ach, ach!»

«Tragt sie hinaus!» sagte die gnädige Frau mit veränderter Stimme. «Ein ekelhaftes Tier! So bösartig!»

Sie drehte sich um und begab sich eilig in ihr Zimmer. Die Gesellschafterinnen wechselten verschüchterte Blicke und wollten ihr folgen, doch sie blieb stehen, sah sie kalt an, sagte: «Wozu das? Ich habe Sie doch nicht gerufen» – und verschwand.

Die Gesellschafterinnen winkten Stepan verzweifelt zu; er ergriff Mumu und warf sie schnell zur Tür hinaus, gerade Garasim vor die Füße – und nach einer halben Stunde herrschte im Hause schon tiefe Stille; die gnädige Frau saß finster wie eine Gewitterwolke auf ihrem Sofa.

Was für Kleinigkeiten können mitunter einen Menschen verstimmen!

Bis zum Abend war die gnädige Frau schlechter Laune, sie sprach mit keinem, spielte nicht Karten und verbrachte die Nacht schlecht. Sie behauptete, man hätte ihr nicht dasselbe Kölnische Wasser gereicht, das ihr sonst immer gereicht würde, beklagte sich, daß ihr Kissen nach Seife rieche, woraufhin die Haushälterin die ganze Wäsche beriechen mußte – mit einem Wort, sie war sehr erregt und ungehalten. Am nächsten Morgen ließ sie den Gawrila eine Stunde früher als gewöhnlich zu sich kommen.

«Sage mir bitte», fing sie an, als er nicht ohne ein gewisses heimliches Bangen die Schwelle ihres Zimmers überschritten hatte, «was für ein Hund hat die ganze Nacht auf unserem Hofe gebellt und mich im Schlaf gestört?»

«Ein Hund ... was für ein Hund ... vielleicht war es der Hund des Stummen», sagte er mit nicht ganz sicherer Stimme.

«Ich weiß nicht, ob es der Hund des Stummen oder irgendein anderer war, genug, er hat mich nicht schlafen lassen. Ich wundere mich überhaupt, wozu wir so viele Hunde nötig haben! Das möchte ich gerne wissen. Es ist doch ein Hofhund da?»

«Ja, allerdings. Der Woltschock.»

«Nun also, wozu brauchen wir da noch einen Hund? Es entsteht nur Unordnung! Es ist kein Herr im Hause da – das ist das Unglück. Was soll der Stumme mit einem Hund? Wer hat ihm erlaubt, einen Hund zu halten? Gestern trat ich ans Fenster, da lag das Vieh im Vorgarten, hatte irgendeinen widerwärtigen Fraß mitgeschleppt und nagte dran ... Und ich habe doch Rosen anpflanzen lassen ...»

Die gnädige Frau schwieg einen Augenblick.

«Daß er heute schon nicht mehr da ist ... Hörst du?»

«Zu Befehl.»

«Heute noch. Und jetzt geh. Bericht wirst du mir später erstatten. Ich lasse dich rufen.»

Gawrila ging hinaus.

Als er durch den Salon ging, stellte der Haushofmeister der Ordnung wegen die Glocke von einem Tisch auf den andern, schneuzte im Saal ganz leise seine Entennase und trat ins Vorzimmer. Im Vorzimmer schlief Stepan auf dem Fußteppich in der Stellung eines gefallenen Kriegers auf einem

Schlachtenbild, die nackten Füße unter dem Rock, der ihm die Decke ersetzte, hervorgestreckt. Der Haushofmeister rüttelte ihn auf und teilte ihm halblaut einen Befehl mit, den Stepan mit einem Laut beantwortete, der halb wie Gähnen, halb wie Lachen klang. Der Haushofmeister entfernte sich, Stepan sprang auf, schlüpfte in seinen Rock, zog die Stiefel an, ging hinaus und blieb vor der Haustür stehen. Es vergingen keine fünf Minuten, da erschien Garasim mit einem mächtigen Bündel Brennholz auf dem Rücken, begleitet von der unzertrennlichen Mumu. (Das Aufenthaltszimmer und Schlafzimmer der gnädigen Frau mußten auch im Sommer geheizt werden.) Garasim stellte sich seitwärts vor die Tür, stieß sie mit der Schulter auf und wälzte sich mit seiner Last ins Haus hinein. Mumu blieb, wie gewöhnlich, draußen und wartete auf ihn. Da ergriff Stepan die Gelegenheit, stürzte sich plötzlich auf den Hund, wie ein Geier auf ein Küchlein, drückte ihn mit der Brust gegen die Erde, nahm ihn unter den Arm, stürzte, ohne erst noch eine Mütze aufzusetzen, auf die Straße hinaus, setzte sich in die erste beste Mietdroschke und fuhr nach dem Ochotnyj Riad. Dort fand er bald einen Käufer, dem er Mumu für fünfzig Kopeken überließ – unter der Bedingung, daß er sie mindestens eine Woche an der Kette halten müsse; dann begab er sich sofort wieder auf den Heimweg. Aber ehe er das Haus erreicht hatte, stieg er aus dem Wagen, ging um den ganzen Hof herum und kletterte von einer stillen Nebenstraße aus über den Zaun; durch das Tor scheute er sich zu gehen, weil er dort den Garasim getroffen hätte.

Übrigens war seine Sorge unnütz: Garasim befand sich gar nicht auf dem Hof. Als er aus dem Hause kam, vermißte er Mumu sofort; er hatte es noch nie erlebt, daß sie seine Rückkehr nicht abgewartet hätte; er lief überall umher, suchte sie, rief sie auf seine Weise ... er rannte in seine Kammer, auf den Heuboden, auf die Straße hinaus – überallhin! Aber der Hund war fort! Er wandte sich an die Leute, fragte mit verzweifelten Zeichen nach Mumu, indem er die Hand eine halbe Elle hoch über den Boden hielt, den Umriß des Tieres in der Luft zeichnete ... Einige wußten in der Tat nicht, wo Mumu geblieben war, und schüttelten nur die Köpfe, andere wußten es und grinsten ihn an, der Haushofmeister steckte eine äußerst wichtige Miene auf und schrie den Kutscher an. Da lief Garasim vom Hofe weg.

Es dämmerte schon, als er zurückkam. An seinem müden Aussehen, seinem unsichern Gang, seiner staubigen Kleidung sah man, daß er halb Moskau durchirrt haben mußte. Er blieb vor den Fenstern des Herrenhauses stehen, maß die Freitreppe, auf der sich eine Schar von sechs oder sieben Dienstboten drängte, mit einem scharfen Blick, wandte sich ab, brummte noch einmal: «Mumu!», aber Mumu gab keine Antwort. Da ging er fort. Alle schauten ihm nach, aber keiner lächelte, keiner sprach ein Wort ... Tags darauf berichtete der neugierige Vorreiter Antipka in der Küche, der Stumme hätte die ganze Nacht gestöhnt.

Den ganzen folgenden Tag war Garasim unsichtbar, so daß an seiner Statt der Kutscher Potap Wasser holen mußte, worüber dieser höchst ungehalten war. Die gnädige Frau fragte Gawrila, ob ihr Befehl ausgeführt sei. Gawrila bejahte. Am nächsten Morgen kam Garasim aus seiner Kammer heraus und nahm seine gewohnte Arbeit wieder auf. Zum Mittagessen erschien er, aß seinen Teil und ging wieder fort, ohne jemanden zu grüßen. Sein Gesicht, das auch so schon leblos aussah wie die Gesichter aller Taubstummen, schien jetzt ganz zu Stein erstarrt. Nach dem Essen ging er aus, blieb aber nicht lange weg und begab sich nach seiner Rückkehr sofort auf den Heuboden. Dann kam die Nacht; der Mond schien, der Himmel war rein und klar. Schwer atmend und sich unablässig hin und her wälzend, lag Garasim auf dem Heu – da plötzlich fühlte er, als zöge ihn jemand am Rockzipfel; er erbebte am ganzen Leibe, richtete sich aber nicht auf, kniff sogar die Augen zu; da zupfte es noch einmal, kräftiger als vorhin; er sprang auf... vor ihm, ein Strickende um den Hals, zappelte Mumu. Ein langgedehnter Freudenschrei kam aus seiner wortlosen Brust; er ergriff Mumu, drückte sie in seine Arme; in einem Augenblick hatte sie ihm Nase, Augen und Bart geleckt... Er stand da, überlegte, stieg vorsichtig vom Heuboden herunter, sah sich um, und als er sich überzeugt hatte, daß niemand ihn sehen konnte, schlich er unbehindert in seine Kammer. Garasim hatte schon erraten, daß der Hund nicht zufällig verlorengegangen war, sondern daß man ihn auf Befehl der gnädigen Frau fortgeschafft hatte; die Leute hatten ihm durch Zeichen dargestellt, wie seine Mumu der Dame die Zähne gezeigt hatte – und so beschloß er nun, seine Maßregeln zu treffen. Zuerst fütterte er Mumu mit Brot, liebkoste sie, legte sie ins Bett, dann begann er zu überlegen, und so verging die ganze Nacht beim Überlegen, wie man sie am besten verstecken könnte. Endlich beschloß er, sie den ganzen Tag in seiner Kammer eingesperrt zu halten und nur ab und zu nach ihr zu sehen, nachts aber mit ihr auszugehen. Die Öffnung in der Tür stopfte er mit einem alten Rock fest zu und war bei Morgengrauen schon im Hof, als wäre nichts geschehen; er machte sogar noch – eine unschuldige List! – das gestrige traurige Gesicht. Dem armen Taubstummen konnte es ja nicht in den Sinn kommen, daß Mumu sich durch ihr Winseln verraten würde: In der Tat wußten bald alle im Hause, daß der Hund wieder da war und in der Kammer Garasims eingesperrt saß, aber aus Mitleid mit dem Tier und seinem Herrn, vielleicht auch aus Furcht vor dem Stummen ließ man ihn nicht merken, daß man sein Geheimnis erraten hatte. Nur der Haushofmeister kratzte sich bedenklich den Kopf, machte dann aber eine verächtliche Handbewegung, die besagen sollte: «Mag er das Vieh behalten! So Gott will, erfährt's die Gnädige nicht!» Der Stumme aber war nie so eifrig gewesen wie an diesem Tage: Den ganzen Hof fegte und putzte er rein, jeden Grashalm zupfte er aus; eigenhändig zog er alle Pflöcke aus dem Zaun des Vorgartens, um sich zu überzeugen, ob sie fest sitzen, und schlug sie dann wieder ein; mit einem Wort, er schaffte und mühte sich so, daß sogar die gnädige Frau seinen Eifer bemerkte. Im Laufe des Tages besuchte Garasim seine Gefangene heimlich zweimal; als es aber Nacht geworden war, legte er sich mit ihr zusammen schlafen, und zwar in seiner Kammer, nicht auf dem Heuboden; erst gegen zwei Uhr ging er mit ihr an die frische Luft hinaus. Nachdem er mit ihr ziemlich lange im Hofe umherspaziert war, wollte er bereits in seine Kammer zurück, als sich plötzlich hinter dem Zaun, von der Nebengasse her ein Rascheln vernehmen ließ. Mumu spitzte die Ohren, knurrte, lief zum Zaun, schnupperte und fing laut und durchdringend zu bellen an. Ein Betrunkener beabsichtigte sich dort ein Nachtlager einzurichten. In diesem Augenblick wollte die gnädige Frau gerade nach einem langen «Nervenzufall» einschlummern: Diese Zufälle hatte sie stets nach einem zu nahrhaften Abendessen. Das plötzliche Gebell schreckte sie auf; ihr Herz fing heftig an zu pochen und stockte dann ganz. «Mädchen, Mädchen!» stöhnte sie. «Mädchen!» Die Mädchen kamen entsetzt ins Schlafzimmer gelaufen. «Ach, ach, ich sterbe!» sagte sie verzweifelt die Arme ausbreitend. «Wieder, wieder dieser Hund!... Ach, schickt doch nach dem Doktor. Sie wollen mich umbringen... Der Hund, wieder der Hund! Ach!» Und sie warf den Kopf zurück, was eine Ohnmacht bedeuten sollte. Man lief nach dem Doktor, das heißt nach dem Hausarzt Chariton. Dieser Kurpfuscher, dessen ganze Kunst darin bestand, daß er Schuhe mit weichen Sohlen trug, den Puls zart zu drücken wußte, vierzehn Stunden am Tage schlief und in der übrigen Zeit unausgesetzt seufzte und die gnädige Frau immer wieder mit Kirschlorbeertropfen speiste – dieser Ehrenmann kam sofort gelaufen, räucherte mit angebrannten Gänsefedern, und als die gnädige Frau die Augen aufschlug, servierte er ihr sofort auf einem silbernen Tablett ein Gläschen mit den bewußten Tropfen. Die Dame nahm die Tropfen, fing aber sofort wieder mit weinerlicher Stimme an, über den Hund zu klagen, über Gawrila, über ihr Schicksal, darüber, daß sie, eine arme alte Frau, von allen verlassen sei, daß keiner Mitleid mit ihr habe, daß alle auf ihren Tod warteten... Inzwischen bellte die unselige Mumu immer weiter, und Garasim gab sich vergeblich Mühe, sie vom Zaun wegzulocken. «Da... da... wieder», murmelte die gnädige Frau und verdrehte die Augen. Der Arzt flüsterte einem Dienstmädchen etwas zu, dieses rannte ins Vorzimmer, rüttelte den schlafenden Stepan auf, Stepan lief Gawrila wecken, und Gawrila brachte im ersten blinden Eifer das ganze Haus auf die Beine.

Garasim wandte sich um, sah die Lichter und Schatten in den Fenstern aufblitzen, nahm, Unheil ahnend, seine Mumu unter den Arm, rannte in seine Kammer und schloß sich ein. Nach wenigen Augenblicken donnerten fünf Mann an seine Tür, aber als sie sie verriegelt fanden, machten sie halt. Gawrila kam in großer Hast gelaufen, befahl ihnen allen, bis zum Morgen dazubleiben und Wache zu halten, und lief selbst ins Mädchenzimmer; dort ließ er durch die älteste Gesellschafterin, Ljubow Ljubimowna, mit der er gemeinschaftlich Tee, Zucker und sonstige Kolonialwaren stahl und verteilte, der gnädigen Frau melden, der Hund sei unglücklicherweise wieder zurückgekommen, doch werde er morgen nicht mehr am Leben sein, und die gnädige Frau möge doch die Güte haben, nicht mehr zu zürnen und sich zu beruhigen. Die gnädige Frau hätte sich wahrscheinlich nicht so schnell beruhigt, aber der Arzt hatte ihr in der Eile statt zwölf Tropfen ganze vierzig verabfolgt: Die Wirkung des Kirschlorbeers blieb nicht aus, nach einer Viertelstunde schlief die gnädige Frau bereits fest und friedlich; Garasim jedoch lag totenbleich auf seinem Bett und preßte das Maul Mumus gewaltsam zusammen.

Am nächsten Morgen erwachte die gnädige Frau ziemlich spät. Gawrila hatte auf ihr Erwachen gewartet, um den Befehl zum entscheidenden Angriff auf Garasims Behausung zu geben; er selbst machte sich auf ein heftiges Donnerwetter gefaßt. Aber das Donnerwetter blieb aus. Noch im Bett liegend, ließ die gnädige Frau die älteste Gesellschafterin zu sich kommen.

«Ljubow Ljubimowna», begann sie mit leiser und schwacher Stimme; sie liebte es mitunter, die Gekränkte und Verwaiste zu spielen; es braucht nicht erst gesagt zu werden, daß alle Leute im Hause dann in die größte Verlegenheit gerieten. «Ljubow Ljubimowna, Sie sehen, wie es um mich steht; gehen Sie zu Gawrila Andrejewitsch, meine Liebe, und reden Sie mit ihm: Ist ihm ein elender Hund wirklich mehr wert als die Ruhe, ja das Leben seiner Herrschaft? Ich möchte das nicht glauben», fügte sie mit tiefem Gefühl hinzu, «gehen Sie, meine Liebe, tun Sie mir den Gefallen, gehen Sie zu Gawrila Andrejewitsch.»

Ljubow Ljubimowna begab sich in Gawrilas Zimmer. Niemand weiß, welchen Inhalt ihre Unterredung hatte; aber nach einiger Zeit bewegte sich eine Schar von Leuten über den Hof nach Garasims Kammer zu: An der Spitze marschierte Gawrila, seine Mütze mit der Hand festhaltend, obgleich es gar nicht windig war; neben ihm gingen Lakaien und Köche; aus dem Fenster guckte Onkel Schwanz und kommandierte, das heißt, er fuchtelte bloß mit den Armen; hinterher hüpften und sprangen die Buben, von denen übrigens die Hälfte nicht zum Hause gehörte. Auf der schmalen Treppe, die zur Kammer führte, saß ein Wächter; vor der Tür standen zwei weitere, beide mit Stöcken bewaffnet. Man stieg die Treppe hinauf und besetzte sie von unten bis oben. Gawrila trat an die Tür, schlug mit der Faust an und schrie:

«Aufgemacht!»

Man vernahm ein unterdrücktes Bellen, aber sonst keine Antwort.

«Gawrila Andrejewitsch», rief Stepan von unten herauf, «er ist ja taub, er hört es nicht!»

Alle lachten.

«Was soll man machen?» fragte Gawrila von oben.

«Er hat da ein Loch in der Tür», erwiderte Stepan, «fahren Sie doch mal mit dem Stock hinein.»

Gawrila bückte sich.

«Er hat das Loch mit seinem Rock zugestopft.»

«Stoßen Sie den Rock ins Zimmer hinein.»

Wieder ertönte ein dumpfes Bellen.

«Schau, schau, sie meldet sich selbst», bemerkte man in der Menge und lachte wieder.

Gawrila kratzte sich hinter dem Ohr.

«Nein, mein Lieber», sagte er endlich, «den Rock kannst du selbst hineinstoßen, wenn du Lust hast.»

«Warum nicht? Ich tu's!»

Und Stepan kletterte hinauf, nahm den Stock, stieß den Rock hinein und fuhr mit dem Stock in der Öffnung hin und her, wobei er immer wiederholte: «Komm heraus, komm heraus!» Er schwenkte den Stock noch, als die Tür plötzlich mit einem Ruck aufgerissen wurde – das ganze Gesinde purzelte sofort die Treppe hinunter, allen voran Gawrila. Onkel Schwanz machte sein Fenster zu.

«Nu, nu, nu!» schrie Gawrila vom Hofe her. «Bei mir sieh dich vor!»

Garasim stand unbeweglich auf der Schwelle. Die Menge drängte sich am Fuß der Treppe.

Garasim blickte auf all diese Leute in ausländischen Livreen von oben herab, die Arme leicht in die Hüften gestemmt; in seinem roten Bauernhemd sah er wie ein Riese neben ihnen aus. Gawrila machte einen Schritt vorwärts.

«Paß auf, mein Lieber», sagte er, «bei mir werden keine Dummheiten gemacht.»

Und er gab ihm durch Zeichen zu verstehen, daß die gnädige Frau durchaus seinen Hund haben wolle; er müsse ihn sofort ausliefern, sonst ginge es ihm schlimm.

Garasim sah ihn an, zeigte auf den Hund, fuhr sich mit der Hand um den Hals, als wenn er eine Schlinge zuzöge, und sah den Haushofmeister fragend an.

«Ja, ja», erwiderte dieser kopfnickend, «ja, durchaus.»

Garasim schlug die Augen nieder, richtete sich dann plötzlich auf, zeigte wieder auf Mumu, die unschuldig mit dem Schwanz wedelnd und neugierig die Ohren spitzend neben ihm stand, wiederholte die Geste des Erdrosselns und schlug sich bedeutungsvoll auf die Brust, zum Zeichen, daß er selbst Mumu beiseite schaffen wolle.

«Du betrügst uns ja», gab ihm Gawrila durch heftiges Fuchteln zu verstehen.

Garasim sah ihn an, lachte verächtlich, schlug sich wieder auf die Brust und warf die Tür zu.

Alle sahen sich schweigend an.

«Was soll denn das heißen?» fing Gawrila an. «Er hat sich eingeschlossen?»

«Lassen Sie ihn, Gawrila Andrejewitsch», sagte Stepan, «er tut's, wenn er's versprochen hat. So ein Mensch ist er. Hat er mal was versprochen, so macht er's ganz gewiß. Er ist nicht wie unsereiner. Was wahr ist, muß wahr bleiben. Ja.»

«Ja», wiederholten alle nickend. «So ist es. Ja.»

Onkel Schwanz machte sein Fenster auf und sagte ebenfalls: «Ja.»

«Na, sei's drum, wollen sehen», erwiderte Gawrila, «aber die Wache bleibt vor der Tür. He, Jeroschka!» rief er einem bleichen Menschen in einem gelben Nankingrock zu, der als Gärtner galt. «Du hast nichts zu tun! Nimm den Stock und sitz hier; geschieht was, kommst du sofort zu mir gelaufen.»

Jeroschka nahm den Stock und setzte sich auf die unterste Treppenstufe. Die Menge ging auseinander, bis auf wenige Neugierige und die Buben; Gawrila begab sich ins Haus und ließ durch Ljubow Ljubimowna der gnädigen Frau melden, es wäre alles erledigt; doch schickte er auf alle Fälle den Vorreiter nach dem Polizeidiener. Die gnädige Frau band einen Knoten in ihr Taschentuch, goß Kölnisches Wasser darauf, roch daran, rieb sich die Schläfe, trank Tee und schlief wieder ein, da die Kirschlorbeertropfen immer noch wirkten.

Eine Stunde nach dem ganzen Alarm ging die Kammertür auf, und Garasim erschien. Er hatte seinen Sonntagsrock an und führte Mumu an der Leine. Jeroschka machte ihm Platz. Garasim schritt auf das Tor zu... Alle im Hofe befindlichen Buben begleiteten ihn mit schweigenden Blicken. Er sah sich aber nicht um; auch die Mütze setzte er erst auf der Straße auf. Gawrila befahl dem nämlichen Jeroschka, ihm als Späher zu folgen. Jeroschka sah von weitem, wie er mit dem Hund in die Schenke ging, und blieb draußen stehen, um seine Rückkehr abzuwarten.

In der Schenke kannte man Garasim und verstand seine Zeichensprache. Er bestellte Kohlsuppe mit Fleisch und setzte sich mit aufgestützten Ellbogen an einen Tisch. Mumu stand neben seinem Stuhl und blickte aus ihren klugen Augen ruhig zu ihm auf. Ihr Fell glänzte ordentlich: Man sah, daß es eben erst gekämmt worden war. Die Kohlsuppe wurde gebracht. Garasim brockte Brot hinein, schnitt das Fleisch in kleine Stücke und stellte den Teller auf den Fußboden. Mumu machte sich mit gewohnter Höflichkeit ans Essen, die Speise kaum mit der Schnauze berührend. Garasim sah ihr lange zu; zwei schwere Tränen rollten plötzlich aus seinen Auge: Die eine fiel auf die steile Stirn des Hündchens, die andre in die Suppe. Er legte die Hand vors Gesicht. Mumu aß den Teller halbleer und trat zur Seite, die Lippen behaglich leckend. Garasim stand auf, bezahlte die Suppe und ging hinaus, von einem etwas verwunderten Blick des Kellners begleitet. Als Jeroschka den Garasim erblickte, schlüpfte er schnell um die Ecke, ließ ihn vorübergehen und schlich ihm dann in angemessener Entfernung nach.

Garasim ging langsam, Mumu nach wie vor fest an der Leine haltend. Als er die Straßenkreuzung erreicht hatte, blieb er gleichsam in Gedanken einen Augenblick stehen und ging dann mit schnellen Schritten geradewegs nach dem Krymski-Brod. Unterwegs betrat er den Hof eines Hauses, zu dem ein neuer Flügel angebaut wurde, und kam von da mit zwei Ziegelsteinen unter dem Arm zurück. Vom Krymski-Brod an ging er am Flußufer entlang bis zu einer Stelle, wo zwei Boote mit Rudern an Pflöcken befestigt waren. (Er hatte sich die Stelle schon früher gemerkt.) Er sprang in das eine Boot und nahm Mumu mit hinein. Ein lahmer Alter kam aus der Schutzhütte, die an einem Ende des Gemüsefeldes stand, und rief ihm etwas zu. Aber Garasim nickte bloß mit dem Kopf und ruderte so kräftig, daß er, obgleich es gegen den Strom ging, in einem Augenblick schon hundert Klafter weit weg war. Der Alte stand lange da, kratzte sich den Rücken erst mit der linken, dann mit der rechten Hand und humpelte in seine Hütte zurück.

Garasim aber ruderte und ruderte. Schon lange lag Moskau hinter ihm. Schon dehnten sich zu beiden Seiten Wiesen, Gemüsefelder, Kornfelder, Wälder, tauchten Bauernhütten auf. Hier wehte Landluft. Er ließ die Ruder sinken, neigte sich zu Mumu nieder, die vor ihm auf einem trockenen Querbrett saß – der Boden des Bootes war voll Wasser –, und saß regungslos da, die mächtigen Hände über dem Rücken des Tierchens gefaltet, während die Strömung das Boot langsam wieder nach der Stadt zurücktrug. Endlich

richtete Garasim sich auf, wand hastig, mit krankhafter Erbitterung im Gesicht, den Strick um die Ziegelsteine, machte eine Schlinge, legte sie um Mumus Hals, hob den Hund über dem Wasser empor, sah ihn zum letztenmal an ... Mumu blickte vertrauensvoll und ohne Furcht auf ihn und wedelte ganz leise mit dem Schwanz. Er wandte sich ab, drückte die Augen zu und öffnete die zusammengepreßten Hände ... Er hörte nichts, weder das hastige Winseln des stürzenden Hundes noch das schwere Aufspritzen des Wassers; ihm war der lauteste Tag stumm und tonlos, wie es uns auch die stillste Nacht nicht ist, und als er die Augen wieder öffnete, liefen wie vorher kleine Wellen, einander überholend, den Strom abwärts; wie vorher schlugen sie plätschernd an das Boot, und nur ganz weit hinten zum Ufer hin sah man verschwimmende Kreise.

Jeroschka kehrte, sobald Garasim seinen Blicken entschwunden war, nach Hause zurück und berichtete, was er gesehen hatte.

«Na ja», sagte Stepan, «er wird sie ertränken. Da kann man ganz ruhig sein. Wenn er etwas versprochen hat ...»

Im Laufe des Tages sah niemand den Garasim. Zum Mittagessen kam er nicht. Es wurde Abend; alles versammelte sich zum Essen, er war wieder nicht da.

«Ein wunderlicher Kerl, dieser Garasim», piepte die dicke Waschfrau, «daß man sich so lange mit einem Hund abgeben kann! ... Wahrhaftig!»

«Garasim ist hier gewesen», rief plötzlich Stepan, während er seinen Löffel in den Grütztopf steckte.

«Wie? Wann?»

«Nun, es mag zwei Stunden her sein. Jawohl! Ich begegnete ihm vor dem Tor; er kam schon wieder aus dem Hause, wollte fort. Ich wollte ihn nach dem Hunde fragen, aber er schien mir schlecht gelaunt. Er hat mich tüchtig gestoßen. Er wollte mich wohl bloß beiseite schieben: Laß mich in Ruh, ich hab' jetzt keine Zeit für dich – hat mir aber dabei einen so tüchtigen Knuff in die Rippe versetzt, daß ich noch lang dran denken werde!» Stepan verzog sein Gesicht zu einem unzufriedenen Lächeln und rieb sich den Nacken. «Ja», schloß er, «der Mann hat eine kräftige Hand, da ist nichts zu sagen.»

Alle lachten über Stepan, aßen sich satt und gingen schlafen.

Um dieselbe Zeit aber konnte man auf der Landstraße nach T. einen Riesen mit einem Sack auf dem Rücken und einem langen Stecken in der Hand unermüdlich und ohne Aufenthalt fürbaß schreiten sehen. Es war Garasim. Er eilte, ohne sich umzusehen, eilte nach der Heimat, seinem alten Dorfe zu. Nachdem er die arme Mumu ertränkt hatte, war er in seine Kammer gelaufen, hatte seinen Kram in eine alte Pferdedecke gepackt, die vier Enden zusammengeknotet, das Bündel über die Schulter geworfen und war abmarschiert. Den Weg hatte er sich noch damals gut gemerkt, als man ihn nach Moskau brachte; das Dorf, aus dem die gnädige Frau ihn geholt hatte, lag nur fünfundzwanzig Werst abseits von der Landstraße. Er schritt mit unerschütterlichem Wagemut vorwärts, mit einer verzweifelten und doch auch freudigen Entschlossenheit. Er ging und ging; die Brust dehnte sich weit, die Augen waren gierig und unverwandt vorwärts gerichtet. Er eilte, als erwartete ihn eine alte Mutter in der Heimat, als riefe sie ihn zu sich nach langem Irren in fremdem Land, unter fremden Menschen... Die Sommernacht war still und warm, auf der einen Seite, wo die Sonne eben untergegangen war, schien der Himmelsrand noch weiß und leicht rosa von dem letzten Glanz des verschwundenen Tages, auf der andern Seite stieg schon die blaugraue Dämmerung herauf. Von da kam die Nacht. Hunderte von Wachteln lärmten ringsum, die Rallen schrien um die Wette. Garasim konnte sie nicht hören, er hörte auch nicht das feine nächtliche Flüstern der Bäume, an denen ihn seine kräftigen Füße vorbeitrugen, aber er spürte den vertrauten Duft des reifenden Roggens, der von den dunkeln Feldern herüberwehte, er spürte, wie der Wind, der ihm entgegenflog, der Wind der Heimat, ihm freundlich ins Gesicht schlug, in seinem Haar und Bart spielte; er sah die weiße Landstraße vor sich – die pfeilgerade Straße nach der Heimat; er sah die unzähligen Sterne am Himmel, die seinen Weg erhellten, und er schritt kräftig und kühn aus wie ein Löwe, und als die aufgehende Sonne mit ihren feuchtroten Strahlen den wackern Pilger beschien, da lagen zwischen ihm und Moskau schon fünfunddreißig Werst...

Nach zwei Tagen war er daheim, in seiner Hütte, zur großen Verwunderung der Soldatenfrau, die man dort einquartiert hatte. Nachdem er vor dem Heiligenbild gebetet hatte, begab er sich sofort zum Schulzen. Der Schulze war erst sehr erstaunt; aber die Heuernte hatte soeben begonnen, und so erhielt Garasim, den man als ausgezeichneten Arbeiter kannte, sofort eine Sense – und dann mähte er nach seiner alten Art, daß es die Bauern, die ihn ausholen und zugreifen sahen, kalt überlief...

In Moskau aber entdeckte man die Flucht Garasims erst am zweiten Tage. Man ging in seine Kammer, durchsuchte sie, meldete es Gawrila. Dieser kam herbei, sah sich im Zimmer um, zuckte die Achseln und meinte, der Stumme wäre entweder davongelaufen oder mit seinem dummen Hund ertrunken. Man meldete es der Polizei, erstattete der gnädigen Frau Bericht. Die gnädige Frau wurde böse, brach in Tränen aus, befahl, den Flüchtling zu suchen, koste es, was es wolle, behauptete, sie hätte niemals die Tötung des Hundes verlangt, und schimpfte Gawrila so tüchtig aus, daß dieser den ganzen Tag nur den Kopf schüttelte und brummte: «Nu!», bis Onkel Schwanz ihn zur Vernunft brachte, indem er ihm sagte: «Nu-u-u!» Endlich kam aus dem Dorf die Nachricht vom Eintreffen Garasims. Die gnädige Frau beruhigte sich einigermaßen; zuerst befahl sie, ihn sofort wieder nach Moskau zu schaffen, doch dann erklärte sie, einen so undankbaren Menschen habe sie gar nicht nötig. Übrigens starb sie bald darauf. Ihren Erben war an Garasim erst recht nichts gelegen; sie entließen sogar das ganze übrige Gesinde der Frau Mama gegen einen entsprechenden Zins.

Und so lebt Garasim heute noch still für sich in seiner einsamen Hütte. Er ist stark und gesund wie bisher, arbeitet nach wie vor für vier und ist nach wie vor ernst und würdevoll. Doch die Nachbarn haben bemerkt, daß er seit seiner Heimkehr aus Moskau sich gar nicht mehr mit Weibern abgibt, sie nicht einmal ansieht, und auch keinen Hund hält. «Übrigens», sagen die Bauern, «es ist ja nur ein Glück für ihn, daß er kein Weib nötig hat; und ein Hund – was soll er mit einem Hunde? In seinen Hof traut sich ja doch kein Dieb hinein!» So spricht man im Dorf von der Reckenkraft des Taubstummen.

Pelle Molin
Ein Tanz mit dem Bären

Auf dem geschlängelten Weg, der über den Hästberg führte, lief mitten in der Nacht Salmon von Nysvedja. Jetzt konnte er seine Fertigkeit, geschmeidig wie ein Lappländer durch den Wald zu springen, wohl gebrauchen. Der Weg war endlos weit, und die Eile war groß. Noch war es ein gutes Stück bis zum Dorfe, und dann fehlte noch eine halbe Meile bis ...

Aber was ist das? Es knistert in den dürren Ästen, wie von einem schweren Körper.

... ja, eine halbe Meile, zwei Stunden, bis zu der weisen Frau, die so schwer zu wecken war und sich immer so viel Zeit ließ. Er wußte es genau vom vorigen Mal. Wie viele hundert ungeduldige Männer hatten nicht bei ihr an Tür und Wände geklopft, während der Schweiß – manchmal kalter Angstschweiß – helle Streifen über ihre selten gewaschenen Gesichter zog. Ja, die nahm die Sache ganz berufsmäßig, drehte und wälzte sich in ihrem warmen Bett und dachte darüber nach, wer von den Frauen jetzt wohl an der Reihe war ... Aber nein – was ist das?

Ein heftiges Schnauben durchbrach die nächtliche Stille des Waldes. Salmon verstand, was das bedeutete, aber er lief zügig und elastisch wie eine Stahlfeder weiter.

Heute nacht wollte er in seiner Ungeduld nicht wieder warten wie sonst, denn bei ihm daheim sah es gefährlich aus; die Fenster wollte er ihr einschlagen und sie bei den Haaren aus ihrer Hebammenruhe ziehen. Gott im Himmel! Es ging um ein Menschenleben! Nachher konnte sie sich beim Priester über Salmon von Nysvedja beschweren. –

Oho, was war denn das?

Ein wildes Brummen ertönte, das gleich – einige Ellen von ihm – in dröhnendes Gebrüll überging. Salmon hatte schon vorher gemerkt, daß ein Bär in seiner Nähe war, aber so nahe – und so ein Riesentier!

Er hielt an und dachte: ‚Laß ihm Zeit, daß er sich beruhigt, und laß ihn vorbei.'

Zwischen Fallholz und dürren Ästen erhob sich die Bestie auf die Hinterbeine und zeigte kreideweiße Zähne und einen blutroten, offenen Rachen. «Bist du von der Sorte?» sagte Salmon. Wie eine Katze sprang er hinter ein Bündel Tannenreiser, das vom vorigen Winter noch dalag, dann schaute er sich rasch um und rannte auf eine starke Föhre zu. Aber es sah schlimm aus; was für ein Stümper hatte dem Bären das Fell mit Blei versengt, ihn so wütend gemacht und war dann davongelaufen?

«Na, wir kriegen es schon – es geht auch vorüber!» murrte Salmon ärgerlich.

Jetzt kam der Bär in wilder Raserei gerade auf ihn los. Die Sache wurde ernst. Zum Glück war die Föhre sehr dick. Für einen waffenlosen Menschen war sie Goldes wert. Jetzt galt es nur, seine Augen richtig offenzuhalten und sicher auf seinen alten Füßen zu sein. Sonst konnte die Geschichte bedenklich werden.

Ein Bär ist kein so schwerfälliger, plumper Bursche, wie man gewöhnlich glaubt. Ist er in Wut, so tragen ihn seine kräftigen Beine, viel rascher, als ein sehniger, schnellfüßiger Mann laufen kann, in langen, weiten Sätzen vorwärts. Dann kracht es im Walde; Zweige und dürres Holz zerbrechen unter seinen Pfoten, Baumstümpfe fahren wie Spreu zur Seite, und kleine Tannen biegen sich wie Stroh. Wenn er dann mit einem einsamen Mann im Walde einen Handel auszufechten hat, kann in zwei blutroten Minuten alles vorbei sein.

Kaum hatte Salmon die Föhre erreicht, da war ihm die Bestie so dicht auf den Fersen, daß ihm die Ohren sausten. Nun aber stand er gedeckt und richtete seine wachen, hellblauen Fjeldaugen scharf auf den zottigen Burschen, jeden Moment bereit, sich wie ein Blitz seiner Umarmung zu entziehen, indem er um die Föhre herumlief, um sie immer zwischen sich und dem Feinde zu haben, solange der Tanz währte, der jetzt begann. Er fühlte seine Kniesehnen straff gespannt wie Federn aus Stahl, und die Hand, die auf dem Föhrenstamm lag, zitterte keinen Augenblick. Jetzt kam der Bär in wilder Fahrt heran.

Ein Satz im Halbkreis, und Meister Petz sauste vorbei, kaum eine halbe Elle weit entfernt. Der Fehlsprung endete im Moos, durch das die Schnauze einen kleinen Weg pflügte. Lautes Brüllen! Das Moos wurde durch eine hastige Wendung aufgerissen und stob wie eine Wolke in die Höhe. Wieder kam der Bär in blinder Raserei heran. Als er Salmon ausweichen sah, machte er plötzlich vor dem Baume halt und stürzte ihm nach, konnte aber den Kreis nicht so eng wie Salmon halten, da sein Körper zu lang war, und so kam es, daß er in spitzen Winkeln vor- und zurückschoß, sich hastig umkehrte und herumwarf wie ein erschrecktes Schwein; hier und dort stieß er an, brüllte, daß alles ringsum erbebte, und kratzte das Moos auf, daß die magere Sanderde mit länglichen, gelben Augen emporsah. Aber immer sauste er an Salmon vorbei. Zweige knackten, und kleine Steine kollerten umher.

Die Sonne war schon vor einer Stunde untergegangen, aber es war hell wie am Tage. Sonnwend war gerade vorüber, und zu dieser Zeit wird es bei uns in Nordschweden während der zwei Stunden, die die Sonne schläft, nicht dunkel. Die Luft war hellgelb, im Westen standen kleine, feurig eingesäumte Wolken. Salmon und der Bär tanzten auf dem Hästberge in dem gedämpften Licht ihren leidenschaftlichen Tanz, der eine kochend vor Wut und mit Lärmen, der andere hurtig und still.

Und die Mutter lag daheim in ihren Wehen. –

Von allen Bärenjägern in der ganzen Gegend war Salmon der beste. Bis hinüber ins Doroteadorf gab es keinen, der auf der Bärenjagd so viel Glück gehabt hatte wie er. Er hatte sicher mehr als zwanzig Bären geschossen. Selber sagte er, es seien fünfundzwanzig, und auch das mochte wahr sein. Aber niemals vorher hatte er ein Tier gesehen wie dieses, das ihn jetzt überfiel, in dieser Nacht, wo er so schon Leiden, Not und Eile im Kopf hatte. Er konnte sich die unbegreifliche Wut gar nicht erklären. Hatte man diese eigensinnige, hartnäckige Kanaille vielleicht gejagt und verwundet oder ihr die Jungen geraubt?

Es war kein Blutstropfen in ihrem braunen Pelz zu sehen. Auch kein Schuß war im Walde gefallen, seitdem der Auerhahn zu spielen aufgehört hatte. Auf jeden Fall galt es hier, auf der Hut zu sein.

Die kleinen, stechenden Augen des Bären glühten. Sein Rückenhaar war dicht und straff nach hinten gelegt, die Ohren hatte er ganz an den Kopf gezogen; etwas von eiserner Entschlossenheit lag in seiner ganzen Erscheinung. Ohne einen Augenblick auszusetzen, jagte er hinter dem mageren Salmon drein, doch lief er jetzt nur mehr im Kreise herum und versuchte, kürzere Wendungen zu machen, um gerade auf den Feind loszukommen, aber er schoß doch immer zu weit und mußte in einem spitzen Winkel umkehren. Salmons Hände wurden heiß von dem ununterbrochenen Reiben am Stamm der Föhre.

Nun hatten sie sich wohl schon zehn Minuten lang um den Baum herumgehetzt, vielleicht war es mehr, vielleicht auch weniger. Wie lange konnte es dauern, bis Menschen hierherkamen und der Sache ein Ende machten! Und daheim kämpfte die Mutter mit dem Tod!

Jetzt schrie Salmon: «Zu Hilfe! – Hilfe!»

In einem stillen Augenblick konnte er die Hunde vom Dorf hören, die während der Nacht auf den Haustreppen saßen, auf das Bellen der anderen lauschten und zurückbellten, bis ein Dutzend Stimmen sich mischten. Immer wieder ertönte das grobe Gebell, das Amtsrichters Elenhund ausstieß; und das melancholische, nach Unglück klingende Heulen der Hündin, die dem Küster gehörte, war wie ein langer, langer Faden ohne Knoten und Ende. Wollte denn kein einziger Bauer unter seiner Schafpelzdecke erwachen und die Hunde zum Schweigen bringen, damit er hören konnte, was eine Viertelstunde entfernt im Walde vor sich ging! «Hallo! Hallo!»

Meister Petz fuhr in seinem Manöver fort. Konnte ein Mensch solche Raserei begreifen? Manchmal streifte er so dicht an die Föhre, daß sein Pelz daran rieb. Immer war Salmon einige Fingerbreit entfernt, sein Blick war kalt, während der Schweiß in kleinen Bächen unter seinen Kleidern hervorquoll. Im feinen Moos hatte er mit seinen Bastschuhen zuerst große Löcher ausgetreten, dann lange Rillen losgerissen, schließlich war es ganz weggefetzt, und er sprang auf einem runden Kreis von nackter Erde. Inzwischen war der eine Bastschuh aufgegangen und fortgeflogen, der andere hielt noch, aber auch der war schon zerschunden, so daß ein paar blutige Zehen herausschauten.

Und Mutter, die schon den ganzen Abend mit ihren Schmerzen rang, wartete und wartete!

Jetzt änderte der Petz seine Taktik. Statt immer nur zu laufen, fing er an, sich vorzuwerfen, radzuschlagen und sich auf dem Hinterteil herumzudrehen, wie die Bären tun, wenn sie einen Jäger verfolgen, der hinter einem Baume Posten gefaßt hat, so daß sie ihn nicht erreichen und packen können, wenn sie auf allen vieren laufen. So warf er sich abwechselnd auf die Vorder- und Hinterpfoten, und dazwischen stach er Salmon jedesmal mit seinen scharfen, zornigen Äuglein.

In dem aber kochte es, nicht aus Angst vor dem Bären, sondern aus Sorge um die Mutter daheim, die mit drei weinenden Kindern das vierte erwartete.

Salmon glitt rings um die Föhre, und seine Gedanken glitten mit: Ja, als er von daheim weggelaufen war, die Ohren noch voll Gejammer und wilde Angst in der Brust, da hatte er sich wie ein grauer Hexenknäuel gefühlt, der rollt und von Zauberformeln und unsichtbaren Händen auf einen dunklen, unheimlichen Weg hinausgetrieben wird. Es war eine Kraft in ihm, die ihn durch die helle Sommernacht vorwärts jagte. Und jetzt war er hier auf dem Hästberg festgenagelt, auf seinem alten Hästberg, auf dem er so manchmal Glück und Gefahr erprobt hatte ...

Der Bär rollte sich heran, Salmon kreiste um den Baum, den er mit beiden Armen umschlungen hielt.

... Wie damals – er sah die Stelle noch genau vor sich, wo er sein Leben durch einen Schuß rettete, als ein Bär schon vorn auf seinen Skiern stand. Oder damals, als Meister Petz auf einer Kuh lag, die er gerade zu Boden gerissen hatte, und an ihren Eutern kaute. Und die Kuh lebte noch! Sie warf den Kopf hin und her, daß die Glocke seltsam läutete, gar nicht so, wie wenn das Vieh weidet oder wiederkäut. Der Bär hatte die Zähne gezeigt, war dann in den Wald gelaufen, aber wieder umgekehrt und auf Salmon und dessen Begleiter losgestürzt. Salmon hatte ihm eine dürre Tanne ins Maul gestoßen, und neben ihm sein Kamerad war bereit, mit einem Beil, der einzigen Waffe, die beide mithatten, zuzuhauen: «Komm nur, du Teufel!» – Der Bär aber hatte die Flucht ergriffen. Nachher freilich auf dem Heimweg überfiel seinen Kameraden das Bärenfieber, wie Salmon es noch nie erlebt hatte. Hinter jedem Baum und jedem Stein sah der arme Kerl an jenem Herbstabend einen Bären hocken. Immer hatte er sich umgeschaut: «Da ist er, Salmon, Gott sei uns gnädig!» Ja, das waren Zeiten hier oben im Walde.

Aber dieser Bär heute ließ nicht nach in seiner wahnsinnigen Wut. Nadeln und Moos hingen in seinem Pelz; er dampfte vor Schweiß. Eine Kohlmeise zwitscherte: «Was ist denn das? Wer ist denn das, der nicht mal Zeit hat, in dieser herrlichen Sommernacht die kurze Stunde zu schlafen, die selbst die Sonne schläft?»

Jetzt setzte sich das Untier einen Augenblick auf die Hinterschenkel, aber sogleich wurde es von dem Brande in seinem Blut wieder aufgehetzt, und es ging – *es ging* auf zwei Beinen auf den Baum los, bis es schnaubend wenige Fingerbreit vor Salmon stehenblieb. Es sah aus, als wollte der Bär seinen Feind erschrecken und ihn so aus seiner Verschanzung jagen. Sein Rachen war halb geöffnet, sein Atem trieb wie schwacher Dampf durch die kühle Nacht.

Salmon lief es kalt über den Rücken; seine Haut zog sich zusammen. Unwillkürlich tastete er nach dem Messer. Mußte er hier das Leben lassen? Der Kopf des Bären war dicht an der Föhre. Eine Elle darüber hielt Salmon seine Hand. Das Maul des Bären war zwei Handbreit von Salmon entfernt. Wenn es ihm jetzt gelang, Salmon niederzureißen und ihn von der Föhre zu trennen, war das übrige bloß mehr das Werk einer Minute.

Salmon griff mit der linken Hand fest in die Baumrinde, zielte nach dem linken Auge des Bären und senkte mit einer raschen Bewegung sein langes Messer. Etwas Rotes, Warmes spritzte herab auf seinen Arm, zugleich fühlte er ein brennendes Stechen in der Schulter. Während der Bär, halb wahnsinnig gemacht durch den Hieb, mit höllischem Brüllen und elastisch wie ein Ball hoch in die Luft sprang, merkte Salmon, daß seine Joppe zerfetzt und seine Haut aufgerissen war. Jetzt wußte er, daß dieses Spiel nicht eher enden würde, als bis einer von ihnen kalt und still auf der Erde lag. War die Aussicht auf einen friedlichen Ausgang bisher schon schwach gewesen, so war sie jetzt ganz ausgeschlossen. Es war klar: Nun mußte sich zeigen, ob er, der Bären-Salmon, wirklich noch der Bären-Salmon war. Einer mußte sein Leben drangeben, und das war kaum der Bär, da der Streit so ungleich war. Salmon dachte: ‚Nicht ich werde Witwer heute nacht, Mutter wird Witwe, die so wartet.'

Der Braune tanzte wie ein Besessener, schäumte, fauchte und schrie. Er lief nicht mehr, er stand nur aufrecht am Baum und biß nach Salmon. Die Rinde wurde aufgeschlitzt und fiel, von scharfen Klauen unaufhörlich bearbeitet, in langen Fetzen zu Boden. Salmons Kleiderlumpen bekamen auch ihr Teil ab. Die eine Achsel war nackt und naß von Blut, die Hand aber, die das Messer hielt, war unaufhörlich in Bewegung und immer bereit.

Unterdessen ging die Sonne auf. Der Berg im Süden, den man vom Hästberg aus sehen konnte, stand violett da und träumte, nur der Gipfel war erwacht und glänzte rot im Sonnenlicht. Um diese Zeit ungefähr wäre Salmon mit Hilfe heimgekommen, heim in seine Hütte, die nun veröden mußte – die Kinder durchs Dorf gejagt, um zu betteln und Not zu leiden – der Vater für immer verschwunden – eben eine Geschichte aus den Bergen, eine echte schwarze Geschichte aus der Wildnis, ganz von der Art, wie sie hier oben leicht passieren.

Was jetzt geschah, geschah in schwindelnder Hast.

Noch einmal fing der Bär an, sich niederzuwerfen, zurückzurollen, radzuschlagen und andere abenteuerliche Turnkünste aufzuführen. Salmons Augen glänzten blaß und kalt, wie der Himmel einer Winternacht. Sie wichen keine Sekunde von dem springenden Tier, das jedesmal, wenn es zu nahe kam, von einem blitzschnellen Messer empfangen wurde. Salmon duckte sich zusammen, richtete sich wieder auf, schlich und schmiegte sich, er *floß* gewissermaßen um den Baum herum. Der Bastschuh war durchgetreten und über den Knöchel heraufgerutscht, dort drehte er sich manchmal im Kreise und zog rote Ringe in die Haut. Die linke Hand, die den Baum nicht losließ, war aufgeschwollen und bedeckt mit Blasen, manche prall und frisch, die anderen zersprungen, leer und brennend rot.

Auf einmal geschah es, daß Salmon in die Knie sank. Das rasende Tier war zwei Fuß von ihm entfernt. Ehe er wieder aufspringen konnte, kamen ihm die Augen des Bären ganz nahe, und er spürte einen heißen, übelriechenden Luftstrom, als der rote Rachen aufklaffte, klappend zusammenschlug und sich wieder öffnete. In diesem Augenblick war Salmon nahe daran, die Fühlung mit seiner schützenden Föhre zu verlieren. Eine Sekunde lang wurde es ihm schwarz und rot vor den Augen, in der nächsten Sekunde jedoch glitt er nach rückwärts, und noch eine Sekunde später, als er glaubte, seine Todesstunde sei gekommen, fuhr das Messer vor und bohrte sich in etwas Weiches – und auf den Füßen war er wieder, der Bären-Salmon!

Meister Petz ließ sich auf seine Vorderfüße nieder und stürzte blind auf Salmon los. Er versuchte, hastig im Kreise zu laufen, und es gelang ihm auch wirklich zweimal, ziemlich dicht am Baum herumzukommen. Als er aber versuchte, noch weiter einzubiegen, mißglückte das, weil er zu rasch rannte,

er machte einen zu großen Sprung und mußte wieder umkehren. Er brüllte. Ein paar Schlingen seiner Eingeweide hingen ihm aus der Wunde: Staub, Erde, Moos und Nadeln nahmen ihnen die Lebensfarbe. Sie sahen aus wie graue Lumpen auf einer braunen Jacke.

Die Sonne erreichte jetzt die Wipfel der Föhren, die auf dem Schlachtfeld standen. Der Bär stellte sich von neuem auf die Hinterbeine und ging auf Salmon los. In seiner Wut umarmte er die Föhre, als wäre die es, was er zermalmen wollte. Die Tatzen schlugen auf der anderen Seite gegeneinander. Salmons Rechte schloß sich fest, er beugte sich rasch nach rechts hinüber und stieß dem Bären das Messer ein-, zwei-, dreimal zwischen die Rippen. Er zielte nach dem Herzen. Seine Lippen waren blaß und faltig, seine Zunge war trocken, die Augen glühten ihm, dem Bären-Salmon. Der Bär brach zusammen und rollte rückwärts. Dann aber schnellte er wieder empor, brach irr durch das niedere Gebüsch, das sich bog wie Binsen, kehrte noch einmal um und erhob sich in seine alte Ringerstellung, bis er abermals das lange Messer schrecklich spürte und abermals zusammenbrach.

Salmon befand sich in einer wunderlichen Stimmung; in seinem Innern wogten, so schien es ihm, rote Wellen auf und nieder, der Boden schaukelte unter seinen Füßen, und die Augen sahen nicht mehr ganz klar. ‚Es wäre dumm, jetzt ohnmächtig zu werden', dachte er und holte tief Atem. ‚Und Mutter wartet auch.'

Oben in der Krone der Föhre rührte sich etwas. ‚Das muß ein frecher Vogel sein', dachte Salmon und mußte schon wieder nach dem Bären ausholen.

Was jetzt noch kam, vermochte Salmon, wenn er später die ganze Geschichte erzählte, niemals genau zu schildern. Der Braune habe sich hin und her gewälzt wie ein Heusack, sagte er, er sei auf einer Stelle auf und nieder gesprungen und habe laut gebrüllt. Immer auf der gleichen Stelle habe er kurze, rasend schnelle Wendungen gemacht, und dabei habe das Auge wie ein Blitz gefunkelt und wie eine Ahle gestochen – das andere war von einer Blutkruste bedeckt. Bei jedem Schritt, bei jedem schnaubenden Seufzer sei ein Blutstrom so breit wie sein Ärmel, so breit wie eine Garbe herausgeströmt, und Meister Petz habe sich nicht einmal Zeit gelassen, einen Augenblick stehenzubleiben, um sein Fell über die Wunden zu ziehen und das Haar in einem dichten Büschel daraufzulegen, wie die Bären – so behauptete Salmon – das manchmal tun. Ob er log oder nicht, weiß ich nicht; er ist nicht der einzige, der so etwas erzählte, es gibt viele seltsame Geschichten hier oben in unseren Wäldern.

Die Sonne stand inzwischen schon hoch am Himmel. Ein glimmender Goldfaden spann sich durch Nadeln und Laub zu dem umkämpften Baum. Ringsum sangen Amseln und Finken. Ein Haselhuhn pfiff vom Westen her, ein Kranich rief vom Sumpfe herauf. Der Wind kam heute von der Dorfseite.

Noch einmal stand der Bär aufrecht bei der Föhre, aber sein offenes Maul war voll Blut, das aus den durchstochenen Lungen floß. Noch einmal bog sich Salmon mit einer runden Bewegung zur Seite, und noch einmal blitzte sein Messer. Er traf ins Herz. Und noch einmal: das ging in den Hals. Und jetzt bekam die hinsinkende, blutige, zottige Masse Stich auf Stich – in die Brust – in den Kopf – in die Pfoten – in die Lenden: «Da hast du!» schrie Salmon und fluchte wild. «Da! Da! Da! Kanaille – weiter – nur weiter – das kriegst du für die Mutter – und das für die Kinder – und das für die ganze Nacht, du Höllensatan du. Willst du endlich sterben – willst du? – Willst du – willst du – willst du?»

Das letzte Brüllen des Bären erstickte auf halbem Wege, und wie durch strömenden Herbstregen sah Salmon durch Schweiß und Tränen, wie der Bär aufstand und wieder fiel, wie er zum letzten Male sich erhob, zuckte und bebte, bis er abermals zusammenbrach – und liegenblieb.

Auch Salmon sank am Fuße des Baumes nieder. Er war todmüde und wie zerschlagen. Das fühlte er jetzt. Seine rechte Hand hing wie abgestorben herab, aber sie hielt noch immer das Messer fest, als ihn endlich einige Sonnenstrahlen trafen und in seine Augen fielen.

Er blinzelte und versuchte gegen den Schlaf anzukämpfen. Er dachte: ‚Soll ich jetzt meinen Weg fortsetzen? Es kann ja sein, daß ... Oder soll ich umkehren und daheim Totenwache ...?' Es war eine nagende Angst in ihm. Das Unglück erwartete ihn heute sicher, wohin er sich auch wandte. Der Arme muß fühlen, wozu er da ist auf dieser Welt. Wer sollte ihm den Leichnam am Sonntag durch den Wald tragen – das wurde teuer ... Der Sarg mußte natürlich unbemalt bleiben, wie die Särge der Armen gewöhnlich sind ... Der Amtsrichter bei der Lillsjösäge hatte das Holz dazu ... aber der Amtsrichter war der ärgste Knicker, den es gab ... nun trugen ein paar Männer eine lange Kiste über die Hängebrücke bei Langmyra ... Wer liegt in der Kiste? – Warum werfen sie sie fort? ... Warum springen sie um einen Baum herum hinter einem Bären her? Mutter liegt und wartet auf sie – oh, sie muß wohl lange warten ...

Damit schlief Salmon ein.

Eine halbe Stunde ungefähr ist verstrichen, als sich im Wipfel der Föhre etwas bewegt. Ein Kopf streckt sich vor, verschwindet wieder und kommt auf einer andern Seite wieder zum Vorschein. Es ist das Junge der Bärin. Es begreift nicht, was diese tiefe Stille nach dem langen Lärmen bedeuten soll. Aber es sieht, seine Mutter hat Frieden geschlossen und der andere auch; und es möchte gern hier weg. Denn es hat Angst genug ausgestanden. Es setzt die Tatzen auf den Stamm und fängt an herabzurutschen. Anfangs geht es ganz langsam ...

Als Salmon durch ein schweres Bündel, das auf ihn herabfiel, geweckt wurde, da war sein Blick wie wahnsinnig. Als er über den Weg zum Dorf hinunterrannte, glich er einem gehetzten Wild, einem zu Tode erschreckten grauen Tier, das den Schwanz zwischen die Beine klemmt. Der Held dieser Schlacht, der Bären-Salmon, war verschwunden. Es war nur ein hungriger Mensch übriggeblieben, der verlassen und allein um sein armes Leben lief.

Pentti Haanpää
Der Flügellahme

Die glühende Sonnenscheibe stieg langsam hinter der schwarzen und düsteren Silhouette des Fichtenwaldes in der Einöde zu ihrer kurzen Bahn empor. Zerfetzte Wolkenränder, die blutrot leuchteten, ließen mit ihrem Widerschein das melancholisch daliegende Moor aufglühen. Aus der knirschenden Schneelast schauten hier und da ein paar armselige Sträucher hervor: die Zweigspitzen des grauen Rauschbeerstrauches. Die Schneedecke glitzerte und funkelte, und der lange Schatten einer störrischen, schwarzsträhnigen Kiefer durchfurchte sie gleich einem dunklen Kohlestreifen.

Auf dem Schnee, der im Licht flimmerte, zeigte sich eine seltsame Erscheinung.

Aus dem Schatten des Tannengehölzes humpelte der Flügellahme hervor – der aschgraue, struppige Kranich. Wie ein großes graues Gespenst schritt er feierlich durch das weite Moor. Der lange Hals drehte und krümmte sich, und die kleinen runden und rötlichen Augen blinzelten traurig über die winterliche Landschaft hin.

Die Sonne schaute nun bereits mit offenem Blick hinter der gezähnten Silhouette des Tannengehölzes hervor, der schöne Säulengang der dichtbenadelten Föhrenwipfel ließ blaßrot die Heide aufleuchten, die das Moor am anderen Ende umsäumte. Der sausende Schwarm der Birkhühner, der sich soeben aus seinen Gruben am Saum der Heide erhob und über das Moor hinstrich, erschrak vor dem Kranich und schlug einen langen Umweg ein.

Unter den Zwergbirken, unter dem kargen Gebüsch und den dürren Zweigen stocherte und stöberte der Flügellahme mit seinen langen Stelzbeinen und mit seinem kantigen Schnabel im Schnee. Von den freigescharrten Mooshügeln pickte er mit dem Schnabel die süßen, roten und überaus schmackhaften, von Eis starrenden Moosbeeren auf. Die trockene und scharfe Luft überzog sein zottiges Gefieder mit Schneekristallen, und der Frost suchte es unaufhörlich zu durchdringen, um den nur noch aus Haut und Knochen bestehenden Körper des Vogels zum Erstarren zu bringen. In ihm schien aber ein kräftiges Leben zu wohnen, er scharrte mit den Beinen, harkte mit dem Schnabel und schlug mit den Flügeln, daß der Schnee umherstob. Vom Rand des Moores schaute eine weißbrüstige Waldmeise herüber, die sich in der Kälte aufplusterte und im Gerippe einer morschen Birke aufgeregt von Ast zu Ast hüpfte und verwundert ihr «Äks tii tii tii» hervorstieß.

Die Waldmeise begriff nicht, wie dieser im Schlamm des Moores watende Riese, ein Geschöpf des Sommers, nun im knirschenden Schnee einherhumpeln konnte, während ein kalter Himmel sich hoch über ihm wölbte, Reif die Bäume überzog und alles Wasser zu Eis erstarrt war. –

In dem abgelegensten und völlig grundlosen Schlupfwinkel des Moores, dort, wo in schwarzen Moorlöchern das düster höhnische Auge des Wasserteufels auf der Lauer lag, hatte sein Lebensweg begonnen. Das weite Moor dampfte, im Sumpf und an seinen Rändern, in den Birkenhainen und im Kieferngehölz summte das Leben, und am bläulich schimmernden, erhabenen Himmel glühte der Sonnenball ...

Das Kranichjunge war ein nacktes kleines Etwas, der Schnabel und die Beine plump und linkisch, die Flügelstümpfe noch ohne Federn. Seine schlankhalsigen Eltern wateten und fischten im Schlamm und fütterten das Junge mit Larven, mit dunklen, von Fett triefenden Fröschen und mit allerlei im Sumpf umherkriechenden Insekten. Es wuchs und wurde kräftiger. Die Federn sproßten hervor, wurden länger und bedeckten seine ziegelrote Haut. Dann stelzte der junge Kranich hinaus aufs Moor, er lernte, seinen Rumpf mit schnellen Flügelschlägen in die Luft zu heben und sich selbst seine Nahrung im sumpfigen Schilf und moorigen Boden zu suchen.

Im Herbst, wenn die kleinen Lebewesen des Moores sich in einen Unterschlupf verkrochen, erhob sich die Schar der Kraniche mit mächtigen Flügelschlägen hoch in die Lüfte. Dann flogen sie wie ein dahinjagender Keil nach südlichen Landstrichen, wo der Boden Nahrung in Hülle und Fülle spendete und ein üppig überströmendes Leben sie erwartete.

Es kam ein neuer Frühling, und das verwaiste, schwermütige Moor erwachte; das Wasser rieselte und sprudelte, der Schlamm und der sumpfige Boden atmeten, Wasserdunst und ein scharfer Geruch stiegen von ihm auf. Dann kehrte der Kranichschwarm von seiner Reise nach dem Süden zurück. Und der Kranich, der jetzt unter dem blauschwarzen Winterhimmel durch den Schnee stapft, war ein prächtiges Kranichmännchen geworden und trug seinen Kopf stolz erhoben auf seinem schlanken Hals. Er nahm sich eine Gefährtin und verschwand in dem sumpfigen, schwankenden Schilf. Eines Tages lagen zwei braunbunte Kalkkugeln im Nest, aus denen langhalsige Nachkommen auskrochen.

So lebte er eine Zeit dahin. Wenn Schnee und Kälte sein heimatliches Moor, jene weiten Flächen, die einem Labyrinth glichen, gefesselt hielten, weilte er unter dem glühenden Himmel des Südens, um gleich im Frühjahr wieder zurückzukehren.

Wieder einmal kam ein Frühlingsmorgen, und die leidenschaftlichen Freiertänze am Rande des Moores waren im Gange. Die Kraniche verharrten wie versteinerte Säulen oder paradierten auf ihren hohen Stelzbeinen mit aufgeplusterten Federn. Andere standen im Kreise, feierlich-ernst und unbeweglich, doch in der Mitte tanzte ein Kranichpaar mit heftigen Bewegungen, bückte sich, wippte mit dem Hals, schlug mit den Flügeln auf

und nieder, spreizte die Stelzbeine immer wieder auseinander und drehte sich in einem fort im Kreise.

Doch mitten in die Stille hinein gellte schrill der Warnungsruf des alten Kranichs, und im selben Augenblick entführte Brausen und Sausen der großen Flügel den Kranichschwarm nach allen Richtungen. Aus dem dichten Gebüsch, das das Moor umsäumte, sah man plötzlich eine Rauchsäule aufsteigen, ein Schuß krachte, und einer der Kraniche drehte sich kläglich in der Luft, wobei einer seiner Flügel wie gelähmt herabhing und der andere erregt auf und nieder schlug. Der getroffene Kranich stürzte ins Gras, der Mann mit der Flinte eilte auf ihn zu, aber schon raffte sich der Vogel wieder auf, floh und hatte sich bald der Reichweite des Feuerrohrs entzogen.

Von da an konnte er nie mehr in die blauschimmernde Kuppel des Himmels emporsteigen, nie mehr sich eine Gefährtin wählen, nie mehr unter den anderen leben. Denn er war kein Kranich mehr, er war ein «Flügellahmer», den die anderen nicht mehr als ihren Bruder anerkannten. Er war wie von einer anderen Rasse, ein schauerliches Gespenst, ein Schreckbild, das von den anderen gemieden und verjagt wurde.

Nun lebte er als Einsiedler dahin, watete traurig in Schilf und Sumpf umher, betrachtete niedergeschlagen das sommerliche Leben und döste in der Glut der Sonne. Der Sommer verging, und der Winter kam. Und er sah, wie die Kraniche sich hoch in die Luft erhoben und wie eine Pfeilspitze der Sonne zuschwebten. Ein grenzenloser Schmerz und eine tiefe Not überfielen ihn. Er hüpfte mit geschlossenen Beinen von einem Erdhügelchen zum andern, fuchtelte mächtig mit den Flügeln und brachte schließlich auch den herabhängenden Flügel zu einem leichten Flattern. Er erhob sich einen Meter, vielleicht zwei von der Erde, fiel aber dann kopfüber wieder zu Boden. Doch er versuchte es immer wieder aufs neue, versuchte es mit rasender Wut, bis er ganz zerschlagen, krank, kraftlos zwischen zwei Erdhügeln niedersank.

Allmählich näherte sich der Winter. Der Sturm fegte gleich einem groben Besen über Feld und Wald, die Wildmark stöhnte, klagte und toste. Regen spritzte, auch die letzten Lebewesen des Sommers zogen nach anderen Ländern. Der Flügel des schweren Hühnervogels rauschte mitunter im jungen Fichtenhain, der Specht klopfte, der Häher stieß sein häßliches Lachen aus, und der düstere Rabe flog über den Wald und suchte nach Aas. Bisweilen blinzelte das Auge der Sonne zwischen den dunklen, sorgenvollen Wolken hervor.

Dann fegte der Wind die Wolkendecke auf einen Haufen zusammen, das Wetter wurde kalt und klar. Am blauschwarzen Himmel funkelten die Sterne, als wollten sie in einer geheimnisvollen Sprache von wunderlichen Dingen plaudern. Heftig tobte die Kälte. Alles Flüssige erstarrte, der Schlamm des Moores wurde hart und knisterte wie Eisenblech.

Der Kranich fror, und der Hunger peinigte ihn. Beeren und Pflanzen hielten ihn nur mit Mühe noch aufrecht. Viele Wochen war es schon her, daß er den letzten, vor Kälte steifen Frosch, der nach seinem Versteck watschelte, verschluckt hatte. Aber er ließ sich nicht unterkriegen.

Die Lebenskraft saß stark in seinen abgemagerten, langen Beinen, das Gefieder wurde zottig und versuchte sich zu einem wärmenden Pelz zu verdichten. Und die Wildmark, dieser dichte und düstere, grenzenlos weite, öde Tannenwald, atmete feuchte, dumpfe Dünste aus. Dort fand der Kranich unter dem umgestürzten Wurzelstocke einer Fichte einen Lagerplatz, wohin die Kälte nicht mit ihrer ganzen Kraft dringen konnte.

Aber nicht nur das schwarze Gespenst des Hungers und der klappernde Spuk der Kälte trachteten den Flügellahmen zu verderben. Noch viele andere Gefahren lauerten. Ein halbverhungerter roter Fuchs strich umher, und in den grauen Waldhütten wie in den angestrichenen Blockhäusern der kleinen Ödemarksiedlung lebten blutrünstige Bestien, die dem Flügellahmen nach dem Leben trachteten.

Einmal glitt eine wunderliche Schlittenfuhre, mit Holzstämmen beladen, über das Moor, und auf den Stämmen, die von einem zottigen Zugtier gezogen wurden, saß ein Lebewesen, dessen Kopf hin und her baumelte. Das Zugtier bemerkte den Kranich, der im Gehölz rumorte, und scheute. Das Lebewesen auf den Stämmen wunderte sich, und ein langohriger Köter stürzte winselnd herbei. Mit schnellen Schritten machte sich der Kranich aus dem Staube, aber der Kopfnicker hetzte den Kläffer auf den fliehenden Vogel. Der Köter war schnell und ihm schon dicht auf den Fersen, bereit, im nächsten Augenblick mit seinen scharfen Zähnen zuzubeißen. Doch plötzlich drehte sich der Kranich um, der Schnabel stieß nach dem Auge des Hundes, und wimmernd schlich der Kläffer davon.

Von da an war der Kranich weit und breit in den Hütten und in den Siedlungen berühmt. Dort gab man ihm den Namen «der Flügellahme».

Dem Flügellahmen brachte der schnarrende Flügelschlag der Schnepfe kein Glück.

Am Rande des Moores kauerte eine baufällige Hütte – das Nest der Bestie von der Stammholzfuhre –, ein Schuppen mit bemoosten Wänden und triefendem Fenster. In der Hütte war ein halbwüchsiger Bursche, ein Flegel mit häßlichen Augen und dreckigen Händen, der es sich in den Kopf gesetzt hatte, dem Flügellahmen nachzustellen und ihm aus dem Hinterhalte aufzulauern. Und so fuhr er denn auf seinen geteerten Skiern kreuz und quer durch das Labyrinth des Moores und überraschte schließlich den Vogel beim Schmause.

Der leidenschaftliche, unwiderstehliche Lebensdrang trieb den Kranich zu einer rasenden Flucht auf das weite offene Moor hinaus. Die Lust am

Töten, das Vergnügen, den, der jetzt lebt und atmet, als einen toten, widerstandslosen Klumpen vor sich zu sehen, ließ den Burschen noch wütender hinter dem Vogel herjagen. Die Jagd ging über das offene Moor, die Landzunge mit dem Gehölz lag schon hinter ihnen, und die andere Bucht des Moores kam näher und näher, aber immer noch waren die Stelzbeine des Vogels schneller als die Beine des jungen Burschen auf den Skiern. Der Abstand verringerte sich jedoch, der Kranich machte Biegungen und Wendungen, doch der Mensch kam hinterher. Die Zeit verging, und es wurde Abend. Allmählich holte der Knabe das Tier ein, er kam immer näher, und schon streifte die Eisenspitze des Skistabes das Gefieder des Kranichs. Der Junge war bereits vollkommen ermüdet, seine Glieder hatten alle Gewandtheit und Energie verloren. Der Kranich wandte sich plötzlich um – die letzte Kraft straffte sich in dem langen Hals, der seinen knöchernen Schnabel wie einen Pfeil gegen den Kopf des Burschen schleudert. Der

Verfolger erstarrte vor Schreck. Seine Stösse mit dem Skistab streiften nur das Gefieder des Vogels, aber der Flügellahme hämmerte und schlug wild auf ihn ein, ohne zu fehlen.

Und so geschah es, dass der Grünschnabel von einem Menschen blutig zerhackt und mit einem ausgestochenen Auge durch die abendliche Ödemark zu seiner grauen, windschiefen Hütte schwankte.

Es war Nacht. Zerrissene Wolkenfetzen füllten den Himmel gleich Watteflocken. Der aschgraue Vogelriese stapfte durch die nachtstille Landschaft dem dunklen Tannenwald zu, um in seine wärmespendende Wurzelhöhle zu gelangen.

Das eisgrüne, funkelnde und flackernde Mondlicht flimmerte auf den Schneewehen, auf den Wurzeln des Waldes lag ein verfängliches Gewebe von Licht und Schatten, und das Schattenbild des einsamen Kranichs kroch unförmig und spukhaft über die weite Schneewüste.

Aber am Rand der Ödemark, in einer knotigen, verkrüppelten Fichte, die mit einem struppigen Bart überzogen war, sass ein grosser Uhu. In dem düster gestreiften Gesicht funkelten die flammenden, starren Augen wie glühende Kohlen. Der Kranich stelzte auf seinem mondbeschienenen Wege dahin, der Schnee knirschte unter seinen Zehen. Dann fiel plötzlich eine grosse, auf weichen Flügeln schwebende Federwolke gegen seinen Kopf, und aus der Federwolke streckten sich die stahlscharfen Krallen wie Pfriemen hervor. Aber sie streiften nur die Federn, und der Angreifervogel fiel in den Schnee. Das flackernde Licht des Mondes und der Sprung des erschrockenen Kranichs hatten den Nachträuber das Ziel verfehlen lassen. Aber er fiel ihn von neuem mit unbändigen, lautlosen Flügelschlägen an. Der Kranich streckte wohl seinen kantigen Schnabel gleichsam als Lanze vor, doch glitt dieser wirkungslos zur Seite, und die Krallen des Nachtvogels krümmten sich um seinen Hals.

Das war die Todesnacht des Flügellahmen, des trefflichen Bewohners der grossen Moore im unbarmherzigen Winter des Nordens.

Gustaf af Geijerstam
Vollblut

Im Bergwerk, tief unter der Erde, wo niemals ein Sonnenstrahl hindringt, geht ein breiter Gang, der die verschiedenen Schächte mit dem Platz verbindet, wohin das Erz gebracht wird, um dann ans Tageslicht hinaufbefördert zu werden.

Auf diesem Wege hört man Stunde für Stunde Pferdehufe auf den feuchten Steinen klappern. Kleine rauhhaarige Pferde ziehen unverdrossen die schweren Karren voll großer Steinblöcke durch die breiten Gänge dahin, in denen der Schein der graufarbigen Laternen das einzige ist, was das Sonnenlicht ersetzt. Und wenn endlich der Abend kommt und Tiere und Menschen zum hellen Tageslicht hinaufgeschafft werden, das ihnen in die Augen brennt, die an das Dunkel gewöhnt sind, dann sind die kleinen Pferde nach des Tages Arbeit müde. Mit gesenktem Kopf stehen sie oben auf dem Felde; ihre Augen blinzeln gegen die Abendsonne, die am Horizont der endlosen Ebene verschwindet, und sie gehen langsam und zufrieden zum Stalle, wo sie zu schwerem Schlafe auf das dünne Strohlager hinsinken.

Die alten Leute erzählten: Einmal, vor vielen Jahren, kam ein junges Vollblutpferd in die Grube hinunter. Es wurde vor den Steinkarren gespannt und mußte in Reih und Glied mit den kleinen Pferden das Erz vom Schacht her zum Auffahrtsplatz schleppen. Es war von einem Stallknecht, der zu oft die Peitsche gebrauchte, schlecht eingefahren worden, und nachdem es ein paarmal die Gabeldeichsel zerbrochen hatte, als es den Wagen des Grubenbesitzers ziehen sollte, schickte der es unter die Erde, damit der Steinkarren und das Dunkel sein wildes Blut zähmen sollten.

Das Vollblutpferd ging auch still vor dem Karren; es war durch die Dunkelheit erschreckt, und es gehorchte aus Angst vor den schweren Peitschenschlägen. Unter der Erde verlor sein Fell allen Glanz, die Augen wurden matt und die üppige Mähne verfilzt und grau von Schmutz.

Aber die breiten Gänge waren auch niedrig. Und wenn das Vollblutpferd die tiefste Stelle durchschreiten mußte, wo die kleinen Arbeitsgäule alltäglich ihre Last hinzogen, ohne die Nähe des Hangenden zu ahnen, das erst einen Zoll über ihrem Rücken war, dann kratzte der harte Stein die empfindliche Haut des hochgewachsenen Rosses.

Jedesmal, wenn das Pferd an diese Stelle gelangte, blieb es stehen, und sein ganzer Leib zitterte. Aber sogleich sauste die unerbittliche Peitsche hinter ihm, und wie in Wut schritt es vorwärts, indem es das Gebiß kaute, daß sich der Geifer mit Blut vermischte. Wenn es sich bückte, so sank es unter der Last des Karrens in die Knie, und richtete es sich auf und zog, so wurde das schwarze Fell von den scharfen Spitzen der Bergwand zerrissen.

Da, erzählten die alten Leute, hätte es eines Abends, als es zum Tageslicht hinaufkam, seinen verwundeten Rücken gestreckt und der untergehenden Sonne entgegengeschnaubt und gewiehert. Und in seinem Blick lag eine Sehnsucht wie in dem eines Menschen.

In derselben Nacht riß es sich im Stall los, wo die kleinen, rauhhaarigen Pferde nach des Tages Arbeit den müden Schlaf der Plage schliefen. Es galoppierte durch die offene Tür hinaus in das Freie, und als der Morgen anbrach, lag sein großer schwarzer Körper am Meeresstrande angespült. Das Wasser hatte den Staub aus seiner Mähne geschwemmt und seine Wunden rein gewaschen. Prächtig leuchtete sein geschmeidiger schwarzer Körper auf dem weißen Sand, den die Wogen bespülten. Und die alten Leute meinten, das Tier habe sich in Verzweiflung ertränkt.

Es war zu groß, sagten sie. Und die Grube war ihm zu eng. Darum starb es.

Aber die Grubenarbeiter reden noch von dem schwarzen Pferde, das nicht ohne Luft und Sonnenlicht leben konnte. Denn die Sage bewahrt das Gedächtnis an all die Aufrührer, die lieber sterben wollen, als sich dem Leiden unterwerfen.

Nachbemerkung

Die vorliegende Sammlung von Tiergeschichten mit Zeichnungen Josef Hegenbarths unterscheidet sich grundlegend von den bisherigen Buchveröffentlichungen, an denen der große Illustrator mitgewirkt hat. Hier wurde der Versuch unternommen, Tierdichtung, der in ihrer Gesamtheit weltliterarischer Rang zugemessen werden kann, mit freier Graphik zu einem künstlerischen Ganzen zusammenzuschließen. Es handelt sich also nicht um ein illustriertes Buch im eigentlichen Sinne, vielmehr um eine Publikation, in der zeichnerische Erfindungen und Variationen zum Thema Tier der Dichtung beigeordnet wurden. Ist es das Wesen der Illustration, mit Dichtung und Typographie eine Symbiose einzugehen – ein Grundsatz, den Hegenbarth nicht nur theoretisch gefordert, sondern stets bis zur äußersten Zuspitzung auch praktisch gehandhabt hat –, so schließt die vorliegende Lösung für manch einen Freund des schönen Buches vielleicht einen Verlust ein. Doch Verlag und Herausgeber glauben, daß der gewählte Weg legitim ist, da die mehr als ein halbes Hundert Blätter nicht als Zugaben oder als Ausschmückungen gegeben wurden, sondern als Eigenwert, als Eigenwesen, die jederzeit auch als selbständige, vom Text unabhängige künstlerische Äußerungen bestehen können. Da keine Mühe gescheut wurde, durch eine sorgfältig gewählte Typographie und eine einfühlsame Zusammenstellung von Text und Zeichnung die Souveränität von Wort und Bild als spannungsreiche Einheit zu komponieren, ist ein Buch entstanden, dessen Rang, so hoffen und wünschen wir, jeder erkennen möge, der darin liest und blättert.

«Tiergeschichten – ein Symbol unserer Zeit! Wir sind der Menschen, der viel zu vielen Menschen, müde geworden und besinnen uns auf die künstlerischen Pflichten, die wir den viel zu Wenigen, den Tieren, schulden. Aus all der Getrübtheit, aus all der Schmerzenstiefe, Unkeuschheit und Sumpflust unseres Massendaseins flüchten wir uns zur reinen, heiligen Unbefangenheit der Tierseele; dort finden wir Trost und Heilung, denn dort haben die Gesetze der Natur, von uns tausendfach geschändet und verleugnet, noch nicht ihre Kraft verloren.» Diese Sätze stehen im Vorwort des Buches «Kolk, der Rabe» von Egon von Kapherr und Friedrich von Gagern. Wir wissen nicht, wie ihr Verfasser, ein deutscher Schriftsteller, im einzelnen zu den Problemen seiner Zeit stand. Eines aber wissen wir – ein so verstandener «Gruß an Tiere» begibt sich der höchsten künstlerischen Möglichkeit: des Grußes an den Menschen. Bei unserer Auswahl ließen wir uns von einer Bemerkung Henri Barbusses leiten, der ein großer Menschenfreund war und daher auch ein echter Tierfreund sein konnte: «Tiere sind nicht interessanter als die Menschen. Es besteht durchaus keine Veranlassung, ihnen einen höheren Rang einzuräumen, als sie tatsächlich in der unendlichen Harmonie allen Lebens innehaben, sie zu Abgöttern zu erheben und ihnen gegenüber leidenschaftliche und unausgeglichene Gefühle zu bekunden, die bei manchen Menschen mehr an Hysterie denn an Güte erinnern.»

Jahrhundertelang ist das Tier, wie in den Fabeln, Märchen und Sagen vieler Völker nachweisbar, niemals um seiner selbst willen literarisch gestaltet worden, immer war Tierdichtung mehr oder weniger Mittel zur gesellschaftlichen Aussage. Erst die Tierliteratur des 20. Jahrhunderts, besonders die deutsche (deren Begründer u. a. Fritz Bley, Hermann Löns, Egon von Kapherr und Friedrich von Gagern sind), brachte hier einen Einschnitt. Das Tier wird in zunehmendem Maße handelndes Eigenwesen, seine Darstellung immer mehr zum Selbstzweck der Dichtung erhoben. Eine besondere Prägung innerhalb dieser Literatur kann als sogenannte «Mitleidsdichtung» bezeichnet werden und hat vor allem in der Lyrik ihren Niederschlag gefunden (Rilke, Der Panther im Jardin des Plantes; Däubler, Katzen; Werfel, Opfer). Andere Autoren gehen über die Bekundung bloßen Mitgefühls für die Nöte der Kreatur hinaus und klagen den Menschen an als den großen Naturzerstörer (E. Weiß in «Nahar»). Aber bei allem anerkennenswerten Bemühen, die Menschen zur Naturliebe im allgemeinen und zur Tierliebe im besonderen zu erziehen, kann nicht übersehen werden, daß die sogenannte *reine* Tierdichtung – wenn auch in vielen Fällen ungewollt – objektiv einer Ideologie literarisch Vorschub leistete, die bemüht war, Darwins These vom «Kampf ums Dasein» für ihre politische Praxis zurechtzustutzen. So will Fritz Bley in der Tierwelt den nach seiner Meinung auch für die menschliche Gesellschaft «ewig gültigen» Satz gefunden haben, «daß nur der Starke sein Schicksal zwingen kann, wenn der Schwächling untersinkt» (Vom freien Hochlandwilde). Und in der Spechtgeschichte «Tillip» des Dänen Fleuron, der auf die Entwicklung der deutschen Tierliteratur einen starken Einfluß ausübte, heißt es: «Ein strenges Herrscherpaar waren die Sperber im Walde. Sie lösten hier und da eine glückliche Ehe auf plötzliche und gewalttätige Weise; aber meist schafften sie doch schwache, kränkliche und unglückliche Geschöpfe, die nur das Dasein erschwerten und den Glücklichen das Leben zerstörten, aus der Welt ... Was stark war und eine Zukunft in sich trug, ward ihrer beizeiten gewahr und konnte mit Leichtigkeit eine Zuflucht finden – das Hilflose, das Matte, das Schwache ward ihnen zuteil.»

Unsere hier vorgelegte Anthologie unterscheidet sich grundlegend von den früher üblichen Zusammenstellungen aus dem gleichen Stoffgebiet. Die in ihr vereinigten Erzähler sind tief ergriffen von dem Gegenstand ihrer Kunst; sei es auf der einen Seite der Mensch, auf der anderen das Tier oder der Mensch und das Tier in ihren unmittelbaren Beziehungen. Ihre

Tiergeschichten bleiben unberührt von jeder Mythenbildung, aber auch von den vordergründig moralisierenden und den sentimentalen Elementen, die dieser Gattung durch Vertreter wie beispielsweise Hermann Löns allzuoft beigemengt wurden. Es sind berühmte Autoren, vor allem Russen, aber auch Skandinavier, Deutsche und Franzosen, die sich in diesem Buch ein Stelldichein geben und die Problematik sichtbar werden lassen, aus der das Verhältnis zwischen Mensch und Tier sich bildet.

Unerreichte Meister der Tiergeschichte sind die Russen. In einer meisterhaft differenzierten Prosa gibt Turgenew mit «Mumu» die ergreifende Geschichte einer Freundschaft zwischen Mensch und Tier, genauer gesagt, die Erlebnisse des taubstummen Fronbauern Garasim, den seine Herrin von einer ihrer dörflichen Besitzungen als Hausknecht in ihre Moskauer Stadtwohnung verschleppt hat. Was Dobroljubow allgemein über das Engagement Turgenews sagte, trifft hier besonders zu. Er reißt seinen Helden «glühende Gefühle aus der Brust, beobachtet sie mit zärtlicher Anteilnahme und schmerzlicher Erregung, er leidet und freut sich selbst mit den Personen, die er geschaffen hat». Von Gorki, dem Hasser aller Leiden, wurde der «Mumuismus» als «eine verschleppte Krankheit der russischen Literatur» bezeichnet, doch muß zur Verteidigung Turgenews gesagt werden, daß die in der Erzählung anklingende Poetisierung des Leidens ihre beabsichtigte Zielsetzung nicht verfehlte: den Haß auf die Urheber dieser Leiden. In Leskows dramatischer Schilderung einer versuchten Bärenhinrichtung (Das Tier) bestimmt ebenfalls die Tragödie einer Freundschaft zwischen Mensch und Tier das Handlungsgeschehen. Vor dem Hintergrund despotischer gutsherrlicher Lebensweise zeigt der Dichter, den Gorki einen liebenden Skeptiker nannte, das durch die Leibeigenschaft verschüttete «Gold», das Herz des Volkes und seine vielfach ungenutzten geistigen und seelischen Qualitäten. Hier ist es Ferapont, ein einfacher Hunde- und Bärenwärter, der unter den rohen Vergnügungen des Gutsherrn, der als «Hetzjagd» getarnten Tierquälerei, leidet, aber trotz aller Demütigungen Mut, Begabung, sittliche Festigkeit zeigt, Eigenschaften des einfachen russischen Menschen, die Leskow in seinen Meistererzählungen aus dem russischen Volksleben so überzeugend zu charakterisieren wußte.

Natürlich wird der Freund guter Tierliteratur den einen oder anderen Beitrag dieser Sammlung kennen, gewiß Tolstois meisterhafte Erzählung «Der Leinwandmesser», in der das geknechtete Pferd zum Abbild des geknechteten Volkes wird, eine Geschichte, die der Mensch vielleicht nur einmal im Leben liest, um von ihr bis an sein Ende erschüttert zu sein. Die Arbeit, 1856 begonnen und 1863 beendet, kann als Beispiel dafür dienen, wie poetisch verwoben sich Tolstois Erzählstil bietet, wie sich in seiner Darstellungsweise individuelles Schicksal von Mensch und Tier, Probleme der Gesellschaft und auch recht vordergründig subjektive Auffassungen des

Autors künstlerisch objektivieren. Erzählungen von Tschechow, Gorki und Paustowski ergänzen den russischen Beitrag. Und daß Scholochows Geschichte von Trofims Stute, die sich von ihrem Fohlen trotz Peitsche und Sporen nicht wegtreiben läßt, den krönenden Höhepunkt dieser Anthologie bildet, wird jeder bestätigen, der sie liest. Sie zählt zu den frühen Arbeiten des großen Menschenschilderers und zeigt das tiefe Verhältnis des russischen Menschen zur Tierwelt.

Literarisch interessant wird unsere Sammlung nicht zuletzt auch dadurch, daß in ihr Autoren zu Wort kommen, die hierzulande als Tiergeschichtenerzähler fast unbekannt sind – wie der Franzose Balzac oder die Nordländer Geijerstam, Kielland, Haanpää und Molin. Beeindruckt bei Kielland die kritische Tendenz, die prachtvolle Satire auf dänische Hunde- und Hofvergötterung, so bei Haanpää und Molin ihr naturnahes Erzählertemperament, ihre Fähigkeit, die erregende Atmosphäre einer abenteuerlichen Begegnung zwischen Mensch und Tier in unvergleichlichen Bildern lebendig zu machen. Das Ringen des Helden auf Leben und Tod in Molins Erzählung «Ein Tanz, während die Mutter wartet», mag symbolisch sein für den verbissenen Kampf, den die Menschen des hohen Nordens zur Sicherung ihrer Existenz in dem unwirtlichen, damals noch völlig unentwickelten Lande auszufechten hatten. Und Haanpääs Geschichte vom flügellahmen Kranich läßt darauf schließen, wie genau ihr Verfasser die karge finnische Wildmark und die Dramatik des Existenzkampfes aller in ihr lebender Kreatur aus eigenem Erleben kennt.

Josef Hegenbarth, der ein nach Rang und Umfang faszinierendes Illustrationswerk hinterließ und sich bei den Geschöpfen des Äsop und den Traumwesen der Märchen künstlerisch ebenso heimisch fühlte wie bei dem abenteuernden Simplizissimus und dem Bettlerkönig Peachum, wie bei Faust und Don Quichote, Tschitschikow und Macbeth, Rübezahl und der Gestalt Christi, hat schon wiederholt Tierdichtung illustriert (Russische Tiergeschichten, Deutsche Tiergeschichten – Tiermärchen – Tiergedichte – Tierfabeln). Nach seinen Motiven bei der Stoffwahl gefragt, erklärte der große Illustrator: «Am meisten liebe ich groteske Geschichten, witzige Tollheiten, welche die Phantasie stark anregen. Aber auch hierin durchlebe ich Schwankungen, und gesättigt davon springe ich gern auf Gegensätzliches über. Tragisch bewegte Leidenschaftlichkeiten bilden dann oft das Ausbalancierende in meiner illustrativen Tätigkeit. Gesellt sich dabei im Bild zum Menschen auch das Tier, dann um so erfreulicher für mich. Ich liebe das Tier, und sein Studium nimmt in meinem Leben einen breiten Raum ein.» Die Vorliebe Hegenbarths für Tierdarstellungen entsprach einer besonderen Neigung. Das dramatische Element in seinem Schaffen reizte ihn immer wieder, starke Bewegtheit – äußere wie innere – einzufangen. In voller

Kraft und Unmittelbarkeit fand er sie beim Sprung der Raubkatze im Zirkus oder beim Spiel der Tiere im Zoo, manchmal aber auch nur im bewegten Atmen eines kreatürlichen Schlafes.

Hegenbarth wollte in seinen freien Blättern zum Thema Tier ganz sicherlich nicht, wie oft behauptet wird, eine Charakteriologie einzelner Tiere geben oder gar eine Deutung der «Tierseele» wie Franz Marc. Drängte dieser im Prozeß seiner Arbeit immer mehr die Naturform zugunsten zeichenhafter Symbolisierung zurück, so ging Hegenbarth einen anderen Weg. Sein reicher Vorstellungsbesitz an innerer Figur konnte ihn nicht abhalten zu bekennen: «Das Naturstudium ist für mich der Eckpfeiler meiner Kunst. Immer trage ich ein Skizzenbuch bei mir, und wo immer ich mich befinde, notiere ich, halte ich fest, korrigiere mich und suche mich zu vertiefen.» In den dieser Anthologie beigefügten Tierstudien demonstriert der Künstler diese Arbeitsmethode, obwohl er weiß, daß die Grenzen des Verstehens eng gezogen sind und daß wir nur in Achtung vor der Fremdheit der Kreatur verharren können. Doch bewundernd stellen wir fest: welche Konzentration auf das Wesentliche einer Tiererscheinung, welche Abstraktion aber auch vom Zufall des Modells und seines Ausdrucks. Individuelles und Gattungsmäßiges sind meisterhaft ineinander verwoben. Und wenn manchmal die Nachbildungen «füchsiger» wirken als die lebendigen Vorbilder im Zoo und die dargestellten Katzen «katziger» als jene am häuslichen Herd, wer würde dies nicht mit Genugtuung registrieren.

Kenner wollen Hegenbarth das Recht zugestanden wissen, sich selbst in die Reihe mancher großer Poeten zu stellen, deren Dichtung er mit Illustrationen versah. In der Tat wäre seine Leistung und seine Wertschätzung weniger groß, wenn er neben die Wortzeichen nur die Bildzeichen gesetzt hätte, wenn er nicht von der Linie und Fläche her imstande gewesen wäre, *weiterzudichten*. Und wie er die Phantasie des Dichters (und die des Lesenden und Betrachtenden) ergänzt, wie er den Vorgang der Handlung präzisiert, das kann man hier an einigen Zeichnungen studieren, die er noch vor seinem Tode eigens zu Texten dieser Anthologie schuf. Mehr noch als der Dichter spürt er beispielsweise mit seiner Deutung zu Molins Erzählung (S. 245) das Unheimlich-Beängstigende, das Schreckhaft-Bestialische in der grausigen Szenerie auf. Wie die Dunkelheiten in der Zeichnung Umwelt evozieren, Verlassenheit, Gefangensein, das ist in gleichem Maße Dichtung wie graphisches Können. Und das Urwüchsige und Elementare in Björnsons Natur- und Menschenwelt findet seine logische Entsprechung und Weiterführung in Hegenbarths Zeichnung zu «Blacken» (S. 59). Der Kampf des Fjordhengstes Blacken wird mit wenigen Borstenpinselstrichen gegeben, dunkle Flächenzonen, Schräglinien und Rundungen künden die Gegenwart von Dramatik und Gefahr: existentielles Wagnis, das über Leben und Tod der kreatürlichen Geschöpfe entscheidet.

Die Fähigkeit, durch knappe Andeutungen einen Tatbestand erschöpfend zu realisieren, sich mit dem linearen oder flächigen Pinselstrich, mit dem Schwarz-Weiß-Kontrast der Unerbittlichkeit eines Vorganges anzupassen, charakterisiert eine künstlerisch interessante Seite im Schaffen Hegenbarths als Illustrator. Wer sich aber ohne Ablenkung auf den Graphiker konzentrieren will, der betrachte die in dieser Sammlung enthaltenen Tierporträts, er wird die phänomenale Sicherheit eines genialen zeichnerischen Talents bewundern können, das in seiner Arbeit keine Schwere mehr zu kennen scheint.

Die Auswahl der Zeichnungen dieses Bandes, die in ihrer Mehrheit dem Buchformat entsprechend verkleinert werden mußten, umfaßt Arbeiten aus rund drei Jahrzehnten. Ihre genauen Entstehungsdaten sind im Anhang vermerkt, in dem auch ausdrücklich auf diejenigen Blätter verwiesen wird, die Hegenbarth in den letzten zwei Jahren vor seinem Tode eigens noch für diese Anthologie schuf. Zu Dank verpflichtet sind Verlag und Herausgeber besonders Frau Johanna Hegenbarth, die das Entstehen dieses Buches tatkräftig förderte.

Hans Marquardt

Verzeichnis der aufgenommenen Blätter mit Entstehungsdaten

Schutzumschlag Fohlen 1956
Einband Hahn 1957

Seite

 3 Fohlen o. J.
 6 Hyäne 1940/42
 8 Stute mit Fohlen* 1961
 15 Schwimmendes Fohlen* 1960
 19 Spielende Bären vor 1945
 27 Galoppierendes Pferd 1961
 33 Sich wälzender Bär 1961
 41 Panther* 1960
 45 Panther o. J.
 54 Pferd 1942
 59 Pferd mit Bär im Kampf* 1960
 62 Hund 1954
 66 Gans 1961
 69 Tiergruppe 1960
 72 Hund o. J.
 75 Gans 1961
 77 Katze 1961
 81 Varietészene 1962
 84 Fuchs 1935/40
 88 Fuchs o. J.
 90 Fuchs 1954
 100 Fuchs o. J.
 102 Hahn mit Hennen 1947
 107 Fuchs o. J.
 114 Fuchs 1961
 121 Stute mit Fohlen 1962
 124 Bauer und Pferd 1960/61
 139 Frau und Pferd 1961

 143 Sich bäumendes Pferd 1955
 148 Hund o. J.
 155 Beim Abdecker* 1959
 158 Hund 1957
 163 Am Hundeverschlag* 1960
 168 Katzen o. J.
 173 Sich leckende Katze 1957
 179 Hundemeute 1947/48
 184 Dorfstraße 1940
 187 Schwein o. J.
 191 Pelikan 1957
 194 Hund 1961
 197 Zwei Hunde 1960
 205 Bellender Hund 1961
 210 Hund 1960
 212 Auf dem Gutshof 1947/48
 223 Hund 1960
 226 Mann mit Hund 1955
 235 Hund 1952/53
 241 Laufender Bär 1960
 245 Kampf mit dem Bären* 1960
 247 Junger Bär 1954
 251 Kranich 1940
 254 Uhu 1957
 256 Arbeitspferd 1935/40
 259 Liegendes Pferd 1957
 269 Junger Fuchs 1940

Die mit einem * versehenen Zeichnungen wurden eigens für Erzählungen dieser Anthologie geschaffen.

Quellennachweis und Übersetzerverzeichnis

Nachstehend aufgeführte Verlage erteilten uns die Genehmigung zum Abdruck der Beiträge folgender Autoren:

Aufbau-Verlag Berlin und Weimar, L. N. Tolstoi, F. Wolf
Verlag Volk und Welt Berlin, M. Scholochow, B. Kellermann
Dieterich'sche Verlagsbuchhandlung Leipzig, N. S. Leskow,
A. Tschechow

Die Erzählungen der letztgenannten Autoren wurden entnommen den Bänden: N. S. Leskow, «Der Weg aus dem Dunkel. Meistererzählungen» (Sammlung Dieterich Bd. 142), und A. P. Tschechow, «Meistererzählungen» (Sammlung Dieterich Bd. 54).

Nachstehend aufgeführte Autoren wurden von folgenden Übersetzern übertragen:

M. Scholochow, übertragen von Else Wild
N. S. Leskow, übertragen von Ruth Hanschmann
B. Björnson, übertragen von H. Denhardt
A. Tschechow, übertragen von Reinhold Trautmann
L. Pergaud, übertragen von Werner Blochwitz
L. N. Tolstoi, übertragen von H. Asemissen
M. Gorki, übertragen von Hans Loose
K. Paustowski, übertragen von Hans Loose
A. L. Kielland, übertragen von Friedrich Leskien
I. Turgenew, übertragen von Arthur Luther
P. Molin, übertragen von F. Stieve
P. Haanpää, übertragen von Friedrich Ege
G. af Geijerstam, übertragen von Ernst Brausewetter
H. de Balzac, übertragen von Heidrun Beltz

© Verlag Philipp Reclam jun. Leipzig 1981

1. Auflage
Typografische Gestaltung: Horst Schuster
Gesetzt aus Sabon (Linotron 505)
Printed in the German Democratic Republic 1981
Lichtsatz: INTERDRUCK Graphischer Großbetrieb Leipzig
Offsetdruck: H. F. Jütte VOB, Leipzig
Buchbinderei: VOB Buchbinderei Südwest, Leipzig
ISBN 3 87682 736 1